U0687505

珞珈管理评论
Luojia Management Review

2012 年卷　第 1 辑（总第 10 辑）

武汉大学经济与管理学院主办

Accredited by
**Association
of MBAs**

武 汉 大 学 出 版 社

图书在版编目（CIP）数据

珞珈管理评论.2012 年卷.第 1 辑（总第 10 辑）/武汉大学经济与管理学院主办.
—武汉:武汉大学出版社,2012.5
ISBN 978-7-307-09694-3

Ⅰ.珞…　Ⅱ.武…　Ⅲ.企业管理—文集　Ⅳ.F270-53

中国版本图书馆 CIP 数据核字（2012）第 062044 号

责任编辑:柴　艺　　　责任校对:刘　欣　　　版式设计:詹锦玲

出版发行:**武汉大学出版社**　　（430072　武昌　珞珈山）
　　　　（电子邮件:cbs22@whu.edu.cn 网址:www.wdp.com.cn）
印刷:军事经济学院印刷厂
开本:880×1230　1/16　印张:12.75　字数:366 千字
版次:2012 年 5 月第 1 版　　　2012 年 5 月第 1 次印刷
ISBN 978-7-307-09694-3/F·1662　　　　定价:30.00 元

目　　录

六　　物流与供应链管理

CONTENTS

5　Accounting and Financial Management

6　Logistics and Supply Chain Management

中国服务经济结构演进的机制选择研究[*]

——基于政府与市场关系的视角

● 陈继勇[1]　姚博明[2]

（1，2 武汉大学经济与管理学院　武汉　430072）

【摘　要】中国经济在改革开放后得到快速发展，但面临的资源约束与环境问题日益严峻；发达国家的金融危机和债务危机也使得中国的出口导向战略受到空前严峻的挑战，实现中国经济发展模式的转型、大力发展服务经济势在必行。中国服务经济发展落后于发达国家或地区，中国三次产业结构也不合理，而出口市场的萎缩、内部资源环境压力的增大也为中国服务经济发展带来了机遇，但中国 NGOs 发展水平较低，制约了服务经济的发展。基于政府与市场两种机制在服务经济结构演进中的作用的角度，本文指出中国应该构建"市场—政府—NGOs"三位一体的动力机制，充分发挥政府、市场的机制优势，加上 NGOs 的补充作用，实现政府与市场机制的优势互补，推进服务经济的结构演进，从而促进服务经济结构从自发发展走向战略变迁。

【关键词】服务经济　政府—市场　非政府组织（NGOs）　机制选择

美国次贷危机引发的 2008 年全球金融危机，极大地冲击了欧美发达国家的经济发展，尤其是 2011 年发达国家相继出现的巨额债务危机，严重地延缓了发达国家的经济复苏进程。相对于欧美发达国家这一轮的金融危机与债务危机，中国等新兴经济体的经济发展仍表现出较好的增长势头，据中国科学院预测科学研究中心测算，2011 年中国 GDP 的增长速度为 9.2%。[①] 但不可否认的是，发达国家的金融危机和债务危机也使得中国的出口导向战略受到空前严峻的挑战。由此，实现中国经济发展模式的转型势在必行。

1. 问题的提出

改革开放后三十多年来，中国经济在快速发展的同时，面临的资源环境约束问题、"资源陷阱"、"比较优势陷阱"也日益凸现，现已严重制约着中国的经济发展质量，中国经济的可持续发展显得格外脆弱；受发达国家经济衰退的影响，外部出口环境持续动荡，实现中国的经济发展模式的转变是内外经济环境变化的必然。具体而言，当前中国经济发展模式变革方向就是"转方式、调结构、保增长"，其中服务经济的发展是中国发展战略调整的重点。

＊ 本文是国家社科重大攻关项目"后金融危机时代中国参与全球经济再平衡的战略与路径研究"（项目批准号：11&ID008）的阶段性研究成果。

① 佚名．中科院预计 2012 年 GDP 增长 8.5% ［DB/OL］．http://finance. ifeng. com/roll/20120113/5449617. shtml.

综观世界各国，随着经济的发展，各国服务产业增加值占比日益增加，服务产业增加值在经济中的比重远远超越第一、第二产业，呈现出显著的服务经济特征。据世界银行 2010 年统计数据，发达国家服务业增加值的 GDP 占比超过 70%，中国香港的服务业占比高达 91%，居全球之首，而中国内地仅仅为40.2%。① 在中国确立了"转方式、调结构、保增长"的发展战略后，如何利用出口市场萎缩的外部压力、国家大力发展低碳经济的战略机遇，促进中国服务经济的良性发展，无疑是一个重要而有紧迫意义的课题。就笔者视野所及，还很少发现有关的专门研究成果，本文选择服务经济结构演进机制的角度进行分析无疑是一次有意义的尝试。

2. 相关研究综述

服务经济是一个国家或地区经济发展到一定阶段之后的必然表现。美国经济学家富克斯（Fuchs，1968）在其《服务经济学》一书中首次讨论了当服务业就业比重超过制造业后，经济微观主体和宏观趋势所表现出来的一些主要特征。此后，服务经济成为学者们热议的话题。

2.1 服务经济的发展及其判断标准

如何界定与判断服务经济可谓见仁见智，但一般都是从数量与质量两个维度进行解释（维基百科全书，2009；富克斯，1987；顾国达、张正荣，2007）。随着第二次世界大战后世界范围内服务经济的迅猛发展，一些国际组织也提出了自己关于服务经济的判断标准。如 IMF（国际货币基金组织）、ECB（欧洲中央银行）、OECD（经济合作与发展组织）年度报告中提出的服务经济标准大体上相同，即都是以服务业增加值的 GDP 占比超过 60%，或服务业从业者在一个经济全部就业者中比重超过 60% 为标准来衡量一个经济体是否进入服务经济时代。

20 世纪 70 年代以来，经济学家对服务业的关注和研究日趋深入，库兹涅茨在对二十多个国家大量数据分析的基础上，研究了国民收入和劳动力在产业间分布的演变规律：发达国家 A 部门（农业、林业、渔业、猎业）的增加值及劳动力迅速下降，从原来的 50% ~ 60% 迅速下降到 10% 左右，I 部门（矿业、制造业、建筑业、交通运输业、电力、煤气、供水）的增加值及劳动力上升至 20% ~ 40%，S 部门（贸易、银行、不动产、各种服务业）的份额显著上升②，实证地说明了产业变迁和劳动力的产业间流动。而从整个世界经济发展的轨迹中我们也可以发现这个规律（参见世界银行 2010 年的统计数据）。

由于各国经济发展水平的差异，各国服务经济发展水平也参差不齐。有学者认为服务经济存在三个层次，第一层次是经济形态，第二层次是产业形态，第三层次是经济活动。③ 无疑，对服务经济层次的划分影响最为深远的还是库兹涅茨（1971）的两大部门四层次分类：两大部门即流通部门和服务部门；四层次中第一层次为流通部门，第二层次为生活和生产服务部门，第三层次是提高科学文化水平和居民素质服务的部门，第四层次是社会公共服务部门。

服务经济提升农业经济、工业经济效率的优势已经被发达国家的经济实践证明。分工理论认为社会分工可以提高效率（亚当·斯密，1776），而专业化与劳动分工的内生增长理论也证明了分工的作用。④改革开放后中国农业领域的分工不仅细分了现代农业和现代工业，而且延长了传统农业、传统工业的产

① 世界银行. 2009 年度世界发展报告：重塑世界经济地理［M］. 胡光宇，译. 北京：清华大学出版社，2009：356-357.
② （美）西蒙·库兹涅茨. 各国的经济增长［M］. 常勋等，译. 北京：商务印书馆，2007：309-381.
③ 周振华. 服务经济的内涵、特征及发展趋势［J］. 科学发展. 2010，7：4.
④ 杨小凯. 经济学——新兴古典与新古典框架［M］. 北京：社会科学出版社，2003：145-167.

业链和价值链，服务业的范围不断拓宽，农业服务业与工业服务业的占比越来越大；美国制造企业的服务业务比重已达58%，即产业发展服务化①，这是分工深化和合作广泛的现代服务经济表现形式。

2.2 经济结构理论

服务经济通常是伴随着一国经济结构的演进与高度化而出现的。经济结构是国民经济组成要素及要素的构成方式，是国民经济各个要素在一定的关联方式和比例关系下所组成的多层次动态系统。②

经济增长与经济结构间存在动态均衡，结构变迁是经济增长的重要组成部分。③ 形成经济结构的因素很多，影响经济结构变化的因素也很多，产业结构变迁源于需求因素与效率因素，结构变迁不仅可以从一个国家经济发展的时间序列分析中得到印证，而且还可以从处于不同发展水平上国家在同一时点的横断面比较中得到结论。罗斯托的经济成长阶段论本质上也是对经济结构变迁的深层次的解释。④ 库兹涅茨有关经济增长与产业结构变迁及劳动力的转移等研究很具代表性，他研究了美国国民收入与劳动力在三次产业分布与变化趋势间的关系，深化了产业结构演变动因的研究。⑤ 霍利斯·钱纳里根据伴随收入及其他发展指数水平的提高，经济结构等方面出现的系统变化的系统描述，分析了世界上100多个国家1950—1970年的数据，证实了人均收入与经济结构的这种相关。⑥ 而林毅夫的研究则更进一步，认为经济结构变迁的根本力量是要素禀赋从资本和劳动力比率低水平向较高水平提升，并认为这种提升改变经济体的总预算和要素的相对价格，进而改变生产者的决策，推动经济结构的变迁。⑦

合理的经济结构能促进资源的有效配置、经济体的有效运行和协调发展，因此经济结构（一般采用产业结构指标）是衡量一个国家或地区经济发展水平的重要指标。服务经济的发展程度既是产业结构优化升级的结果，也是产业结构是否合理的重要表现。

2.3 经济机制理论

社会活动遵循一定的规则，规则之间的激励和约束关系形成机制。有效的经济机制可以在激励机制、约束机制、保障机制之间形成均衡，并随着经济、社会条件的改变而不断地调适。衡量一种机制是否有效的标准就在于资源是否有效配置、信息是否有效利用、各经济单位的利益能否协调（激励相容）。⑧ 不可否认，世界各国由于自然资源、地理位置、历史文化、经济基础等不同，经济机制的表现会存在较大的差异，其实际经济绩效的表现也会存在很大的差异，如欧美国家、拉美国家同样奉行市场机制来配置资源，但是绩效差距迥异。

不过，对于经济机制的具体内涵及其作用机制，学者们的观点不尽相同。美国经济学家利奥尼德·赫维茨、斯坦利·瑞特系统地考察了经济活动中环境、目标函数、信息交换、博弈、均衡、策略等要素，并进行了大量的实证研究，提出了系统的经济机制设计理论。田国强等认为，经济机制理论是研究在自由选择、自愿交换、信息不完全及分散决策的条件下，设计系列机制（规则或制度），以达到既定目标的

① 周振华．服务经济的内涵、特征及其发展趋势[J]．科学发展，2010，7：3-15.
② 佚名．经济结构[DB/OL]．http://www.hudong.com/wiki/%E7%BB%8F%E6%B5%8E%E7%BB%93%E6%9E%84.
③ （德）柯武刚，史漫飞．制度经济学[M]．北京：商务印书馆，2004：19.
④ （美）华尔特·惠特曼·罗斯托．经济成长的阶段[M]．北京：商务印书馆，1962：10-16.
⑤ （美）西蒙·库兹涅茨．各国的经济增长[M]．常勋等，译．北京：商务印书馆，2007：1-65.
⑥ （美）霍利斯·钱纳里．发展的型式：1950—1970[M]．李新华等，译．北京：经济科学出版社，1988：14-33.
⑦ 林毅夫．新结构经济学[J]．经济学（季刊），2010，1：1-32.
⑧ （美）利奥尼德·赫维茨等．经济机制设计[M]．田国强等，译．上海：上海人民出版社，2009：4.

理论。① 国内经济学界关于经济机制的内涵也存在较大差异，有学者认为经济机制就是客观存在的经济规律②，另有学者把经济机制同价值规律的作用画等号③，还有学者提出经济机制就是经济杠杆，或经济机制就是经济政策等④。

实现经济结构的演进与升级，以及产业结构的高度化，需要合适的、动态均衡的经济机制体系，从而达到资源配置有效、信息有效利用、利益分配合意的最佳状态。

2.4 中国服务经济发展研究

与中国产业结构转型升级同步，近年来国内学者对服务经济的研究日益增多，并出现了一些有意义的研究成果。白重恩对中国服务业占 GDP 的比重在国际上比较低的现象做了多维分析，指出中国服务业发展滞后的主要原因是政府的政策失灵和法治环境不健全。⑤ 郭文杰运用 1979 年以来的数据，使用 VAR 等计量方法分析了 FDI 对东道国服务业的资金效应和技术外溢效应，得出外资已经成为推动中国服务业快速发展重要动力的结论。在政策建议上，他主张完善国内引资环境建设，提高对外资的吸引力和利用效率，来促进中国服务业的发展。⑥

简新华与杨艳琳认为，技术进步和劳动生产力提高、人均收入水平上升和消费结构变化，都必然导致三次产业的比重变动，推进产业结构演进。⑦ 江小涓系统分析了中国经济结构中突出问题，认为抓住历史机遇，通过产业政策促进产业结构调整和优化升级。⑧ 夏杰长强调了服务业在全球金融危机后的中国经济发展中的重要作用，特别是在惠民生、保增长、促就业方面，发展服务业很迫切。⑨ 李勇坚认为，尽管随 GDP 的快速增长服务业占比不断提升，但是收入差异阻碍这种上升的速度。⑩ 此外，上述学者还对中国服务经济的发展的体制、机制、效应、路径选择等问题进行系统思考，并提出中国"十二五"期间服务业发展的总体思路和动力因素。⑪

3. 中国服务经济发展的总体特征

3.1 中国服务经济发展水平总体上比较落后

3.1.1 中国服务经济发展水平落后于发达国家或地区

20 世纪 70 年代以来，服务业在世界经济中的地位越来越突出，发达国家和地区服务业增加值的比重逐步超越第一、第二产业，呈现出显著的服务经济特征。表 1 清楚地显示，发达国家和地区的服务业比重大大高于发展中国家，而发展中国家和地区的服务业比重平均值也超过了 50%。

① 田国强. 激励、信息与经济机制[M]. 北京：北京大学出版社，2000：1.
② 陈吉元. 略论经济机制[J]. 经济研究，1982，8：18.
③ 郭道夫. 经济杠杆·经济范畴·经济规律·经济机制[J]. 中国经济问题，1986，9：22.
④ 赵儒煜. 经济制度、经济机制、经济体制辨析[J]. 当代经济研究，1994，5：15.
⑤ 白重恩. 法治、政府干预与服务业发展[M]. 北京：中信出版社，2007：11.
⑥ 郭文杰. 改革开放以来 FDI、城市化对服务业的影响研究[J]. 财贸经济，2007，4：91-95.
⑦ 简新华，杨艳琳. 产业经济学（第二版）[M]. 武汉：武汉大学出版社，2009：62.
⑧ 江小涓. 产业结构优化升级：新阶段和新任务[J]. 财贸经济，2005，4：25.
⑨ 夏杰长. 服务业：惠民生保增长的重要力量[J]. 经济研究参考，2010，5：3-8.
⑩ 李勇坚. 经济增长中的服务业——研究综述和实证分析[J]. 财经论丛，2005，5：1-7.
⑪ 杨名，姜照华. 基于国际比较分析的中国服务经济增长动力因素分析[J]. 科技管理研究，2008，10：217-219.

表 1

部分国家和地区的主要经济指标与服务业发展情况比较（2009 年）

项目	国内生产总值（GDP）		增加值占 GDP 比例（%）			支出占 GDP 比例（%）			按购买力平价计算的国民收入	
	绝对额（百万美元）	年增长率（%）	农业	工业	服务业	居民消费支出	政府消费支出	资本形成额	绝对额（10 亿美元）	人均（美元）
中国内地	3280053	10.2	12	48	40	34	14	44	7083.5	5370
中国香港	206706	5.2	0	9	91	60	8	21	305.1	44050
法国	2562288	1.7	2	21	77	57	24	21	2065.4	33470
德国	3297233	1.1	1	30	69	58	18	18	2782.7	33820
印度	1170968	7.8	18	29	53	55	10	38	3078.7	2740
日本	4376705	1.7	2	30	69	57	18	23	4420.6	34600
韩国	969795	4.7	3	39	58	55	15	29	1201.1	24750
新加坡	161347	5.8	0	31	69	38	10	23	222.7	48520
英国	2727806	2.6	1	24	75	64	22	18	2097.9	34370
美国	13811200	2.7	1	23	76	71	16	19	13829	45850

资料来源：世界银行.2009 年度世界发展报告：重塑世界经济地理[M]. 胡光宇，译. 北京：清华大学出版社，2009：356-357.

根据表 1 部分国家和地区人均 GDP 与服务业的占比数据，我们得到如图 1 所示的散点图。

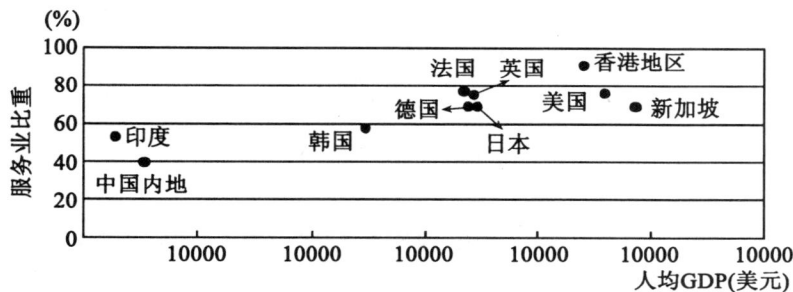

图 1　各国（地区）人均 GDP 与服务业比重的散点图

从图 1 我们可以清晰地看到人均 GDP 高的发达国家和地区服务业占比显著偏高，人均 GDP 低的国家服务业占比明显偏低。

中国服务业增加值比重不仅大大落后于世界平均水平，也明显落后于发展水平相近的中、低收入经济体。中国与巴西、俄罗斯及南非的服务业发展水平相比，中国服务业增加值比重长期处于较低水平，且与巴西、俄罗斯和南非的差距还在持续加大（见图 2）。

3.1.2　中国三次产业内部服务经济发展滞后

改革开放后中国经济发展取得令人瞩目的成就，整体产业结构也在进行高度化升级与优化，不过，中国服务经济占 GDP 的比重仅为 40%，而第二产业占 GDP 的比重一直高于 45%。这与产业结构理论所描述的随着经济发展，第三产业比重会超越第一、第二产业的规律相悖，同时也与当前中国经济的高速发展、全球第二大经济体的地位不相称。更重要的是，服务经济不能随着产业结构的升级优化，最终也会制约整体经济的发展。发达国家与地区的经验已经证实了这一点。

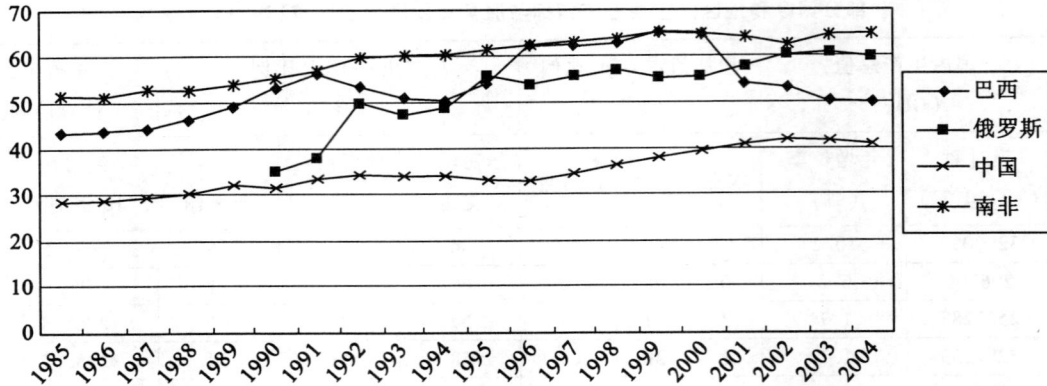

图2　各国服务业增加值占GDP的比重（%）

资料来源：任兴洲.我国服务经济发展的总体特征与制度障碍[J].科学发展，2010，10：21.

表2　　中国三次产业的构成及服务经济的发展（1978—2010年）

项　目		1978年	1990年	2000年	2007年	2008年	2009年	2010年
GDP（万亿元人民币）		0.36	1.87	9.80	25.93	30.29	33.54	40.5
国内生产总值产业结构（%）	第一产业	28.2	27.1	15.1	11.1	11.3	10.6	10.2
	第二产业	47.9	41.3	45.9	48.5	48.6	46.8	46.8
	第三产业	23.9	31.6	39.0	40.4	40.1	42.6	43.0
就业产业结构（%）	第一产业	70.5	60.1	50	40.8	39.6	38.1	36.7
	第二产业	17.3	21.4	22.5	26.8	27.2	27.8	28.7
	第三产业	12.2	18.5	27.5	32.4	33.2	34.1	34.6

资料来源：中国统计年鉴[M].北京：中国统计出版社，1978—2010.

表2显示，1978—2010年，第一产业占GDP的比重由28.2%下降到10.2%，第二产业由47.9%下降到46.8%，第三产业由23.9%增加到43.0%，产业结构整体上来看符合产业结构演进的规律。但是三十多年来中国第二产业下降的比重仅仅1个百分点，将其放在中国三十多年来经济高速发展的背景下，可以发现产业结构的演进如此缓慢，这说明中国产业结构的演进没有达到其应有的水平，明显有悖于产业结构演进规律。或许这与中国工业化还没有完全完成有关联，因为第二产业就业人数由1978年的17.3%增加到27.8%，这也间接证明中国第二产业仍处于快速扩展之中。从表2我们可以清晰地发现，中国服务经济处于稳步快速的发展阶段，但是经济结构中的服务业占比偏低，特别是与表1的数据对比，中国内地服务业发展滞后，与世界平均水平相比有较大的差距，远远落后于发达国家和地区。

3.2　中国服务经济发展的机遇与挑战

多年以来，中国经济发展一直偏重于增加GDP、出口导向、投资拉动的政策选择，取得的成绩虽然有目共睹，但时至今日也引发了一些问题，其中最为重要的就是资源环境的制约，再加上外部出口环境的变化，调结构成为我们的现实选择，其中最关键的就是加快服务经济发展的速度。

3.2.1　资源约束下的"调结构"为服务经济的发展提供了机遇

中国长期以来依靠大量投资、大量耗费资源促进经济增长的模式导致中国资源消耗严重，环境污染问题加剧。传统发展模式凸显的问题其实也就是中国服务经济发展的重要机遇，选择资源消耗节约型、环境友好型的发展模式本身就包括了大力发展服务经济。

第一，中国粗放式的经济增长方式消耗了大量资源。数据显示，2005 年中国能源消费总量 22.2 亿吨标准煤，比上年增长 9.5%。万元 GDP 能耗 1.43 吨标准煤，与 2004 年持平。就部门能源消费结构来看，2005 年全社会能源消耗中工业占 71%，能耗较高的重工业实现总产值占工业总产值的 68%。2009 年中国的能源消费总量达 306647.15 万吨标煤，其中 72% 用于工业，中国能源消费总量达世界能源总量的16.26%，煤炭消费总量占世界煤炭消费的 42.43%，而中国 2009 年 GDP 仅占世界的 8.6%。[1]

第二，资源与能源的高消费经济增长方式，导致环境污染问题十分严重，经济与社会的可持续发展受到挑战。数据显示，中国 2005 年工业废水、废气排放量和固体废弃物产生量依次为 243 亿吨、26.9 万亿标立方米和 13.4 亿吨，分别比 2001 年增长 19.7%、67.2% 和 51.3%。工业万元产值用水量为 222 立方米，是发达国家的 5~10 倍。工业用水的重复利用率为 40% 左右，仅为发达国家平均水平的一半。2005 年，中国能源消费结构中，煤炭占 68.9% 以上，远高于 25.1% 的世界平均水平。根据国际能源机构（IEA）的数据，2004 年中国二氧化碳排放量为 4.77 亿吨，世界二氧化碳排放量为 26.58 亿吨，中国占世界的 17.9%，比 2001 年的 12.7% 提高了 5.2 个百分点，甲烷、氧化亚氮等温室气体的排放量也居世界前列。预测表明，2020 年中国二氧化碳排放量可能达到 20 亿吨，2025 年前后很可能超过美国成为世界二氧化碳排放第一大国。2005 年，中国二氧化硫排放量为 2549.3 万吨，其中工业排放量为 2168.4 万吨；烟尘排放量为 1182.5 万吨，其中工业排放量为 948.9 万吨；工业粉尘排放量为 911.2 万吨。全国开展酸雨监测的 696 个市（县）中，出现酸雨的城市 357 个，占 51.3%。其中，浙江省象山县、安吉县，福建邵武市，江西瑞金市酸雨频率为 100%。[2]

这种快速粗放增长方式使工业的高速增长难以为继，发展服务经济既是产业结构升级优化的必然，也是中国当前发展模式必须重新选择的目标。

3.2.2 中国非政府组织（NGOs）发展不完善制约了服务经济的发展

NGOs 在中国的发展目前还处于一种摸索阶段，对其发展与管理中国还没有经验，导致其发展滞后，从而也制约了中国服务经济的发展。

其一，政府对 NGOs 的管理相对错位，导致中国 NGOs 发展失范。中国规定，注册登记 NGOs 必须有一个政府的业务主管单位为其向民政部门担保，而大多数政府机构由于害怕承担责任而不愿意做担保，结果很多 NGOs 被迫选择工商注册的形式，甚至一些 NGOs 根本就没有法律注册，成为草根 NGOs。[3] 而且，NGOs 一旦登记成立，政府便任其"自生自灭"了。除了统一的"年检"之外，对 NGOs 的组织建设和制度发展，几乎没有任何必要的社会评估机制和督导机制，在现行的法规和政策上也没有具体明确的要求。这使得整个 NGOs 体系内部良莠皆存，实际上不利于其发展。

其二，中国 NGOs 摆脱不了政府无形中的影响。中国有相当一部分 NGOs 是通过获取自上而下的资源建立和发展起来的，它们或者是由各级党政机构直接创办的，或者本身就是从党政机构转变过来的，有些则是由原党政官员及与党政关系密切的知名人士创办的。这些组织不仅在资金来源上主要依靠各级政府提供的财政拨款和补贴经费，而且其负责人也多为政府的前任官员。同时，这些 NGOs 也缺乏相应的组织人才、资金、社会认可度，再加上社会公民精神和观念的缺失，从而制约了 NGOs 的自我发展。此外，NGOs 提供的公共服务与政府提供的公共服务存在同质化、滞后性等问题，再加上外部对其监督的困难，

① 国家统计局. 国际地位稳步提高，国际影响持续扩大——"十一五"经济社会发展成就系列报告之十七［DB/OL］. http://www.stats.gov.cn/tjfx/ztfx/sywcj/t20110324_402713791.htm.
② 周叔莲，刘戒骄. 怎样解决我国工业发展的资源环境问题［J］. 技术经济与管理研究，2007，8：15.
③ 孙静. 我国 NGOs 发展中存在的问题与对策［J］. 经济研究导刊，2011，8：15.

导致 NGOs 组织独立发展的困难很大。①

　　NGOs 相对于政府而言，具有明显的信息优势，也了解社会对各类公共服务的需求，从而可以对各类基础性的公共服务或带有个性化的社会服务的发展提供必要的指导与协助。NGOs 相对于个人或企业而言，则具有组织优势，能够通过组织力量为个人或企业提供必要的协助，乃至为个人或企业的发展提供指导性建议，甚至可以在行业内为个人或企业提供征信验证与审查，有助于微观信用、社会信用的健康发展，从而有助于中国服务经济的发展。目前，中国的 NGOs 发展很不规范，其对社会的影响力还十分有限，难以为中国服务经济的持续、高速发展提供有效的信息、信用乃至制度方面的保障，从而不利于中国服务经济的发展。

4. 服务经济结构演进中政府与市场的关系

　　服务经济是经济发展到一定程度之后的产物，需要市场机制来有效配置资源，同时也需要政府的宏观调控与诱导，政府与市场机制的作用在不同国家或地区不尽相同。②

4.1　政府与市场的替代与互补

　　斯密之后的古典和新古典经济学都强调市场机制的作用，而排斥政府机制，凯恩斯之后政府的重要性得以重视，时至今日学者们基本上都已经接受政府与市场应相互补充和替代的理念。

　　政府与市场是配置资源、作用于国民经济运行的两种不同力量，政府与市场的结合问题，从总体上看主要是在国民经济运行中政府与市场配置资源的两种运行力量的配合问题，也就是在服务经济中政府和市场配置资源的分工协作问题。而只有当政府和市场配置资源的组合最有利于经济运行，最有利于服务经济的各个领域或层次的效率提高，并均衡于最优经济状态时，政府与市场的结合模式才是最优的。③

　　假设政府和市场作为两种可变生产要素和其他生产要素的性质一样，那么我们常见的政府和市场之间的关系便是相互替代及相互补充的关系。政府与市场的这种相互替代关系可以用图 3 来简单地表示，政府与市场的互补关系用图 4 来表示（完全替代和完全互补本文暂不讨论）。

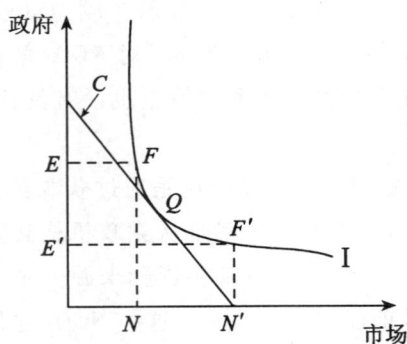

图 3　政府与市场的替代关系　　　　图 4　政府与市场的互补关系

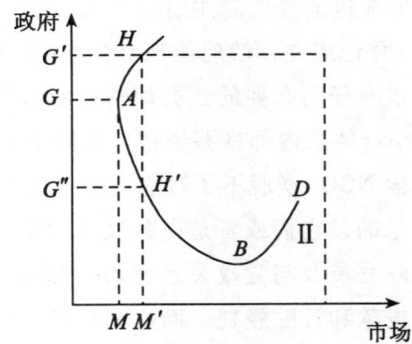

资料来源：杜人淮. 论政府与市场的关系及其作用的边界［J］. 现代经济探索，2006，4：67-70.

---

①　王名. 中国 NGOs 的发展现状及其政策分析［J］. 公共管理评论，2007，8：33.
②　钱颖一. 重新定位政府与市场边界［DB/OL］. http：//finance. qq. com/a/20090108/001782. htm.
③　朱应皋，吴美华. 论政府与市场关系模式重构［J］. 南京财经大学学报，2007，1：26.

图 3 中的 I 为等产量线，表示为获得相同产出，政府和市场两种机制的不同组合点的轨迹。在等产量曲线 I 中政府与市场的组合关系可能有许多种，最优组合点成本最小化，即等成本线 C 与等产量线 I 的切点 Q 处，是既定成本下的产出最大化、既定产量下的成本最小化的最佳结合点。

在图 4 中，曲线 II 表示的是政府与市场组合的等产量曲线。在现有条件既定的情况下，假设经济中只有政府与市场两种机制，为了共同的产出而配合。市场的配置能力膨胀时，政府在调控能力方面必须相适应。在图 4 中等产量线 AH、BD 两段都呈现出互补关系，也就是任何一方力量的增强都依赖于另一方作用的加强进行配合，任何一方的弱势都会造成总产出的收敛。① 市场经济机制中，政府与市场具有互补关系。在有效的市场经济体制国家中，需要有效的政府保障市场的有效运行，发达的市场经济体制国家需要有能力的政府来保障，因此，政府和市场机制是互补的，只有在互补状态下，政府能够保障市场的公平有效运行，市场机制才能实现资源的有效配置。

政府与市场的互补与替代表现在：一方面，要发挥市场的基础性调节作用，即通过各方竞争所驱使的价格波动来调节资源的流动，实现各部门协调发展，达到经济结构的均衡与变迁，这显示了经济结构调整中政府与市场的互补性关系；另一方面，市场经济条件下，市场机制对有正外部性的资源配置低效率、市场调节低效率，需要政府提供公共服务来调整，这显示了经济结构变迁中政府与市场的替代性关系。

从政府对市场的互补关系来看，均衡体现为二者合力作用的净收益等于市场单独作用的净收益。如果合力带来的净收益大于市场单独作用的净收益，应当继续增强政府的作用；反之，就应当考虑减弱政府的作用。同样在市场对政府调节的补充方面，均衡表现为两者合力作用的净收益等于政府单独作用的净收益。如果政府和市场共同作用的净收益大于政府单独作用的净收益，应当进一步引入和发挥市场机制的作用；反之，则应当考虑减少市场机制的作用。

4.2 政府与市场的竞争

事实上，政府与市场还存在一定的竞争关系。市场有扩张的倾向，政府的调控机制也有扩张的倾向，表现为政府的"越位"与"缺位"。

政府调控市场的过程，实质上是具有强制性的公共权力在市场出现缺陷的时候强制调整私人产权的过程。政府在强制调整私人产权的时候一旦超过了某种界限或调整不当，就必然造成对市场自由等价原则以及平等产权的践踏。② 这就涉及政府干预市场时的角色定位和职能范围问题。事实上，政府与市场关系中政府的角色以及公共权力范围的界定只能是权宜变化的，只能根据具体的经济环境作出具体的界定，因而具有极强的不确定性。正是这种政府角色和公共权力范围的不确定性，给政府对市场的直接破坏行为预留了巨大的空间并产生了现实的冲突和竞争，则为政府的"越位"。

同时，市场依然是自利性的，市场机制是要借助和利用的工具，也是需要监管的对象③。市场在进行无限扩张的时候，为了谋求最大的利润，往往把资金投向周期短、收效快、风险小的产业，导致产业结构不合理，同时也可能对经济运行和公共事务治理带来深重的危害。这就需要政府运用计划，利用财政、货币、信贷等政策措施，运用经济杠杆和法律手段，特别是采取"相机抉择"的宏观调节政策，适时改变市场运行的变量和参数，以减少经济波动的幅度和频率。同时通过制定发展战略、发展计划和产业政策，对服务经济进行投资优化产业结构，保持宏观经济稳定与经济总量平衡，避免政府的"缺位"。

① 杜人淮. 论政府与市场的关系及其作用的边界[J]. 现代经济探索，2006，4：67-70.
② 李建新. 金融危机背景下政府与市场关系的重新审视[J]. 长白学刊，2010，3：100-101.
③ 刘金程. 中国公共管理中政府与市场的关系[J]. 人民论坛·政论双周刊，2009，6：59.

政府无论是"越位"还是"缺位"，都会造成经济运行的不经济，即"政府失灵"；从政府与市场的互补关系看，政府与市场合作的净收益小于市场单独作用的净收益，即政府"越位"，那么政府必须调整参与经济运行的方式和作用；而市场无限扩展损害社会福利时，政府必须制定政策加以规范和约束，即政府不可以"缺位"；克服政府和市场的双失灵，需要发挥民间组织的机制作用，不断完善治理结构。

5. 中国服务经济结构演进的机制选择

5.1 发挥市场的基础性作用

市场往往是资源配置的最有效方式，通过市场的价格机制以及竞争机制来实现资源的优化配置。中国三十多年来改革开放的成功原因之一就是中国对绝大部分经济领域实现了市场配置资源。通过市场配置资源可以实现产业之间的竞争和优胜劣汰，生产要素得以自由流动，产业间的利润率出现平均化的趋势，产业间的资源配置也趋于相对均衡。在中国发展服务经济的过程中，也必须且应该由市场机制来引导社会资源流向第三产业，实现产业结构的优化升级，实现三次产业间的要素均衡配置和服务业内部的要素均衡配置。

在中国目前的三次产业构成中，服务业产值和就业目前比重偏低，尽管中国的服务经济年均增长率超过 GDP 的年均增长率，但是，工业的发展更快，导致经济结构严重失衡和资源环境压力。在市场机制的推动下，扩大服务经济的市场规模，使要素配置在市场机制的作用下有效配置。服务业的内部结构优化升级，也需要市场在看不见的手和竞争机制中使要素不断流动到最佳状态。

5.2 发挥政府的宏观调控作用

由于市场机制自身存在信息不对称、公共产品与服务供给上非排他性、经济垄断与自然垄断、道德风险与逆向选择等因素，市场失灵是无法完全避免的。由此就需要政府利用自身的政治权威性以公共利益代言人的角色来配置社会资源，实现配置成本的最小化（如政治选择成本、政治讨价还价成本等）、配置效益的最大化。尤其是在中国这样传统的强政府的社会中，政府更是有着无法替代的重要作用，如通过五年计划对服务经济发展方向、发展速度等进行规划与指导，通过公共财政资金来提供社会需要的公共产品与服务，通过财政、税收等政策来引导社会资本流向国家支持或鼓励的产业，实现国家规划产业的发展。服务经济作为政府已经确立的发展方向，通过政府的相关政策信号能有效地促进中国服务经济的发展。

服务经济结构演进，需要政府具有战略能力和政策能力，在国家竞争力指标中，政府的能力是决定国家竞争力的核心。根据政府与市场的互补关系，市场充分发挥资源配置的机制优势，必须在有能力的政府合作下，才能有效进行。

服务经济结构演进，需要不断优化市场环境，需要政府不断的完善制度体系和决策机制；服务经济结构演进，需要政府具有政策的监控能力和执行能力，无论多完善的政策，没有执行，没有监控，也形同虚设；在服务经济结构调整的系统工程中，政府的产业政策是引导结构调整最常用、最有效的方法。

因此，服务经济结构演进，需要发挥政府的宏观调控作用，需要政府与市场机制的耦合。

5.3 构建"市场—政府—NGOs"三位一体的动力机制

基于市场—政府二元治理模式所得出的结论一般是"竞争性服务业由市场提供，公共或准公共服务由政府提供"。事实上，除了市场失灵，同时也存在政府失灵，而"政府失灵"与"市场失灵"为 NGOs 提供了发展空间，并为缓解和解决社会、经济问题提出了新的思路。在现代社会中由于政府对社会管理中存在信息不对称，还需要NGOs的补充，这已经被西方发达国家证明是有效的方式。

政府、市场和NGOs都是满足个人需求的手段，这三者在满足个人的需求方面存在相互替代性。正是政府和市场在提供公共物品方面的局限性，导致了对NGOs的功能需求，NGOs的主要作用就是查漏补缺，为需求较高的人提供额外的公共物品，为需求特殊的人群提供特别的公共物品，满足他们未满足的偏好和需求。

但是也应看到NGOs的不足，由于社会大环境的影响以及经济利益、文化、民族、传统、习俗等因素，NGOs在实现组织目标、完成社会使命的过程中也会发生失灵现象。

黄永明、霍景东曾经这样阐述三者之间的关系："从理论上讲，市场失灵可依赖有效的法律强制纠正，中国作为发展中国家转型过程中交易规模较小，履行法律的司法成本又很高，需要普遍信任的社会资本来促进政府的效率，以群体的社会网络来弥补市场失灵和政府失灵。由此，发展经济学和社会学理论认为，促进发展的经济体制是国家、市场和社会（民间）组织三个主体的有机结合。就协调社会期望的职能分工而言，市场通过自利基础上的竞争来实现，国家通过强制基础上的命令来实现，社会组织则通过协商基础上的合作来实现。竞争、命令、合作构成了一个社会经济有效运行的不可或缺的三大机制。由于社会组织也是提供服务的，属第三种调节机制，其角色对转型经济和服务业而言，更显得必不可少。"[①]

目前，中国的NGOs起步落后于发达国家，NGOs的治理机制还在建设和完善中，NGOs的机制与政府、市场的结合在逐步深入和强化。发挥NGOs的机制作用，充分发挥NGOs在填补政府用于社会公益资金方面的不足、增加就业机会、增加资源运用的透明度和合理性、推动社会关注和帮助在经济与社会发展过程中的弱势群体、扩大社会公平和提供政府与企业之间的沟通渠道，促进和谐社会建设等方面具有不可替代的作用。

（作者电子邮箱：cjyhubei@163.com；yao@alephan.com.cn）

参考文献

[1]白重恩．法治、政府干预与服务业发展[M]．北京：中信出版社，2007．

[2]陈吉元．略论经济机制[J]．经济研究，1982，8．

[3]杜人淮．论政府与市场关系及其作用的边界[J]．现代经济探讨．2006，4．

[4]甘绮翠等．中国发展服务经济的战略与实践[J]．管理前沿，2009，12．

[5]顾国达，张正荣．服务经济与国家竞争优势——基于波特钻石模型的分析[J]．浙江大学学报（人文社会科学版）．2007，6．

[6]郭道夫．经济杠杆·经济范畴·经济规律·经济机制[J]．中国经济问题，1986，9．

[7]郭文杰．改革开放以来FDI、城市化对服务业的影响研究[J]．财贸经济，2007，4．

[8]何德旭，夏杰长．服务经济学[M]．北京：中国社会科学出版社，2009．

[9]黄永明，霍景东．促进中国服务经济发展的体制创新研究[J]．科学发展，2010，6．

[10]简新华，杨艳琳．产业经济学[M]．武汉：武汉大学出版社，2009．

[11]江小涓．产业结构优化升级：新阶段和新任务[J]．财贸经济，2005，4．

[12]李相合．中国服务经济结构演进及其理论创新[D]．吉林大学博士论文，2007．

---

① 黄永明，霍景东．促进中国服务经济发展的体制创新研究[J]．科学发展，2010，6：64-73．

[13]李勇坚，夏杰长．服务业体制改革的动力与路径[J]．争鸣与探索，2010，5．

[14]林毅夫．新结构经济学[J]．经济学（季刊），2010，1．

[15]孙静．中国NGOs发展中存在的问题与对策[J]．经济研究导刊，2011，8．

[16]田国强．激励、信息与经济机制[M]．北京：北京大学出版社，2000．

[17]王名．中国NGOs的发展现状及其政策分析[J]．公共管理评论，2007，8．

[18]吴山，夏杰长．中国现代服务业的推进思路[J]．经济与管理，2010，4．

[19]夏杰长，刘奕，李勇坚．"十二五"时期中国服务业发展总体思路研究[J]．经济学动态，2010，12．

[20]赵儒煜．经济制度、经济机制、经济体制辨析[J]．当代经济研究，1994，5．

[21]郑凯捷．分工与产业结构发展：从制造经济到服务经济[D]．复旦大学博士论文，2006．

[22]中文维基百科全书[DB/OL]．http：//zh. wikipedia. org/wiki/%E4%B8%AD%E6%96%87%E7%BB%B4%E5%9F%BA%E7%99%BE%E7%A7%91．

[23]周叔莲，刘戒骄．怎样解决中国工业发展的资源环境问题[J]．技术经济与管理研究，2007，8．

[24]周振华．服务经济的内涵、特征及其发展趋势[J]．科学发展．2010，7．

[25]（美）华尔特·惠特曼·罗斯托．经济成长的阶段[M]．北京：商务印书馆，1962．

[26]（美）霍利斯·钱纳里．发展的型式：1950—1970[M]．李新华，译．北京：经济科学出版社，1988．

[27]（美）利奥尼德·赫维茨等．经济机制设计[M]．田国强等，译．上海：上海人民出版社，2009．

[28]（美）威廉·G. 谢泼德等．产业组织经济学[M]．张志奇等，译．北京：中国人民大学出版社，2007．

[29]（美）维克托·R. 富克斯．服务经济学[M]．许徽等，译．北京：商务印书馆，1987．

[30]（美）西蒙·库兹涅茨．各国的经济增长[M]．常勋等，译．北京：商务印书馆，1999．

Study on Mechanism Choice of China's Service Economy Structure Evolution

—Based on the Perspective of Government-market Relationship

Chen Jiyong[1] Yao Boming[2]

(1, 2 Economics and Management School of Wuhan University Wuhan 430072)

Abstract：China's economy has developed rapidly after it reformed and opened to the outside world, but the resource constraints and environmental problems have become severe increasingly. The financial and debt crisis in the developed countries has been an unprecedented challenge to China's export-oriented strategy, so China must change economic development model immediately. There are three factors that account for China's service economy lagging behind developed countries or regions, such as China's irrational thrice industries structure, shrinking export markets, increasing resources and environment pressure. On the contrary, the pressure has also given an opportunity for China's development model transformation to service economy. But China's NGOs development level is very low and bad for service economy. Through the views of market mechanism and government mechanism, the paper pointed out that China should perfect "market-government-NGOs" trinity mechanism, and exert government and market mechanisms' advantages, pay attention to NGOs complementary role, so it can ultimately promote the structure evolution of service economy, thereby replace spontaneous evolutive economic structure by strategic evolutive one.

Key words：Service economy；Government-market；NGOs；Mechanism choice

珞珈管理评论［2012 年卷 第 1 辑（总第 10 辑）］ Luojia Management Review No. 1, 2012(Sum. 10)

顾客品牌转换意愿的心理机制研究[*]

● 袁 兵[1] 黄 静[2]

（1，2 武汉大学经济与管理学院 武汉 430072）

【摘 要】本文基于社会认同理论和身份理论，采用实证研究方法对顾客品牌转换意愿的心理机制进行了探究。研究发现，相对感知价值和相对顾客品牌认同是促使顾客转换品牌的心理动因，二者对顾客品牌转换意愿均呈显著负向影响。具体说来，顾客对品牌的相对感知价值越大，品牌转换意愿越小；相对顾客品牌认同越强，品牌转换意愿越小；相对顾客品牌认同比相对感知价值对顾客品牌转换意愿的影响更强。该研究结论是对品牌关系理论的有益补充。

【关键词】品牌转换 感知价值 品牌认同

1. 引言

塑造一个强势的品牌既有利于创造持续的竞争优势（Aaker，1995；Bhattacharya 和 Lodish，2000；Lam et al.，2010），又有助于维护持久的顾客品牌关系。一直以来，满意被用于解释顾客行为意向忠诚（Gustafsson、Johnson 和 Roos，2005），但是，顾客满意并不总是足以预言品牌忠诚（Jones 和 Sasser，1995；Oliver，1999）。近期的研究提出，感知价值是品牌忠诚的重要预测因素。感知价值是一个可以替代满意并比满意更好、更为抽象的构念（Bolton 和 Drew，1991；Lam et al.，2010；Zeithaml，1988），因为感知价值反映了顾客对产品效用感知的总体评价。

然而，现有研究主要将感知价值建构为品牌的功能功利价值，而没有触及非功利性因素，比如社会心理利益会促使顾客继续购买。同时，品牌化文献揭示，品牌能够超越功利利益为顾客提供自我定义的利益，即顾客与品牌之间能达成一定程度的同一性。基于社会认同（Tajfel 和 Turner，1979）和身份理论（Stryker，1968）的顾客—企业认同研究认为，顾客—企业认同就是顾客感知他们自身与企业共享自我定义的属性的程度。顾客—企业认同形成了企业努力寻求与顾客建立深厚、坚定和有意义的关系的心理基质。Lam 等（2010）将此逻辑拓展到更加微观的品牌研究领域，提出了顾客—品牌认同概念，认为顾客—品牌认同就是顾客感知、感觉和评价与品牌从属关系的一种心理状态。品牌从属关系是指顾客与品牌在心理上的同一性。同一性越强，顾客—品牌认同程度就越高，顾客也就越忠诚。

由上述可知，顾客感知价值和顾客品牌认同是潜在驱动品牌忠诚的顾客—品牌关系机制。顾客品牌忠诚的行为表现是重复购买。品牌忠诚的反面是品牌转换，表现为消费者在购买同类产品或服务时经常

---

* 本文是国家自然科学基金"企业领导者前台化行为与企业品牌绩效：关系、作用机制和管理逻辑"（项目批准号：71172207）的阶段性成果。

转换品牌(袁登华,2009)。已有研究对顾客品牌转换的原因进行了广泛探讨,比如品牌犯错(黄静等,2011)、服务失败(Carme et al.,2007)、促销(Harald et al.,2003;Sun et al.,2003;Nagar,2009)、负面口碑(郭国庆等,2010;杨学成等,2009)、绿色营销(井绍平和李芸达,2007)及消费者多元化追求(Trijp、Hoyer 和 Inman,1996)等都会促使顾客转换品牌。然而这些文献主要从顾客和品牌的行为层面来研究品牌转换,但是导致这些行为的更深层次原因是什么?换句话说,是什么促使顾客产生了品牌转换意愿?其中的心理机制是什么?学术界对此并没有达成一致认识。遵循驱动顾客品牌忠诚机制的逻辑,我们认为,当顾客对同类品牌之间的感知价值和品牌认同存在差异时,品牌转换意愿就会产生。这种差异即是导致品牌转换意愿的心理动因,我们称之为"相对感知价值与相对顾客品牌认同"(Lam et al.,2010)。因此,本研究的目的就是探讨驱动顾客产生品牌转换意愿的心理机制,即相对感知价值与相对顾客品牌认同如何影响顾客品牌转换意愿。

2. 理论基础

2.1 品牌转换

品牌转换行为是指顾客停止购买正在使用的品牌转而购买使用其他品牌。[1] 顾客品牌转换行为的表现形式包括诱因转换、不满转换、求新转换及轻视转换 (袁登华,2009) 和基于外部激励及内部驱动的消费者多元化追求 (Trijp、Hoyer 和 Inman,1996) 等。综合现有关于品牌转换行为的研究,我们认为可以将它归纳为两种取向:一种认为,顾客发生品牌转换行为是为了追求功能性效用最大化;另一种认为,除了追求功能性效用最大化,顾客也会由于社会心理原因而转换品牌。

经济学家将顾客选择视作顾客获取功能效用最大化的手段。[2] 这是完全从顾客纯经济动机视角来认识顾客的品牌选择的。此外,营销研究者在顾客选择建模研究中,将顾客品牌转换建模成基于产品属性和营销组合的选择。然而,多属性效用理论[3]认为,顾客效用不但包括功能性属性,而且包括社会心理属性。因此,近来有些研究者指出,应该将非产品关联属性,比如顾客态度和感知,整合进顾客品牌选择和品牌转换模型 (Ashok、Dillon 和 Yuan,2002;Swait 和 Erdem,2007)。因为这些属性在预测顾客品牌偏好、品牌选择集形成和品牌选择中发挥了重要作用。

与顾客选择模型的最新发展相一致,社会认同理论认为,除了功能性效用最大化以外,品牌转换也会出于社会心理的目的 (Rao、Davis 和 Ward,2000;Tajfel 和 Turner,1979)。人们从与社会团体的加盟中来获取认同。他们重视这样的成员资格并将自身与那些没有这样会员身份的人区别开来,形成内集团和外集团。当社会认同受到威胁时,内集团成员会以诉诸三种基本策略(社会移动、社会创造、社会改变)的方式反应 (Lam et al.,2010)。根据 Tajfelh 和 Turner (1979) 的观点,社会移动是指人试图离开或使他自己与团体分离,例如从低社会地位的团体移动到高社会地位的团体。社会创造指的是人通过重新界定或改变比较情况中的元素为内集团寻求正面区别性。比如,义乌这座城市在总体上不如杭州、上海、广州、北京这些一线城市,但是义乌的小商品市场独具特色,举世闻名。社会改变是指直接与外集团竞争来得到更高的地位。

---

[1] Lin Wu,Wang. A study of market structure brand loyalty and brand switching behaviors for durable household appliances [J]. *International Journal of Market Research*,2000,42 (3):277-300.

[2] McFadden,Daniel. The choice theory approach to market research [J]. *Marketing Science*,1986,5 (4):275-297.

[3] Lancaster,Kevin J.. A new approach to consumer theory [J]. *Journal of Political Economy*,1966,74 (2):132-157.

在品牌背景下，社会改变可能由竞争者或者认同某一品牌的顾客发起。竞争者通过导入新品牌或运用其他营销策略来争夺市场可以被看做是试图发起社会改变，一些顾客可能会认为竞争者的品牌更具认同感。在顾客方面，品牌认同者有时候会对他们不认同的品牌产生负面口碑，尤其在他们接触了比较式广告之后。基于 Tajfelh 和 Turner（1979）的社会移动理论，Lam 等（2010）认为，顾客会为了自我提升的目的最大化社会心理效用（象征利益）而不是功能效用（功能利益）转换到新品牌。当内集团和外集团之间的边界无法渗透以及改变成员资格不现实的时候，社会移动就不是一个应对认同威胁的可行策略。在这种情况下，社会认同理论认为，人们会采用社会创造策略，品牌转换不会发生。

2.2　感知价值与相对感知价值

Zeithaml（1988）认为，感知价值是顾客所能感知到的所得利益与其在获取产品或服务中所付出的成本进行比较后对产品或服务效用的整体评价。显然，感知价值是一个来源于对产品的价格、质量、数量及利益感知的多维构念。文献梳理发现，研究者将感知价值划分成多种不同的维度。比如，Sheth Newan 和 Gross（1991）将感知价值分为功能性价值、社会性价值、情感性价值、尝试性价值以及条件性价值五个维度；以产品为中心，Kantamneni 和 Coulson（1996）将感知价值分为社会价值、经验价值、功能价值以及市场价值；Sweeney 和 Soutar（2001）将感知价值分为功能价值价格因素、功能价值质量因素、情感价值和社会价值四个维度；Pura（2005）将感知价值分为货币价值、便利价值、社交价值、情感价值及认知价值。

早先的实证研究表明，在航空旅行、零售服务（Sirdeshmukh et al.，2002）和电话服务中①，感知价值是顾客忠诚的一个重要决定因素。产品或服务的高感知价值是顾客保持光顾的一个主要动机。在品牌竞争背景下，顾客对产品或服务的感知价值高低是顾客经过比较选择的结果。关于品牌忠诚的研究早就认识到，顾客的考虑集包含多种品牌，顾客对品牌进行等级排序是必然的。此外，Holbrook 和 Corfman（1985）强调了在界定价值时要比较权衡的见解。依照现有的品牌选择模型，Lam 等（2010）将相对感知价值定义为一个品牌提供的功能性利益的功利价值超过相同种类其他供选择品的程度。可见，相对感知价值与功能效用相关联。相对感知价值如同功能效用最大化，影响顾客品牌转换行为。

2.3　社会认同、身份与相对品牌认同

社会认同理论由 Tajfel 和 Turner（1979）提出，认为人们通过与社会团体或组织保持关系来界定自我概念。管理研究者将社会认同理论运用到管理研究领域，发展出了组织认同概念。组织认同是指个体对于组织成员感、归属感的认知过程，它体现了个人与组织在价值观上的一致性。② 基于社会认同理论的品牌社群研究认为，社群成员通过参加集体活动，比如仪式，来颂扬他们所挚爱的品牌的优点和帮助其他品牌认同者（Bagozzi 和 Dholakia，2006；McAlexander、Schouten 和 Koenig，2002；Muniz 和 O'Guinn，2001）。品牌社群的集体行为既促进了社群成员之间的互动交流，强化了彼此之间的相互影响和合作，又增强了社群成员的品牌社群认同。由上述可知，无论是组织认同，还是品牌社群认同，个体呈现的都是集体的自我或公共的自我，也就是自我被嵌入在集体（品牌社群）或社会中（Triandis，1989）。

---

① Bolton, Ruth N., James H. Drew. A multistage model of customers' assessments of service quality and value ［J］. *Journal of Consumer Research*, 1991, 17（March）: 375-384.

② Ashforth, Fred Mael. Social identity theory and the organization ［J］. *Academy of Management Review*, 1989, 14（1）: 20-39.

与社会认同理论不同，微观层面的身份理论（Stryker，1968）则聚焦于不同社交情境中人们的社会角色。身份代表角色的主观成分，并且按照等级组织起来，等级越高，表明身份越突出。基于身份理论，营销研究聚焦于个体顾客如何将产品视作"我"或"非我"①和他们如何以最突出的身份来表现（Arnett、German 和 Hunt，2003；Bolton 和 Reed，2004；Oyserman，2009）。因此，身份理论更关心个体行为和私我（Triandis，1989）。

尽管社会认同理论和身份理论形成于不同的领域，但是这两种理论都与自我概念文献密切关联，而且二者都考察自我与社会实体之间的关系。Lam 等（2010）基于这两个理论，建构了顾客—品牌认同概念，认为顾客—品牌认同是指顾客感知、感觉和评价与品牌从属关系的一种心理状态。按照社会认同理论和身份理论，顾客—品牌认同反映了个体顾客私我和社会自我的统一性。一方面，顾客通过使用品牌来界定他们自己；另一方面，顾客认为他们是认同相同品牌顾客群的一部分。依据社会认同理论对"认同"阶段的假定，我们认为顾客—品牌认同由三部分构成：（1）认知成分，顾客认识自己与品牌之间的关系或者同一性；（2）评价成分，顾客对品牌的价值内涵的认识；（3）情感成分，顾客在认知和评价因素中投入的情感。

在非营利营销研究中，Bhattacharya 等（1995）指出，认同不单是脱离于其他组织的人与组织之间的双边关系，而是一个多边竞争过程，也就是说认同是经过个体相对比较选择的结果。在品牌背景下，Lam 等（2010）借鉴 Stryker（1968）的研究成果，将相对顾客—品牌认同界定为，在相同产品类别中顾客感知焦点品牌的认同比其他品牌的认同有更高自我关联的程度。当顾客对焦点品牌的认同比竞争品牌更强烈时，焦点品牌的相对顾客—品牌认同就更强，而且焦点品牌的身份更突出。因此，从一定意义上讲，顾客是依据品牌之间的相对认同度来辨别品牌和作出品牌选择的，只有认同度更高和身份更加突出的品牌才能赢得顾客的忠诚。

3. 研究假设

3.1 相对感知价值与品牌转换意愿

感知价值是顾客—品牌关系的功利性驱动因素。感知价值不但正向影响购买意愿（李欣，2010）和顾客忠诚②，而且正向影响再购买意愿③。然而，这种基于功能效用的品牌关系不是品牌价值高度内化进消费者自我的反映，它很容易改变（Lam et al.，2010）。在品牌竞争背景下，顾客有多种品牌可以选择。由于不同品牌带给顾客不同的感知价值，所以顾客对品牌的选择经历一个比较和权衡的过程。感知价值更高的品牌才会最终被顾客选择。正如我们前面所作的文献回顾指出的，是相对感知价值而不是感知价值驱动了顾客品牌转换。此外，由于顾客将他们的期望和满意建立在之前的消费经历上，顾客会把他们与已有品牌的关系作为评价其他品牌的参考标准。只有感知价值超过参照点的品牌，才会促使顾客转换品牌。我们据此提出如下假设：

H1：相对感知价值对顾客的品牌转换意愿具有显著的负向影响，相对感知价值越大，品牌转换意愿

---

① Kleine, Susan Schultz, Robert E. Kleine III, Chris T. Allen. How is a possession "me" or "not me"? Characterizing types and antecedents of material possession attachment [J]. *Journal of Consumer Research*, 1995, 22 (December): 327-343.

② Yang, and Peterson. Customer perceived value, satisfaction, and loyalty; The role of switching costs [J]. *Psychology & Marketing*, 2004, 21 (10): 799-822.

③ Dodds, William B., Kent B. Monroe, and Dhruv Grewal. Effects of price, Brand, and store information on buyers' product evaluations [J]. *Journal of Marketing Research*, 1991, 28 (August): 307-319.

16

越小。

3.2 相对顾客品牌认同与品牌转换意愿

基于社会认同理论（Tajfel 和 Turner，1979），顾客从品牌社群中找到归属感和认同感，并通过品牌社群的集体行为来界定和表达自我。基于身份理论（Stryker，1968），顾客通过认同度最突出的品牌来界定自我和彰显身份。然而，社会认知理论认为，自我及其身份代表记忆中一个高度复杂而持久的结构（Epstein，1980；Kihlstrom 和 Klein，1994）。"复杂而持久"的含义是指身份（认同）的多样性和身份（认同）的稳定性、持续性。在品牌竞争背景下，顾客与品牌之间的认同是一个复杂的甄选过程，顾客会对不同的品牌形成不同的品牌认同。在这个过程中，社会认同理论中的社会改变、社会移动和社会创造三种机制在其中发挥了作用。

正如前文所述，社会改变可以由品牌竞争者或顾客发起，当市场上的新品牌能促使顾客产生比现有品牌更强的认同，或当顾客对不认同的品牌产生负面口碑时，一些顾客会转换到新品牌。当顾客的目标是追求品牌带来的社会心理效用（象征利益）而不仅是功能效用（功能利益）时，品牌社会移动的情况就会发生，顾客会转向新品牌。比如，顾客由购买代步车转向购买豪华轿车。当顾客与品牌之间的关系是基于品牌认同，并且顾客决定保持品牌关系时，品牌转换就不会发生。这是因为社会创造在顾客品牌认同比较的过程中发挥了作用，即通过聚焦选择性的可比较的维度，顾客会带偏见地为现有品牌寻找认同理由①②，结果提升了现有品牌的认同而降低了其他品牌的认同（Lam et al.，2010）。综合起来，不论是哪一种机制在顾客品牌认同的过程中发挥了作用，它们都涉及了一个品牌之间认同度差异的辨别情况，即相对顾客品牌认同的比较和权衡过程。只有相对认同更强的品牌，顾客才会认为它的认同（身份）更突出。因为认同（身份）突出是形成与认同（身份）相一致的行为的基础（Bolton 和 Reed，2004；Tajfel 和 Turner，1979），顾客就不太可能转向其他品牌。因此，我们提出以下假设：

H2：相对顾客品牌认同对顾客的品牌转换意愿具有显著的负向影响，相对顾客品牌认同越强，品牌转换意愿越小。

3.3 相对感知价值与相对顾客品牌认同对品牌转换意愿的不同影响

Lam 等（2010）认为，认同现有品牌比新品牌更强烈的顾客可能将他们的品牌选择归于自我而不是表面的功能利益。换言之，相对顾客品牌认同比体现品牌之间功能利益差异的相对感知价值对顾客选择品牌的影响更大。社会心理学文献认为，人们都有自我提升的需要，他们极不情愿改变自我关联的态度。相对顾客品牌认同比相对感知价值在更深的层次上将品牌价值内化进自我，形成自我关联的品牌关系。此外，根据 Maslow（1943）的需要层次理论，当低层级的需要（相对感知价值）被满足以后，高层级的需要（相对顾客品牌认同）就变得更加重要。由此，我们推论相对感知价值与相对顾客品牌认同对品牌转换意愿存在不同的影响，并且相对顾客品牌认同对顾客的品牌转换意愿的影响比相对感知价值对顾客的品牌转换意愿的影响更大。因此，我们提出下面的假设：

H3：与相对感知价值对顾客的品牌转换意愿的影响比较，相对顾客品牌认同对顾客的品牌转换意愿的影响更大。

---

① Ahluwalia，Rohini. Examination of psychological processes underlying resistance to persuasion [J]. *Journal of Consumer Research*，2000，27（September）：217-232.

② Kunda，Ziva. The case for motivated reasoning [J]. *Psychological Bulletin*，1990，108（3）：480-498.

4. 研究方法

4.1 样本选取和数据收集

本研究采用问卷调查的方法收集数据，共发放 200 份问卷，回收问卷 180 份，有效问卷 148 份。调查对象是浙江师范大学高年级学生（大三或大四学生），调查产品是手机。调查对象和调查产品的选择基于以下原因：第一，大学生是电子通信产品（包括手机）的一个非常庞大而又活跃的消费群体。第二，高年级学生文化水平较高，视野比较开阔，具有较强的信息搜寻能力，同时他们的理解能力比较强，对调查问题能够准确理解，从而可以获得可靠的数据（杨学成等，2009）。第三，高年级学生手机拥有率较高，并且学生或多或少有过更换手机品牌的经历。第四，学生样本在营销研究中普遍应用，同时便于收集数据。

4.2 变量测量

调查问卷设计成先让学生回答自己现在拥有的手机品牌名称和理想的手机品牌名称，然后要求他们分别对现有手机品牌和理想手机品牌的品牌认同与感知价值作出评价。变量相对感知价值和相对顾客品牌认同通过分别测量现有品牌和理想品牌的感知价值与顾客品牌认同，再对应地求它们之间的差值测得。

感知价值的测量量表改编自 Dodds、Monroe 和 Grewal（1991）使用的量表，共 4 个问项，采用 7 点李克特量表来测量顾客对所得利益的感知。顾客品牌认同的测量采用 Lam 等（2010）使用的量表，包括认知、情感和评价三部分，共 6 个问项，每部分各 2 个问项，认知部分采用 9 级量表，情感和评价两部分采用 7 点李克特量表，测量顾客与品牌的关联程度。顾客品牌转换意愿的测量采用 Bansal 和 Taylor（2002）使用的量表，共 3 个问项，采用 7 点李克特量表来测量顾客的品牌转换意愿。

4.3 研究结果分析

4.3.1 信度和效度的检验

本研究采用 PASW Statistics 18.0 数据编辑器检验各量表的信度。信度检验结果如下：顾客品牌认同的 Cronbach's α 值为 0.716，感知价值的 Cronbach's α 值为 0.916，品牌转换意愿的 Cronbach's α 值为 0.906，符合大于 0.7 的标准（Gilford，1954），表明量表具有较高的信度。另外，本研究的各量表都编选自国外学者的现有研究成果，这些量表都经过严谨的验证，因此具有较好的内容效度和聚合效度。

4.3.2 相关分析

本研究先采用 Pearson 相关分析来研究相对感知价值和相对顾客品牌认同与品牌转换意愿之间的相关关系，结果见表 1。由表 1 可知，在 0.01 的显著性水平上，相对感知价值和相对顾客品牌认同与品牌转换意愿都有显著的负相关关系。因此，假设 H1 和 H2 得到了支持。这验证了相对顾客品牌认同越强，顾客品牌转换意愿越弱；相对感知价值越大，顾客品牌转换意愿越小。在表 1 所示的两个变量中，相对顾客品牌认同的相关系数（-0.301）的绝对值较大，相对感知价值的相关系数（-0.247）的绝对值较小，这表明相对顾客品牌认同对品牌转换意愿的影响比相对感知价值对其的影响更大，因此，假设 H3 得到了验证。

表 1 各变量与品牌转换意愿的相关分析

		相对顾客品牌认同	相对感知价值
品牌转换意愿	Pearson 相关系数	-0.301^{**}	-0.247^{**}
	显著性（双侧）	0.000	0.003
	样本数	146	146

注：$**$ 表示相关关系在 0.01 水平（双侧）上显著。

4.3.3 回归分析

在相关分析的基础上，为了进一步验证本研究的假设，我们再以品牌转换意愿为因变量、相对顾客品牌认同和相对感知价值为自变量作了多元回归分析，统计结果见表 2。由表 2 中的 $R^2 = 0.105$ 可以看出，多元回归方程拟合效果偏低，这可能是没有控制相关变量的原因，但是由整个方程的方差分析结果，$F = 8.379$，$P = 0.000 < 0.01$，可知回归方程的总体回归系数不为 0，方程是显著的，说明不能否定变量之间的线性关系，因此不妨碍假设的验证。此外，对模型的共线性诊断表明，两变量的容许度均为 0.777，方差膨胀因子为 1.288，小于 5，说明两变量的共线性水平较低，在可接受的水平内。

由表 2 的回归系数可知，相对顾客品牌认同的标准化系数是 -0.238，$P = 0.009 < 0.01$；相对感知价值的标准化系数是 -0.134，$P = 0.037 < 0.05$，这说明相对顾客品牌认同和相对感知价值都与品牌转换意愿有显著的负相关关系，当相对顾客品牌认同和（或）相对感知价值升高时，顾客的品牌转换意愿会显著降低，假设 H1 和 H2 得到了验证。同时由表 2 的回归系数还可知道，在这两个变量中，相对顾客品牌认同的偏相关系数的绝对值（0.304）比相对感知价值的偏相关系数的绝对值（0.122）更大，说明相对顾客品牌认同比相对感知价值对品牌转换意愿的影响更大，假设 H3 得到支持。

表 2 相对顾客品牌认同和相对感知价值对品牌转换意愿的回归分析

	变量	偏相关系数	标准化系数	t 值	显著性（P）	容许度	方差膨胀因子
多元回归方程	（常量）	4.892		44.190	0.000		
（$R^2 = 0.105$	相对顾客品牌认同	-0.304	-0.238	-2.652	0.009	0.777	1.288
$F = 8.379$ $P = 0.000 < 0.01$）	相对感知价值	-0.122	-0.134	-1.495	0.037	0.777	1.288

5. 结论与讨论

5.1 研究结论

本研究基于社会认同理论和身份理论，运用调研方法探讨了相对感知价值和相对顾客品牌认同对顾客品牌转换意愿的影响。通过实证分析，主要得到了以下结论：首先，相对感知价值与顾客品牌转换意愿之间存在显著的负向关系，顾客相对感知价值越高，品牌转换意愿越低。其次，相对顾客品牌认同与顾客品牌转换意愿之间存在显著的负向关系，相对顾客品牌认同越强，顾客品牌转换意愿越小。最后，相对感知价值和相对顾客品牌认同对顾客品牌转换意愿的影响存在显著差异，相对顾客品牌认同对顾客品牌转换意愿的影响更强。本研究一方面为品牌转换意愿的两个心理动因提供了强有力的支持。现有大量关于品牌转换的研究大多从功能性利益角度对转换行为作出解释，而忽略了社会心理利益。本研究发现相对顾客品牌认同与相对感知价值一样是品牌忠诚的强大驱动因素。另一方面，本研究从社会认同理论和身份理论视角，突出强调了在品牌竞争背景下检验认同的相对性在驱动品牌关系中的重要性。

5.2 管理启示

在营销实践中，品牌之间竞争的市场表现为顾客转换品牌、顾客保持品牌及顾客尝试采用品牌三种态势。根据本文的研究结论，企业可以有针对性地采取策略来赢得顾客，提升品牌绩效。第一，当顾客发生品牌转换的时候，企业宜在分析原因的基础上积极采取补救策略。如果是功利因素使得顾客转换到其他品牌，企业可以适当采取比竞争者更优惠的激励措施来挽回顾客。如果是品牌认同原因，则情况会复杂得多。品牌认同卷入了顾客更深刻的认知、情感和态度，因此单纯为顾客提供功能利益就不起作用。不过根据本研究的结论，企业可以在权衡利弊（风险）的前提下实施品牌重构策略，通过重新品牌化提升品牌认同，达到挽回顾客的目的。第二，当品牌面临同行业进攻的时候，企业可以采取防御策略。无论是高度参与品牌还是低度参与品牌，不管是公众品牌还是私人品牌，均可以通过塑造强烈的品牌认同来预防品牌竞争者的侵蚀，从而达到保持顾客的目的。第三，当品牌为了扩大市场份额赢得更多的顾客时，企业宜采取进攻策略。本研究对此的启示是，尽管相对顾客品牌认同比相对感知价值更能促使顾客转换品牌而吸引更多的顾客，但是并不意味着企业可以忽视相对感知价值的重要性。更进一步地说，品牌要在市场上赢取更多的顾客、取得更大的成功，企业既要保持对品牌价值的投资和维护，使得品牌拥有引人注目的功能性利益；又要强化顾客品牌认同的培育，使得品牌认同（身份）更加突出。

5.3 研究局限性及未来研究方向

本研究的局限性表现为以下三个方面：第一，问卷调查样本仅是在校大学生，没有包括其他群体的消费者，由于各种消费者群体之间存在明显差异，这在一定程度上影响了研究结论的外部效度。第二，本研究只关注手机一种产品类别，没有调查其他产品类别，研究结论的普遍意义受到了影响。第三，本研究收集的数据仅是静态的横截面数据，没有对样本进行跟踪调查，忽略了数据的动态性、长期性影响。针对以上的研究不足，我们将在今后的研究设计中不断丰富完善，为企业的营销实践提供更真实可靠的结论。

（作者电子信箱：serpent66@163.com；jinghuang@sina.com）

参考文献

[1] 郭国庆，张中科，陈凯，汪晓凡. 口碑传播对消费者品牌转换意愿的影响：主观规范的中介效应研究 [J]. 管理评论，2010，22（12）.

[2] 黄静，王新刚，童泽林. 空间和社交距离对犯错品牌评价的影响 [J]. 中国软科学，2011，7.

[3] 井绍平，李芸达. 消费者品牌转换行为与绿色营销 [J]. 管理世界，2007，12.

[4] 李欣. 网络口碑、感知价值对顾客购买意向的影响研究 [J]. 河南社会科学，2010，18（3）.

[5] 杨学成，张中科，汪晓凡，李屹松. 口碑信息与产品涉入对消费者品牌转换意愿影响的实证研究 [J]. 财贸经济，2009，7.

[6] 袁登华. 品牌忠诚和品牌转换的心理动因探讨 [J]. 心理科学. 2009，32（1）.

[7] Aaker，and David，A.. *Building strong brands* [M]. New York：The Free Press，1995.

[8] Arnett,Dennis，B.，Steve D. German，and Shelby D. Hunt. The identity salience model of relationship

marketing success: The case of nonprofit marketing [J]. *Journal of Marketing*, 2003, 67 (April).

[9] Ashok, Kalidas, William R. Dillon, and Sophie Yuan. Extending discrete choice models to incorporate attitudinal and other latent variables [J]. *Journal of Marketing Research*, 2002, 39 (February).

[10] Bhattacharya, Hayagreeva Rao, and Mary Ann Glynn. Understanding the bond of identification: An investigation of its correlates among art museum members [J]. *Journal of Marketing*, 1995, 59 (October).

[11] Bolton, Lisa, E., and Americus Reed II. Sticky priors: The perseverance of identity effects on judgment [J]. *Journal of Marketing Research*, 2004, 41 (November).

[12] Gustafsson, Johnson, and Roos. The effects of customer satisfaction, Relationship commitment dimensions, and Triggers on customer retention [J]. *Journal of Marketing*, 2005, 69 (October).

[13] Harald J. Van Heerde, Sachin Gupta, and Dick R. Wittink. Is 75% of the sales promotion bump due to brand switching? No, only 33% is [J]. *Journal of Marketing Research*, 2003, XI (November).

[14] Harvir S. Bansal, and Shirley F. Taylor. Investigating interactive effects in the theory of planned behavior in a service-provider switching context [J]. *Psychology & Marketing*, 2002, 19 (5).

[15] Kantamneni, S. P., Coulson, K. R.. Measuring perceived value: Scale development and research findings from a consumer survey [J]. *Journal of Marketing Management*, 1996, 6 (2).

[16] Maslow, A. H.. A theory of human motivation [J]. *Psychological Review*, 1943, 50 (4).

[17] McAlexander, James, H., John W. Schouten, and Harold F. Koenig. Building brand community [J]. *Journal of Marketing*, 2002, 66 (January).

[18] Muniz, Albert, M., Jr., and Thomas C. O'Guinn. Brand community [J]. *Journal of Consumer Research*, 2001, 27 (4).

[19] Oliver, and Richard, L.. Whence consumer loyalty? [J]. *Journal of Marketing*, 1999, 63 (October).

[20] Oyserman, and Daphna. Identity-based motivation: Implications for action-readiness, Procedural readiness, and consumer behavior [J]. *Journal of Consumer Psychology*, 2009, 19 (3).

[21] Rao, Hayagreeva, Gerald F. Davis, and Andrew Ward. Embeddedness, Social identity and mobility: Why firms leave the NASDAQ and join the New York Stock Exchange [J]. *Administrative Science Quarterly*, 2000, 45 (2).

[22] Sheth, Jagdish, N., Bruce I. Newman, and Barbara L. Gross. Why we buy what we buy: A theory of consumption values [J]. *Journal of Business Research*, 1991, 22 (2).

[23] Son K. Lam, Michael Ahearne, Ye Hu, and Niels Schillewaert. Resistance to brand switching when a radically new brand is introduced: A social identity theory perspective [J]. *Journal of Marketing*, 2010, 74 (November).

[24] Swait, Joffre and Tülim Erdem. Brand effects on choice and choice set formation under uncertainty [J]. *Marketing Science*, 2007, 26 (5).

[25] Sweeney, Jillian, C., and Geoffrey N. Soutar. Consumer perceived value: The development of a multiple item scale [J]. *Journal of Retailing*, 2001, 77 (2).

[26] Tajfel, and John C. Turner. The social identity theory of intergroup behavior. In: *Psychology of intergroup relations*, Stephen Worchel and William G. Austin, eds [M]. Chicago: Nelson Hall, 1979.

[27] Triandis, Harry, C.. The self and social behavior in differing cultural contexts [J]. *Psychological Review*, 1989, 96 (3).

[28] Trijp, Hoyer, and Inman. Why switch product category-level explanations for true variety-seeking behavior [J]. *Journal of Marketing Research*, 1996, XXXⅢ (August).

An Empirical Study on the Psychological Mechanism for Consumers Brand Switching Intention

Yuan Bing[1] Huang Jing[2]

(1, 2 Economics and Management School of Wuhan University Wuhan 430072)

Abstract: Drawing from social identity theory, identity theory and the brand loyalty literature, the authors empirically find that both relative customer-brand identification and relative perceived value are the motivation for brand switching intention. Specifically, both relative customer-brand identification and relative perceived value have a negative relationship with brand switching intention and the effect of the relative customer-brand identification on brand switching intention will be stronger than the effect of relative perceived value.

Key words: Brand switching; Perceived value; Brand identification

在线品牌社群中访客看帖行为效应研究[*]

● 周志民[1]　　饶志俊[2]　　李楚斌[3]

（1，2，3 深圳大学管理学院　深圳　518060）

【摘　要】在线品牌社群领域的现有文献主要研究成员之间的社交互动，却很少关注访客。然而，通常情况下，在线品牌社群的访客数量要大大高于成员数量。因此，探讨访客看帖行为对在线品牌社群的影响显得非常必要。偏最小二乘法（PLS）的实证结果表明：访客通过看帖获得信息价值和感知社交价值，从而影响他们对社群的态度；访客对社群的态度影响他们对品牌的态度和社群参与意愿；品牌态度会促进品牌购买意愿，但社群参与意愿对品牌购买意愿没有影响。研究结论从访客的视角丰富了在线品牌社群理论，并对在线品牌社群管理实务具有指导意义。

【关键词】在线品牌社群　访客　看帖　价值　态度

1. 引言

随着 IT 技术的发展和网络信息的增多，在线品牌社群吸引的不仅是成员，而且还包括大量访客（Muniz 和 O'Guinn，2001）。已有研究主要着眼于社群成员之间的社交互动和关系质量（Bagozzi 和 Dholakia，2006；Carlson et al.，2008；Mathwick et al.，2008；Nambisan 和 Baron，2007；Stokburger-Sauer，2010），甚至研究了社群中不发帖的"潜水成员"（Nonnecke、Andrews 和 Preece，2006；Preece、Nonnecke 和 Andrews，2004），但很少有研究将访客作为研究对象，很少有人关注在线品牌社群对访客有何影响。然而，在线品牌社群当中的一个普遍现象是：在任一时点，访客数量都要大大超过成员数量。那些只能浏览社群信息却没有权限与成员交流的访客，是否会通过单纯的看帖行为，产生态度和行为意向的改变？现有在线品牌社群的文献对此并未涉及。毫无疑问，这是一个对在线品牌社群及其品牌都非常有价值的问题，因为品牌社群成员甚至是品牌潜在购买者都可能来自这些访客。

本研究的目的在于探讨，仅仅通过在线品牌社群看帖，是否会形成访客对品牌社群和品牌的态度及行为意向？首先，访客看帖获得了哪些社群价值？我们假定最先吸引访客的是有助于解决他们产品问题的有用信息，而当访客经常访问社群时，他们可能通过观察成员之间的互动而感知到一些社交价值。因此，信息价值和感知社交价值可能会影响访客对社群的态度（Mathwick et al.，2008；Sicilia 和 Palazón，

　　＊ 本文受国家自然科学基金青年科学基金项目"品牌社群质量的测量维度、影响因素及作用机理研究"（项目批准号：70802042），广东省高等学校高层次人才项目"结构视角下的网上品牌社群成员互动机制研究"和广东高校优秀青年创新人才培养计划项目"基于消费者体验的在线购物价值研究"资助。

2008）。其次，访客何时会加入社群与成员互动呢？Gupta 等（2010）认为阅读帖子是访客成为一个成员的第一步。我们假设通过信息价值和感知社交价值所建立的积极态度会影响访客加入社群成为成员的意愿。再次，访客对品牌社群的态度是否也会影响他们的品牌态度和社群参与意愿，进而改变他们的购买意愿？Jang 等（2008）、Kim 等（2008）研究发现，品牌社群态度可以转化为品牌态度。一旦品牌态度是积极的，访客就会愿意购买该品牌。此外，品牌社群中的品牌合法性（brand legitimacy）理论（Kates，2004）将被用来解释社群参与意愿与品牌购买意愿之间的关系。

本研究分为四个部分：首先，基于相关文献提出概念模型和研究假设；其次，设计数据收集方法和选择数据分析方法；再次，通过在线调研平台收集数据，并使用偏最小二乘法（PLS）实证方法检验假设；最后，讨论研究结论和管理启示，指出研究的局限性以及未来方向。

2. 概念模型及假设

访客是在线品牌社群的观察者，尽管没有权限发帖和与社群成员互动，但他们仍可经常访问社群和浏览帖子。并且，他们当中的一些人最终转化为社群成员，甚至是品牌购买者。我们构建了一个概念模型，以描述看帖行为所带来的变化（见图 1）。

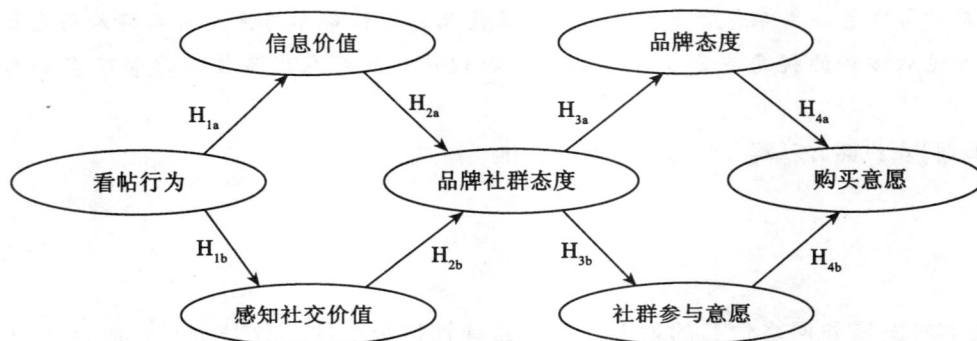

图 1　概念模型

2.1　看帖后的感知价值

大量研究表明，成员参与社群是受到社群价值的驱动（Ridings 和 Gefen，2004）。具体来说，这些价值包括工具性价值、自我发现、维持人际关系、社会强化和娱乐价值（Dholakia、Bagozzi 和 Pearo，2004），Mathwick 等（2008）将其简化为信息价值和社交价值。社群作为信息资源库提供信息价值，同时作为社交支持中心提供社交价值。社群成员讨论的主题及其所发的帖子会包含大量的有用信息（Armstrong 和 Hagel，1996；Ridings 和 Gefen，2004；Wasko 和 Faraj，2000），其中一些可能回答了访客的问题，因为访客和一些成员的问题可能是相通的。因此，尽管作为社群的旁观者，但访客仍可找到许多有助于解决他们问题的帖子。对于访客而言，社群的重要功能在于为他们提供了一个有用的信息平台。Lin 等（2006）认为正是这些有价值的内容在吸引着人们不断地阅读帖子。访客看的帖子越多，感知的信息价值也就越多。因此，我们提出如下假设：

H_{1a}：访客看帖行为会正向影响他们的信息价值。

信息交流不仅帮助社群参与者解决他们的问题，而且也包含着他们相互之间的社交支持。社交支持

24

是一种社会资本，它由社会信任、互惠及利他主义组成（Mathwick、Wiertz 和 de Ruyter，2008）。作为一个旁观者，访客缺乏社会资本，得不到社群成员直接的信任和帮助。然而，他们可以通过观察成员之间大量的文本和图片交流，感知到彼此之间的网上友谊和社交支持。Brakus 等（2009）的研究表明，人们可以从事物中获得感官体验，而这种感官体验会促进访客深入地感知和理解社群。根据媒体丰度理论（Daft 和 Lengel，1984）和社交临场感理论（Short、Williams 和 Christie，1976），网络和信息系统技术创造了生动的媒介，这些媒介让接收者感受到行动者间的互动，并意识到他们的存在。通过社群呈现的丰富图片和信息，即使缺少面对面的沟通，成员仍然可以感觉到与其他成员的联系。活跃成员之间的社交关系或友谊会吸引访客。尽管访客不能直接与社群成员聊天，但仍能感知其他成员之间通过社群社交互动所产生的情感关系和社交氛围。因此，我们提出如下假设：

H_{1b}：访客看帖行为会正向影响他们的感知社交价值。

2.2　社群态度的价值前因

作为对事物的总体印象和评价，态度是心理学与行为学研究领域最常见的构念之一（Ajzen，2001）。根据 Gupta 等（2010）的研究，在线品牌社群态度是对人们能从在线品牌社群中得到什么所产生的综合评价。搜寻信息是社群访客的首要目的。丰富的相关信息不仅能吸引他们，而且能留住他们。通过对不同品牌社群的比较，访客会对那些为他们提供更多更有用信息的社群予以更高的评价。因此，我们提出如下假设：

H_{2a}：访客获得的信息价值会正向影响他们对在线品牌社群的态度。

此外，在线品牌社群还能作为社交支持中心（Mathwick、Wiertz 和 de Ruyter，2008）。社群是成员的心理归属，成员将社群作为他们网上的家，将经常互动的成员当成自己的朋友。作为在线品牌社群中社交互动的见证者，访客能够感知社群中的社交价值。如果感知社交价值在一定程度上满足了访客所需的归属感，那么他们就会提高其对社群的评价。因此，我们提出如下假设：

H_{2b}：感知社交价值会正向影响在线品牌社群态度。

2.3　社群态度的后果

McAlexander 等（2002）认为品牌社群融合（brand community integration）由目标消费者、品牌、产品、公司及其他消费者之间的关系组成。相应的，品牌社群态度会催生出对品牌、产品、公司及其他消费者的态度。已有研究表明，品牌社群认同（Bagozzi 和 Dholakia，2006）或品牌社群承诺（Kim et al.，2008）对品牌认同或品牌承诺有着积极的影响，这意味着品牌社群和目标品牌之间存在相关性。一旦访客由于社群的感知价值而对社群形成积极的态度，他们也会给予品牌更积极的评价，因为他们已经将社群与品牌联系起来（Gupta、Kim 和 Shin 2010）。因此，我们提出如下假设：

H_{3a}：访客对在线品牌社群的态度会正向影响他们对品牌的态度。

类似地，基于品牌社群整合模型，有研究发现访客对社群的态度也会影响其对社群成员的态度（McAlexander、Schouten 和 Koenig，2002），因为影响访客社群态度的价值是由那些成员创造出来的。人们总是愿意与给他们好印象的人相处和联系。一旦访客对成员形成积极的态度，他们也会想与成员进行互动。另外，Küçük（2010）、Preece 等（2004）对网络"潜水者"的研究发现，对群体或社群的厌恶能解释为什么"潜水者"不发帖。换言之，对品牌社群的好感可能引起较高的社群参与意愿。因此，我们提出如下假设：

H_{3b}：访客对在线品牌社群的态度会正向影响他们参与社群的意愿。

2.4 品牌购买意愿前因

品牌态度是对品牌的综合评价（Suh 和 Yi，2006）。看帖行为会让访客感受到产品信息和品牌氛围，从而提高对品牌的评价。一旦访客基于信息价值和感知社交价值而形成对品牌的积极态度，那么他们会更加信任品牌的功能性利益和象征性利益。Esch 等（2006）的研究也表明，这样的品牌信任会增加访客支持和购买品牌的可能性。因此，我们提出如下假设：

H_{4a}：访客的品牌态度会正向影响其品牌购买意愿。

访客的社群参与意愿反映了他们与社群内成员交流和相处的意愿。物以类聚，人以群分。为了被其他成员接纳，新成员应该表现出相似的兴趣、观念和生活方式。当然，他们也应该像其他成员一样，认同相同的品牌（Escalas 和 Bettman，2003）。Kates（2004）认为在品牌社群中，对品牌是否有积极的情感可以作为衡量"品牌粉丝"身份合法性的标准。一个钟爱竞争品牌的人可能不会受到那些深爱本品牌的成员欢迎，因为这些成员多数会对竞争品牌存在敌对意识（Thompson 和 Sinha，2008）。因此，想融入社群的访客催生了通过购买和使用品牌来与品牌建立联系的意愿（Stokburger-Sauer，2010）。我们提出如下假设：

H_{4b}：访客的在线品牌社群参与意愿会正向影响其品牌购买意愿。

3. 研究方法

3.1 样本与数据收集

本研究选择"问卷星"（www. sojump. com）——国内一个专业的在线调查平台来收集样本。为了保证数据收集的质量，我们使用了问卷星的收费样本服务。这家在线调查公司拥有超过 260 万个来自不同城市的多样化的人口统计特征的样本源。我们设置一个问题筛选出所有有效受访者中的访客。每一个有效受访者将获赠 100 分，可用来在问卷星上兑换礼物。问卷收集了三个多星期。结果，1879 名访客浏览了问卷，706 人提交了问卷。其中，有 486 份问卷被删除，原因是用时低于标准的答题时间（即他们完成问卷的时间不到 5 分钟）或填写问卷过于随意，最后剩下 220 份有效问卷。根据人口统计特征的方差检验结果显示，有效样本和无效样本之间并不存在样本偏差（$p > 0.05$）。有效样本的人口统计特征如表 1 所示。

表 1　　　　　　　　　　　　　　　　人口统计特征

性别		年龄		收入		职业		教育程度	
男	54.5%	15～20	10.5%	无收入	25.0%	学生	35%	小学	0.9%
女	45.5%	21～25	40.0%	<2000 元	15.9%	非学生（例如，销售		高中	4.1%
		26～30	23.6%	2000～3000 元	22.7%	人员、工程师、工人、		中专	2.3%
		31～40	20.9%	3001～5000 元	21.4%	老师）	65%	大专	19.1%
		41～50	1.4%	5001～8000 元	8.2%			本科	63.6%
		51～60	0.9%	8001～15000 元	4.1%			硕士	9.5%
		无效	2.7%	15001～50000 元	2.7%			博士	0.5%

3.2 构念测量

一些现有文献中的量表被用来测量概念模型中的所有构念，包括看帖、信息价值、感知社交价值、社群态度、品牌态度、社群参与意愿以及购买意愿。所有测项均采用 6 点李克特量表测量，范围是 1（完全不同意）到 6（完全同意）（Chavanat、Martinent 和 Ferrand，2009；Lee 和 Lings，2008）。这样做是为避免中国受访者由于"中庸之道"而偏好选择 5 点或 7 点李克特量表中的居中选项（如 3 或 4），导致结果失真。所有来自于英文文献的测项被翻译成中文提交给 12 位熟悉中英双语的营销学者审阅。每位学者对测项的中文版和英文版进行评价，并对不恰当的翻译进行修改。有争议的翻译将进行第二次意见征询。这种"德尔菲法"的翻译过程将在较大程度上确保测项翻译的准确性。

看帖行为指的是访客在在线品牌社群中阅读帖子的程度，借鉴 Bateman 等（2010）、Koh 等（2004）的研究，分别采用访客历史、阅读帖子数量和阅读频率三个测项来测量该构念。该构念的 Cronbach' α 等于 0.80，表明信度较高。信息价值是指访客从在线品牌社群中获得信息以解决问题的价值，采用 Mathwick 等（2008）在研究中所使用的有关测项来测量该构念，共有三个测项。感知社交价值意味着访客可以从社群中感受到的社会关系，借鉴 Mathwick 等（2008）在研究中所使用的相关测项来测量该构念，共有四个测项。社群态度指的是对品牌社群的总体评价，借鉴 Gupta 等（2010）的研究，使用四个测项来测量。品牌态度意味着对品牌的综合评价，采用 Putrevu 等（1994）在研究中所使用的测项来测量，共有五个测项。社群参与意愿指的是访客与其他社群成员互动的意愿，借鉴 Algesheimer 等（2005）和 Bagozzi 等（2006）在研究中所使用的测项来测量，共有三个测项。购买意愿涉及访客购买品牌的可能性，采用 Putrevu 等（1994）在研究中所使用的测项来测量，包括三个测项。各构念采用的测项如表 2 所示。我们选取性别、年龄、收入和教育等四个人口统计变量作为控制变量。

表 2　　　　　　　　　　　　　　　　　测项的信度与效度

	SFL	t 值
看帖行为（Cronbach's α = 0.80）		
我到 X 品牌论坛看会员留言的历史长	0.69	10.69
我到 X 品牌论坛看会员留言的次数多	0.84	13.54
我在 X 品牌论坛看了很多会员的留言	0.76	11.95
信息价值（Cronbach's α = 0.80）		
我发现 X 品牌论坛里的信息有用	0.80	13.00
我把 X 品牌论坛看作一个信息来源	0.72	11.41
X 品牌论坛里经常会出现一些有独特价值的信息	0.73	11.57
感知社交价值（Cronbach's α = 0.84）		
我感觉会员们把 X 品牌论坛当成他们网上的家	0.78	13.27
我感觉 X 品牌论坛为会员们提供了结交朋友的途径	0.79	13.29
我感觉 X 品牌论坛为会员们提供了一个展示他们想法的地方	0.69	11.05
我感觉会员们在 X 品牌论坛里相互支持	0.78	13.20
社群态度（Cronbach's α = 0.90）		
X 品牌论坛是一个优秀的论坛	0.86	15.53

	SFL	t 值
X 品牌论坛是一个让人喜欢的论坛	0.89	16.36
X 品牌论坛是一个有用的论坛	0.76	12.92
X 品牌论坛是一个令人愉快的论坛	0.83	14.62
品牌态度（Cronbach's α=0.91）		
购买 X 品牌是愚蠢的（r）	0.64*	10.37
购买 X 品牌是一个好决策	0.89	16.64
我认为 X 品牌是一个令人满意的品牌	0.89	16.66
我认为 X 品牌有很多利益点	0.88	16.24
我对 X 品牌表示赞赏	0.81	14.44
社群参与意愿（Cronbach's α=0.86）		
我希望有机会成为 X 品牌论坛会员	0.80	13.66
我希望有机会参与 X 品牌论坛会员的活动	0.82	14.02
我希望有机会与 X 品牌论坛会员进行交流	0.84	14.68
购买意愿（Cronbach's α=0.91）		
我购买 X 品牌的可能性大	0.91	17.05
下次要购买产品时，我会选择 X 品牌	0.89	16.37
我会尝试 X 品牌	0.83	14.78
总体模型拟合指数：$\chi^2(254)=501.15$，$\chi^2/df=1.97$，$p<0.01$；CFI=0.93；NNFI=0.92；IFI=0.93；RMSEA=0.067		

注：* 由于提了相反的问题，所以数据减少了 7 个。r 指相反的问题；SFL 指标准因子载荷。

3.3 分析方法

本研究采用偏最小二乘法（PLS）来检验研究假设。PLS 是一种实用的第二代多元因果模型分析工具，常用于分析多个自变量和因变量之间的关系（Chin，1998；Mathwick、Wiertz 和 de Ruyter，2008）。该方法可以分析样本量较少的数据。本研究的有效样本量为 220 个，与其他方法相比（如 LISREL、AMOS），Sääksjärvi 等（2007）认为 PLS 能使研究获得更稳定的结果。

4. 实证结果

4.1 测量模型

内部一致性通过验证性因子分析和 Cronbach's α 值来进行测量（见表 2）。所有测项的因子载荷都高于 0.5（Hulland，1999），适合作进一步研究。结果表明，所有 25 个测项的标准因子载荷都显著相关，大于 0.64。最后，提取了 7 个因子。这些构念的 Cronbach's α 值都在 0.80 以上，高于 0.70，说明每个构念的内部一致性都很高（Nunnally，1978）。7 个构念的组合信度都超过 0.88（大于 0.7），说明所有构念的组合信度很高。

验证性因子分析被用来检验收敛效度。测量模型的拟合指数结果显示，$\chi^2(254)=501.15$，$\chi^2/df=1.97$，$p<0.01$；RMSEA=0.067；CFI=0.93；NNFI=0.92；IFI=0.93，说明收敛效度较高（见表2）。判别效度用平均方差析出（AVE）来计算。如表3所示，所有 AVE 都在 0.68 以上，超过了 0.50 的最低标准，且每个构念 AVE 的平方根都大于其与其他构念的相关系数（Fornell 和 Larker，1981），说明判别效度很高。

综上所述，本研究的数据具有较好的信度和效度，可以作进一步检验。

表3　　　　　　　　　　　　　　　　　　　　构念的描述性统计

变量	1	2	3	4	5	6	7
1. 看帖	**0.84**						
2. 信息价值	0.31	**0.84**					
3. 感知社交价值	0.38	0.51	**0.82**				
4. 社群态度	0.39	0.54	0.70	**0.88**			
5. 品牌态度	0.30	0.46	0.44	0.51	**0.86**		
6. 参与意愿	0.46	0.51	0.63	0.60	0.50	**0.88**	
7. 购买意愿	0.35	0.39	0.39	0.47	0.70	0.44	**0.92**
平均数	4.03	4.52	4.24	4.31	4.54	4.37	4.63
标准差	1.01	0.87	0.86	0.84	0.79	0.89	0.95
组合信度	0.88	0.88	0.90	0.93	0.93	0.91	0.94
平均方差析出	0.71	0.71	0.68	0.77	0.74	0.78	0.85

注：** $p<0.01$（双尾检验），对角线上的粗体数值为相应构念之 AVE 的平方根。

4.2　共同方法偏差检验

从同一来源收集数据可能会出现共同方法偏差（common method bias），从而影响数据的效度（Ma 和 Agarwal，2007）。为此，本研究采用了两种方法来检验数据是否存在严重的共同方法偏差。方法一是根据 Harman 的单因子检验法，将全部构念的测项放在一起作主成分因子分析。结果表明，旋转前的最大方差解释率是 42.64%，小于 50%，这表明共同方法偏差可接受。然后，进行单因子的验证性因子分析（Harris 和 Mossholder，1996）。结果表明，单因子模型比其他多因子模型拟合度差得多（$\chi^2(275)=2582.30$，RMSEA=0.20，CFI=0.60，NNFI=0.56，IFI=0.60），这进一步表明不存在共同方法偏差。方法二是看构念之间的相关性是否很高。构念的相关矩阵表明，所有相关系数均在 0.30～0.70（见表3），而共同方法偏差通常是指相关性过高，一般大于 0.90（Bagozzi et al.，1991）。以上两种方法的检验结果表明，共同方法偏差对本研究影响不大。

4.3　假设检验

本研究使用 SmartPLS 2.0 软件检验假设。如表4所示，看帖行为与信息价值的正向关系显著（$\beta=0.336$，$t=4.655$，$p<0.01$），支持 H_{1a}。同样 H_{1b} 也成立，即看帖行为与感知社交价值的正向关系显著（$\beta=0.386$，$t=5.247$，$p<0.01$）。信息价值与社群态度之间的正向关系显著（$\beta=0.265$，$t=4.436$，$p<0.01$），所以 H_{2a} 成立。感知社交价值与社群态度的正向关系显著（$\beta=0.566$，$t=11.376$，$p<0.01$），支持 H_{2b}。在社群态度和品牌态度之间存在显著正向关系，因此 H_{3a} 成立（$\beta=0.515$，$t=7.192$，$p<0.01$）。由于社群态

度与购买意愿的正向关系显著，所以接受 H_{3b}（$\beta = 0.604$，$t = 11.408$，$p < 0.01$）。H_{4a} 成立（$\beta = 0.658$，$t = 11.184$，$p < 0.01$），说明品牌态度会导致购买意愿的增加。然而，社群参与意愿与购买意愿之间的正向关系不显著，故拒绝 H_{4b}（$\beta = 0.089$，$t = 1.711$，$p > 0.05$）。结果表明，四个控制变量与购买意愿均无显著关系：性别（$\beta = 0.013$，$t = 0.403$，$p > 0.05$），年龄（$\beta = 0.070$，$t = 1.247$，$p > 0.05$），教育（$\beta = -0.038$，$t = 1.120$，$p > 0.05$），收入（$\beta = 0.082$，$t = 1.333$，$p > 0.05$）。

表4 假设检验

假设路径	系数	t 值	结果
主效应			
H_{1a}：看帖行为→信息价值	0.336**	4.655	支持
H_{1b}：看帖行为→感知社交价值	0.386**	5.247	支持
H_{2a}：信息价值→社群态度	0.265**	4.436	支持
H_{2b}：感知社交价值→社群态度	0.566**	11.376	支持
H_{3a}：社群态度→品牌态度	0.515**	7.192	支持
H_{3b}：社群态度→社群参与意愿	0.604**	11.408	支持
H_{4a}：品牌态度→购买意愿	0.658**	11.184	支持
H_{4b}：社群参与意愿→购买意愿	0.089	1.711	拒绝
控制变量			
性别→购买意愿	0.013	0.403	拒绝
年龄→购买意愿	0.070	1.247	拒绝
收入→购买意愿	0.082	1.333	拒绝
教育→购买意愿	−0.038	−1.120	拒绝
因变量 R^2			
信息价值		0.113	
感知社交价值		0.149	
社群态度		0.547	
品牌态度		0.265	
社群参与意愿		0.365	
购买意愿		0.522	

注：** 表示 $p < 0.01$（双尾检验）。

4.4 模型拟合度检验

与 LISREL 不同，PLS 方法不能对模型的总体拟合指数进行估计，只能根据 R^2 来判断模型的拟合度（Hulland，1999）。基于样本的实证分析结果表明：信息价值、感知社交价值、社群态度、品牌态度、社群参与意愿、购买意愿的 R^2 分别是 0.113、0.149、0.547、0.265、0.365、0.522。根据 Cohen（1988）的建议，当 $R^2 = 0.02$，表示路径关系很弱；$R^2 = 0.13$，表示路径关系中等；当 $R^2 = 0.26$，表示路径关系很强（Cohen，1988）。由此可见该模型有较好的拟合度。

5. 讨论

本研究初步探讨了在线品牌社群中只是单纯看帖的访客。研究发现，作为社群的观察者，访客仅通过单纯的看帖行为就可获得信息价值和感知社交价值，从而导致他们积极的品牌社群态度。例如，访客可以通过阅读社群成员发布的信息和分享体验的帖子来得到更多的品牌知识。同时，访客会被成员间的社交活动所吸引，这意味着社会资本已嵌入在线品牌社群之中。研究结果表明，访客通过感知价值形成的品牌社群态度将驱使他们加入社群并对品牌形成积极的态度。品牌态度对品牌购买意愿起到推动作用，然而，我们也发现用户参与社群的意愿并没有增加品牌购买的可能性。事实上，大多数品牌社群并不需要成员真正拥有该品牌（很多成员并未购买该品牌，或者拥有的是其他品牌），仅仅拥有共同的兴趣就能将成员聚在一起。本研究结论为在线品牌社群的管理提供了新的启示。

Muniz 等（2008）认为，一个在线品牌社群的生命力在于它吸引并留住访客，并且将其转变成社群成员。在线品牌社群所展示的信息内容和社交关系正是影响访客社群态度的两个重要因素。因此，在线品牌社群管理者应促进网络信息共享，如解决产品问题和分享品牌体验，鼓励成员发帖。同时，管理者应通过鼓励成员线上/线下社交活动来形成和谐的社群氛围。这种社交关系可以帮助社群形成竞争优势，并吸引更多访客加入社群。具体来讲，为增强访客社群态度，营销人员应不断更新品牌产品的相关信息，同时及时回答成员的问题。此外，企业也可以设计一些有吸引力的社群活动（如旅游、比赛等）来促进成员之间的互动。一个在线论坛还应配备和升级先进的 IT 工具（如即时通信工具）使社群活动与品牌体验的分享更加便利和丰富。

本研究存在一定的局限性，这些局限性也给未来的研究指明了方向。第一，研究数据通过自陈法（self-report）收集，这可能导致共同方法偏差。我们希望可以使用一些技术方法减少偏差（如打乱测项顺序和重复测量同一样本）。第二，样本容量不够大以至于不能获得更稳定的实证结果。在未来的研究中应该采用一个更大的样本。第三，样本的调查对象来自不同行业的在线品牌社群。尽管这种样本具有高代表性，但它不能反映出模型在不同行业的差异。因此，今后可将产品类别纳入模型中作为调节变量。第四，由于本研究属于静态研究，所以没有研究从访客到成员的动态转变机制。未来可以进行动态研究，这需要收集历时数据（longitudinal data）。

（作者电子邮箱：mnizzm@ szu. edu. cn；backzmm@ qq. com；bj_six@ 126. com）

参考文献

[1] Ajzen, I.. Nature and operation of attitudes[J]. *Annual Review of Psychology*, 2001, 52(1).

[2] Algesheimer, R., Dholakia, U. M., and Herrmann, A.. The social influence of brand community[J]. *Journal of Marketing*, 2005, 69(3).

[3] Armstrong, A. G., and Hagel III, J.. The real value of on-line communities[J]. *Harvard Business Review*, 1996, 5(6).

[4] Bagozzi, R. P., Yi, Y., and Phillips, L. W.. Assessing construct validity in organizational research[J]. *Administrative Science Quarterly*, 1991, 36(3).

[5] Bagozzi, R. P., and Dholakia, U. M.. Antecedents and purchase consequences of customer participation in small group brand communities[J]. *International Journal of Research in Marketing*, 2006, 23(1).

[6]Bateman, P. J. , Gray, P. H. , and Butler, B. S. . The impact of community commitment on participation in online communities[J]. *Information Systems Research*, published online before print, January, 2010, 27.

[7]Brakus,J. J. , Schmitt, B. H. , and Zarantonello, L. . Brand experience: What is it? How is it measured? Does it affect loyalty? [J]. *Journal of Marketing*, 2009, 73(3).

[8] Carlson, B. D. . Social versus psychological brand community: The role of psychological sense of brand community[J]. *Journal of Business Research*, 2008, 61(4).

[9]Chavanat, N. , Martinent, G. . , and Ferrand, A. . Sponsor and spondees interactions: Effects on consumers' perceptions of brand image, Brand attachment, and purchasing intention[J]. *Journal of Sport Management*, 2009, 23(5).

[10] Chin, W. W. . *The partial least squares approach to structural equation modeling in modern methods for business research*[M]. G. A. Marcoulides, ed. Mahwah, NJ: Erlbaum, 1998.

[11] Cohen, J. . *Statistical power analysis for the behavioral sciences (2nd ed)* [M]. Hillsdale, NJ: Lawrence Earlbaum Associates, 1988.

[12] Daft, R. L. , and Lengel, R. H. . Information richness: A new approach to managerial behavior and organizational design[J]. *Research in Organizational Behavior*, 1984, 6(5).

[13]Dholakia,U. M. , Bagozzi, R. P. , and Pearo, L. K. . A social influence model of consumer participation in network and small-group-based virtual communities [J]. *International Journal of Research in Marketing*, 2004, 21(3).

[14]Escalas,J. E. , and Bettman, J. R. . You are what they eat: The influence of reference groups on consumers' connections to brands[J]. *Journal of Consumer Psychology*, 2003, 13(3).

[15]Esch,F. R. , Tobias, L. , Schmitt, B. H. , and Patrick, G. . Are brands forever? How brand knowledge and relationships affect current and future purchases[J]. *Journal of Product and Brand Management*, 2006, 15(2).

[16]Fornell, C. , and Larker, D. F. . Evaluating structural equation models with unobservable variables and measurement error[J]. *Journal of Marketing Research*, 1981, 18(1).

[17]Gupta,S. , Kim, H. , and Shin, S. . Converting virtual community members into online buyers [J]. *Cyberpsychology, Behavior, and Social Networking*, 2010, 13(5).

[18] Harris, S. O. , and Mossholder, K. W. . The affective implications of perceived congruence with culture dimensions during organizational transformation[J]. *Journal of Management*, 1996, 22(4).

[19] Hulland, J. . Use of partial least squares in strategic management research: A review of four recent studies [J]. *Strategic Management Journal*, 1999, 20(2).

[20] Jang, H. , Lorne, O. , Ko, I. , Koh, J. , and Kim, K. . The influence of on-line brand community characteristics on community commitment and brand loyalty [J]. *International Journal of Electronic Commerce*, 2008, 3(1).

[21]Kates, S. M. . The dynamics of brand legitimacy: An interpretive study in the gay men's community[J]. *Journal of Consumer Research*, 2004, 31(9).

[22]Kim, J. W. , Choi, J. , Qualls, W. , and Han, K. . It takes a marketplace community to raise brand commitment: The role of online communities[J]. *Journal of Marketing Management*, 2008, 3(4).

[23]Koh, J. , and Kim, Y. G. . Knowledge sharing in virtual communities: An E-business perspective [J].

Expert Systems with Applications, 2004, 26(2).

[24] Küçük, M.. Lurking in online asynchronous discussion [J]. *Procedia Social and Behavioral Sciences*, 2010, 2(2).

[25] Lee, N., and Lings, I.. *Doing business research: A guide to theory and practice* [M]. London, UK: Sage Publications Ltd. , 2008

[26] Lin, H. F., and Lee, G. G.. Effects of socio-technical factors on organizational intention to encourage knowledge sharing [J]. *Management Decision*, 2006, 44(1).

[27] Ma, M., and Agarwal, R.. Through a glass darkly: Information technology design, Identity verification, and knowledge contribution in online communities [J]. *Information Systems Research*, 2007, 18(1).

[28] Mathwick, C., Wiertz, C., and Ruyter, K. D.. Social capital production in a virtual P3 community [J]. *Journal of Consumer Research*, 2008, 34(4).

[29] McAlexander, J. H., Schouten, J. W., and Koenig, H. F.. Building brand community [J]. *Journal of Marketing*, 2002, 66(1).

[30] Muniz, A. M., and O'Guinn, T. C.. Brand community [J]. *Journal of Consumer Research*, 2001, 27(3).

[31] Nambisan, S., and Baron, R. A.. Interactions in virtual customer environments: Implications for product support and customer relationship management [J]. *Journal of Interactive Marketing*, 2007, 21(2).

[32] Nonnecke, B., Andrews, D., and Preece, J.. Non-public and public online community participation: Needs, Attitudes and behavior [J]. *Electron Commerce Research*, 2006, 6(1).

[33] Nunnally, J. C.. *Psychometric theory* [M]. New York: McGraw-Hill, 1978.

[34] Preece, J., Nonnecke, B., and Andrews, D.. The top five reasons for lurking: Improving community experiences for everyone [J]. *Computers in Human Behavior*, 2004, 20(2).

[35] Putrevu, S., and Lord, K. R.. Comparative and noncomparative advertising: Attitudinal effects under cognitive and affective involvement conditions [J]. *Journal of Advertising*, 1994, 23(2).

[36] Ridings, C. M., and Gefen, D.. Virtual community attraction: Why people hang out online [J]. *Journal of Computer-Mediated Communication*, 2004, 10(1).

[37] Sääksjärvi, M., and Samiee, S.. Nonprice antecedents of consumer preference for cyber and extension brands [J]. *Journal of Interactive Marketing*, 2007, 21(1).

[38] Short, J., Williams, E., and Christie, B.. *The social psychology of telecommunications* [M]. London: Wiley, 1976.

[39] Sicilia, M., and Palazón, M.. Brand communities on the Internet: A case study of Coca-Cola's Spanish virtual community [J]. *Corporate Communications: An International Journal*, 2008, 13(3).

[40] Stokburger-Sauer, N.. Brand community: Drivers and outcomes [J]. *Psychology and Marketing*, 2010, 4(4).

[41] Suh, J. C., and Yi, Y.. When brand attitudes affect the customer satisfaction-loyalty relation: The moderating role of product involvement [J]. *Journal of Consumer Psychology*, 2006, 16(2).

[42] Thompson, S. A., and Sinha, R. K.. Brand communities and new product adoption: The influence and limits of oppositional loyalty [J]. *Journal of Marketing*, 2008, 72(11).

[43] Wasko, M., and Faraj, S.. Why should I share? Examining knowledge contribution in electronic networks of practice [J]. *MIS Quarterly*, 2005, 29(1).

Study on the Effect of Viewing Posts in Online Brand Communities

Zhou Zhimin[1] Rao Zhijun[2] Li Chubin[3]

(1, 2, 3 Management School of Shenzhen University Shenzhen 518060)

Abstract: Most of the current literature on online brand communities investigates social interactions among members, while few studies pay attention to visitors. However, in general, visitors are much more than members in online brand communities. It is necessary to reveal how simply viewing posts affects online brand communities. Using partial least square modeling to test the hypotheses, it is found that viewing posts leads to informational value and perceived social value, both of which in turn shape visitors' attitude toward the community; thus, this could significantly influence their attitude toward the brand and community participation intention; brand attitude will promote visitors' intention to purchase the brand, but community participation intention has no effect on it. The research findings enrich the literature of online brand communities from the perspective of visitors, and provide guides for online brand community management.

Key words: Online brand communities; Visitors; Viewing posts; Value; Attitude

品牌体验研究：述评与展望[*]

● 姚　琦[1]　张友恒[2]

（1 重庆交通大学财经学院　重庆　400074；2 武汉大学经济与管理学院　武汉　430072）

【摘　要】品牌体验营销已经成为企业寻求差异化优势、塑造强势品牌的利器。研究品牌体验对消费者—品牌关系的影响及作用机制，能够促进品牌管理理论和实践的发展。本文主要围绕品牌体验的概念、品牌体验的维度与测量、品牌体验对品牌忠诚的影响等三个方面对这一学术领域的理论研究成果进行了述评，并在此基础上提出了今后的研究方向和思路。

【关键词】品牌体验　品牌关系　动态性

1. 引言

品牌体验（brand experience）是由与品牌相关的一系列刺激所唤起的消费者主观的内心反应（感觉、情感、认知）及其行为表现，这些与品牌相关的刺激物包括产品、品牌设计与识别、包装、传播和环境等（Brakus、Schmitt 和 Zarantonello，2009）。传统营销在本质上大多专注于诉求产品的功能与效益，偏重描述产品特性，以差异化的产品特性来获取消费者的青睐，而在产品同质化日益严重的今天，消费者在关注产品品质的同时，更加看重产品或品牌带来的体验。星巴克、IKEA、苹果的成功已经印证了体验经济的魅力和给企业带来的超额利润，品牌体验已经成为众多企业获取差异化优势的新途径。Pine 和 Gilmore（1998）对体验经济展开了较为系统的研究并最早提出了营销中体验的概念。十余年来，学者们围绕营销中的体验和品牌体验的概念、维度、测量以及品牌体验对品牌忠诚的影响等展开了相关研究，但是研究成果仍然比较零散，对于品牌体验的概念内涵、品牌体验的维度与测量以及品牌体验对消费者—品牌关系影响的内在机制等问题尚未形成统一的认识，关于品牌体验的理论体系还未完全建立。因此，本文将对现有关于品牌体验的研究进行梳理、回顾和评述，并探索性地提出今后研究的若干方向。

2. 研究回顾

2.1 品牌体验的概念内涵

品牌体验的概念是伴随着学者们对营销中"体验"概念的研究逐步发展而来的。最早提出营销中"体

＊ 本文是国家自然科学基金青年项目"动态品牌体验对消费者—品牌关系的影响及作用机制研究——社会网络视角"（项目批准号：71102166）的阶段性成果。

验"概念的 Pine 和 Gilmore(1998)认为体验是企业以服务为舞台，以商品为道具，环绕着消费者创造出值得消费者回忆的活动，其中商品是有形的，服务是无形的，而所创造出的体验则是令人难忘的。之后，营销实践和学界围绕"体验"的含义，针对消费过程中的不同环节及体验的不同特点，从不同视角提出了许多相关概念，如顾客体验、消费体验、产品体验、服务体验等。顾客体验(consumer experience)是个人以个性化的方式参与其中的事件(Pine 和 Gilmore，1998)，这些事件往往会激发某种感觉，触动心灵以及激发灵感(Schmitt，1999)；产品体验发生在顾客搜寻、检验、评价产品的过程中(Hoch，2002)，顾客可以与产品发生直接或间接的关系，如虚拟化产品或广告带给顾客的就是一种间接的体验(Hoch 和 Ha，1986；Kempf 和 Smith，1998)；消费体验的重点在于物品的服务，而非物品本身，它是消费和使用产品的过程带给消费者的感受(Holbrook 和 Hirschman，1982)。随着品牌研究的不断深入，Bennett 等(2004)在基于目录广告行业的实证研究分析中提出了品牌体验(brand experience)的概念，认为品牌体验是顾客对品牌的某些经历产生回应的个别化感受，包含顾客和品牌之间的每一次互动——从最初的认识，通过选择、购买、使用，到坚持重复购买。品牌体验是品牌带给消费者的综合体验和感受。

2.2　品牌体验的维度与测量

现有针对品牌体验维度的国内外文献从不同视角探讨了品牌体验的构面，归纳起来有二维论、三维论、四维论和五维论。Bennett 等人认为品牌体验包含两个方面的内容：一方面，品牌体验是外部信息获取的过程，是顾客对品牌从最初的认识，通过选择、购买、使用到坚持重复购买的信息获取过程；另一方面，品牌体验也是顾客的内部价值感受，顾客对品牌的个别化感受有程度高低之分。[①] Mascarenhas 等人扩展了品牌体验的内涵，将其延伸到价值关系这一层面，从顾客品牌体验的阶梯层次提出了品牌体验的 3 个力矩：物理属性介入力矩、情感介入力矩和价值主张介入力矩。[②] Schmitt(1999)将体验划分为 5 个维度：感官体验、情感体验、思考体验、行动体验和关联体验。感官体验的诉求目标是创造知觉体验的感觉；情感体验的诉求目标是创造顾客内在的情感及情绪；思考体验的诉求目标是用创意的方式使顾客创造认知与解决问题的体验；行动体验的诉求目标是创造影响身体的有形体验、生活形态与互动；关联体验包含了感官、情感、思考、行动体验等层面。Terblanche 和 Boshoff(2006)则在对零售业的实证研究中将品牌体验划分为员工与顾客的交互作用、产品价值、商店内部环境、产品分类及多样性、顾客抱怨处理五个因素。Brakus 等在 Schmitt(1999)五维论的基础上，构建了品牌体验量表，通过六个实验最终确定了感官、情感、行为和智力 4 个维度以及 12 个题项。[③] 国内学者张振兴、边雅静采用文献归纳法，提出品牌体验由感官体验、情感体验、思考体验、关系体验和道德体验 5 个维度构成，并构建了各维度的测量量表。[④]

2.3　品牌体验对品牌忠诚的影响

品牌体验不仅与品牌忠诚有直接的相关关系，还通过其他因素间接影响品牌忠诚(Madeleine E. Pullman 和 Michael A. Gross，2004；Hong-Youl Ha 和 Helen Perks，2005)。有关品牌体验对品牌忠诚影响

---

①　Bennett Rebekan，Harte，I.，Charmine E. J，，and McColl-Kennedy Janet. R.. Experience as a moderator of involvement and satisfaction on brand loyalty in a business-to-business setting[J]. *Industrial Marketing Management*，2004，34(1)：35.

②　Mascarenhas Oswald. A.，Kesavan Ram，and Bernacchi Michae. L.. Lasting customer loyalty：A total customer experience approach[J]. *Journal of Consumer Marketing*，2006，23(7)：55.

③　Brakus，j. J.，Schmitt，B. H.，and Zarantonello，L.. Brand experience：What is it? How is it measured? Does it affect loyalty? [J]. *Journal of Marketing*，2009，73：45.

④　张振兴，边雅静. 品牌体验——概念、维度与量表构建. 统计与决策，2011，10：14.

的研究已经得到许多学者的关注。归纳起来，主要从三个方面入手展开研究：

一是将品牌体验作为品牌忠诚的前置因素来探讨品牌体验是如何驱动品牌忠诚形成的。Mascarenhas 等（2006）在分析品牌体验驱动品牌忠诚的研究中，将品牌体验划分为物理属性介入力矩、情感介入力矩和价值主张介入力矩三个维度。Mascarenhas 等人的模型引入了价值主张介入力矩这一因素，使得品牌体验延伸到价值关系这一层面，也使得品牌体验能够更加聚焦于品牌忠诚的驱动。但是，他们没有进一步阐述品牌体验如何进一步对品牌忠诚的不同层面产生影响。品牌忠诚分为行为忠诚和态度忠诚，这两者既相互联系又相互区别。品牌体验对品牌行为忠诚和品牌态度忠诚这两个层面的影响应该有所不同。N. S. Terblanche 和 C. Boshoff 在对零售行业的实证研究中，进一步构建了顾客满意作为一个中介变量介于品牌体验和品牌忠诚之间的模型。最后的研究结论显示：在品牌态度忠诚模型和品牌行为忠诚模型中，品牌体验五因素（员工与顾客的交互作用、产品价值、产品分类及多样性、商店内部环境、顾客抱怨处理）对品牌忠诚的影响作用是有区别的。①

二是把品牌体验当作调节变量，考察品牌体验是如何调节其他驱动因素对品牌忠诚的影响的。国外有关品牌体验的研究认为品牌体验对品牌忠诚有显著的调节效应。James 等人指出顾客品牌体验高时，顾客满意对品牌忠诚影响不显著。② 但是，Bennett 等（2004）的研究显示，顾客品牌体验高时，顾客满意对品牌忠诚的作用比顾客介入的作用更显著。Bennett 等（2004）是以顾客满意和顾客介入为驱动因素来分析品牌体验对品牌忠诚的调节效应的。因此，在品牌体验高时，顾客满意对品牌忠诚的影响是显著的。在Bennett 等（2004）的研究中，他们将品牌体验分为两个方面：外部信息获取和内部价值感受。从品牌体验的横向维度看，品牌体验是外部信息获取的过程。在与某一品牌最初认识时，顾客可以获取的外部信息少，顾客对品牌的感知风险高，随着对该品牌产品的购买、使用等，顾客积累的品牌信息增多，顾客对品牌的感知风险降低。从品牌体验的纵向维度看，顾客对品牌的内部感受有程度高低之分，即品牌体验价值的不同。品牌体验通过外部信息的获取和内部感受的程度高低这两个方面来对品牌忠诚产生调节效应。似乎 Bennett 等和 James 等的研究结论有矛盾，但实际上只是品牌体验阶段对品牌忠诚的调节效应有所区别而已。James 等（2003）的研究是针对品牌赞助商进行的，品牌感知风险低，当处于高体验阶段时，认知因素成为导致品牌忠诚的主导因素，因而顾客满意对品牌忠诚的影响不显著；而 Bennett 等（2004）的研究是针对目录广告这一感知风险高的行业，当处于高体验阶段时，顾客满意主导了品牌忠诚的形成。

还有的学者着重探讨了品牌体验对品牌忠诚影响的内在机制。吴水龙等以"动感地带"为测试品牌，研究了品牌体验、品牌社区对品牌忠诚的影响，研究发现品牌体验对品牌社区具有显著的正向效应，品牌体验和品牌社区对品牌忠诚均具有明显的正向影响，品牌社区是品牌体验作用于品牌忠诚的中介变量，品牌体验更多地通过品牌社区影响品牌忠诚。③ 高媛等发现品牌体验四维度对品牌忠诚两维度的影响各有不同，但产品卷入的调节作用不显著。④ Brakus 等（2009）的研究认为：品牌体验直接影响消费者满意和忠诚，或间接通过品牌个性联想影响消费者满意和忠诚。

---

① Terblanche, N. S., and Boshoff C.. The Relationship between a satisfactory in-store shopping experience and retailer loyalty [J]. *S. Afr. J. Bus. Manage*, 2006, 37(2): 36.

② James H. McAlexander, Stephen K. Kim, and Scott D. Roberts. The influences of satisfaction and brand community integration Loyalty[J]. *Journal of Marketing*, 2003, Fall: 29.

③ 吴水龙，刘长琳，卢泰宏. 品牌体验对品牌忠诚度的影响：品牌社区的中介作用[J]. 商业经济与管理，2009，7：12.

④ 高媛等. 品牌体验如何影响品牌忠诚——兼论产品卷入的调解效应[J]. 软科学，2011，25(7)：56.

3. 研究评价

从以上文献的梳理与回顾来看，学者们对于品牌体验相关问题的研究取得了一些共识，但也存在分歧和待解决的问题。

3.1 品牌体验的动态性

消费者的品牌体验是消费者体验品牌所代表的产品和服务，通过这种亲身使用和感受积累品牌知识，形成品牌印象（Garretson 和 Niedrich，2004；Hong-Youl Ha、Helen Perks，2005）。顾客的品牌体验首先是从体验产品开始的，物理属性介入力矩是品牌体验的初级层面；顾客对一个品牌物理属性的体验产生了好感，通过持续积累，这种好感会上升到情感层面；当顾客将自己的人生主张、价值观、生活态度向某商品传达时，就达到品牌体验的最高境界。Mascarenhas 等（2006）提出的品牌体验三力矩模型揭示了品牌体验形成的阶梯性和累积性。Bennett 等（2004）认为品牌体验分为两个方面：外部信息获取和内部价值感受。从横向维度来看，品牌体验是消费者伴随着外部信息获取的增加而降低品牌感知风险的过程；从纵向维度来看，顾客对品牌的内部感受有程度高低之分。

3.2 品牌体验的多元性

尽管学者们研究品牌体验维度的角度不同，但都反映出对品牌体验多维度的认识。从体验的过程来看，可以划分为产品体验、服务体验和消费体验；从消费者的主观感受来看，包括感官、情感、思考、行动、关联等体验；从零售业的品牌体验来看，包括员工与顾客的交互、产品价值、商店内部环境、产品分类及多样性、顾客抱怨处理五个因素。

3.3 品牌体验的研究空白

总的来看，现有关于品牌体验的研究比较零散，学者们还存在较多分歧，尚有一些待完善的研究空白：

第一，对于品牌体验概念的认识尚未统一。由于研究视角不同，有的文献将品牌体验与顾客体验、消费体验、服务体验、产品体验等概念等同，这使得研究结论有差异或不具有推广性，不利于为企业制定有效的品牌体验策略提供指导。

第二，尽管已有学者（Brakus，2009）对品牌体验的维度及测量进行了系统的论证和分析[①]，但是由于跨文化的原因，东西方人在情景依赖、思维方式等方面存在差异，西方语境下设计的量表还未结合中国消费者的特点进行测量和验证。

第三，现有关于品牌体验的研究大多基于静态的消费者回忆性的体验进行测量，将纵向数据与横截面数据进行综合分析的较少，关注品牌体验的动态性本质不够。

第四，品牌体验与品牌忠诚关系的研究还处在发展阶段，现有相关研究结论仅限于某些特定行业，并且研究分析中对品牌体验维度划分标准的区别较大，因此有关品牌体验驱动效应和调节效应的研究仍有发展空间。

第五，少有研究直接关注品牌体验对消费者—品牌关系的影响。品牌关系是不同于品牌忠诚和品牌

---

① 高媛等．品牌体验如何影响品牌忠诚——兼论产品卷入的调解效应［J］．软科学，2011，25（7）：56.

个性的概念①，品牌关系将审视、重定位和扩展品牌忠诚（Fournier 和 Yao，1997），不是所有的忠诚关系在强度或特征上都相似，这些忠诚之间的差异可以通过背后的品牌关系来解释。因而，围绕这一领域的研究还大有可为。

4. 研究展望

综上所述，学者们已经开始关注品牌体验这一问题，至今已取得了一些研究成果。但是从文献回顾来看，该领域尚存在大量的研究空白，有关品牌体验对消费者—品牌关系影响的研究也才刚刚起步，更缺乏实证研究的支持。笔者认为品牌体验相关研究未来还存在以下研究方向：

4.1 品牌体验的测量

Brakus 等（2009）开发了 4 维度 12 问项的品牌体验量表，但是量表没有在中国背景下进行测量和验证，而且量表不能测量出正向或负向品牌体验，未来研究可以开发出带有正向或负向语句的量表来测量正面（负面）的体验是如何影响消费者行为的，并针对中国消费者的实际开展实证研究。

4.2 品牌体验的动态性

与消费者—品牌关系动态过程（Fournier，1998）一样，消费者品牌体验也是一个积累的过程，是一切有关某个品牌的经验积累的集合。本文认为，消费者的品牌体验是一个从无到有的过程，同时也是一个多次体验叠加的过程，动态的消费者—品牌关系也正是建立在这种动态品牌体验基础上的。从品牌体验的阶段性来看，消费者从最初接触品牌到与品牌建立关系，经历了从情感到认知再到情感的过程。随着品牌体验次数的增加，消费者将会依据多次体验获得的有关品牌信息来形成购买决策或评判。因此，在消费者品牌体验的积累过程中，消费者的品牌信任和品牌情感也在逐渐增加，从而形成良好的消费者—品牌关系。从品牌体验的一致性来看，一致性是对消费者在每次品牌体验后的感知方向（正向或负向）是否一致的评价。如果每次品牌体验所获得信息的一致性增加，那么品牌态度的确定性也在增加；相反，不一致的品牌体验经历会产生相互矛盾的信息。本文认为，从品牌体验的阶段性和一致性两个维度来探讨认知、情感、信任的变化，将有助于理解品牌体验的动态性本质。

4.3 品牌体验各维度对品牌关系的影响

一些学者研究分析了品牌体验的各个维度对品牌关系的影响。Gobe（2010）认为，情感体验能捕捉消费者情感，让消费者形成并进入某种特定生活形态，对建立长期品牌关系有很大的推动作用。消费者的多元感观体验则是建立消费者品牌偏好与达到品牌忠诚的关键，与情感体验相比，多元感观体验能够产生质量更好的品牌关系。Chang 和 Chieng（2003）的实证研究结果表明，与感观体验与思考体验相比，情感体验对品牌关系的影响更为显著。但是我们发现，学者们在进行品牌体验各维度对品牌关系影响的研究时，各自所采用的划分标准不同，对体验的维度的界定并不完全一样。本文认为，可借鉴现有研究文献，更为系统地探讨品牌体验各维度对品牌关系的影响。

4.4 品牌体验感知的影响因素

品牌体验感知的差异会直接影响品牌关系质量。因而，对影响品牌体验感知的因素进行深入分析，

---

① 周志民．品牌关系研究述评［J］．外国经济与管理，2007，29（4）：15.

是揭示品牌体验对品牌关系影响作用机制的重要内容。本文认为，消费者个体差异、产品类别、社会网络以及它们的交互作用等都会对消费者品牌体验感知构成影响。

5. 结语

品牌体验营销已成为越来越多的公司进行品牌塑造、品牌管理以及与消费者进行互动的重要战略方法，也是企业建立品牌忠诚和构筑竞争优势的现实选择。系统地进行品牌体验相关研究将为企业有针对性地设计品牌体验，尤其是实体产品如何为消费者提供品牌体验提供策略建议，也为企业如何通过品牌体验这种新的营销手段来构建良好的消费者—品牌关系提供理论指导。

从前面的理论回顾和研究展望来看，国内外学者已经注意到品牌体验营销的重要意义，并开展了一些研究。但是，国内还没有学者对品牌体验这一领域进行系统深入的探讨。因此，在借鉴现有研究经验和成果，推进相关理论研究方面还存在较大的空间。在体验经济日益盛行的现实情况下，针对我国企业开展品牌体验营销相关研究具有极大的现实意义。

（作者电子信箱：Morningcall618@ sina. com）

参考文献

[1]Brakus,J. J. , Schmitt, B. H. , and Zarantonello, L. . Brand experience：What is it? How is it measured? Does it affect loyalty? [J]. *Journal of Marketing*, 2009, 73.

[2]Fournier, and Yao. Reviving brand loyalty：A reconceptualization within the framework of consumer-brand relationships[J]. *International Journal of Research in Marketing*, 1997, 14(5).

[3]Fournier, and Susan. Consumer and their brands：Developing relationship theory in consume research[J]. *Journal of Consumer Research*, 1998, 24(3).

[4]Garretson, J. A. , and Niedrich, R. W. . Spokes-characters-creating character trust and positive brand attitudes[J]. *Journal of Advertising*, 2004, 33(2).

[5]Holbrook, Morris, B. , and Elizabeth C. Hirschman. The experiential aspects of consumption：Consumer fantasies, Feelings, and fun[J]. *Journal of Consumer Research*, 1982, 9(9).

[6]Hoch, Stephen, J. , and Young-Won Ha. Consumer learning：Advertising and the ambiguity of product experience[J]. *Journal of Consumer Research*, 1986, 13(9).

[7]Hoch, and Stephen, J. . Product experience is seductive[J]. *Journal of Consumer Research*, 2002, 29(12).

[8]Hong-Youl Ha, and Helen Perks. Effects of consumer perceptions of brand experience on the web：Brand familiarity, Satisfaction and brand trust[J]. *Journal of Consumer Behaviour*, 2005, 4(6).

[9]Kempf, Deanna, S. , and Robert E. Smith. Consumer processing of product trial and the influence of prior advertising：A structural modeling approach[J]. *Journal of Marketing Research*, 1998, 35(8).

[10]Madeleine E. Pullman, and Michael A. Gross. Ability of experience design elements to elicit emotions and loyalty behaviors[J]. *Decision Sciences*, 2004, 35(3).

[11]Marc Gobé. *Emotional branding：The new paradigm for connecting brands to people* [M]. Allworth Press, 2010.

[12]Pao-Long Chang, and Ming-Hua Chen. Building consumer-brand relationship：A cross-cultural experiential

view[J]. *Psychology and Marketing*, 2006, 23(11).

[13]Pine, Joseph B. II, and James H. Gilmore. *The experience economy: Work is theatre and every business a stage*[M]. Cambridge, MA: Harvard Business School Press, 1999.

[14]Schmitt, B. H.. How to get customers to Sense, Feel, Think, Act, and Relate to your company and brands[M]. New York: The Free Press, 1999.

[15]Terblanche, N. S., and Boshoff, C.. The relationship between a satisfactory in-store shopping experience and retailer loyalty[J]. *S. Afr. J. Bus., Manage*, 2006, 37(2).

Literature Review on Brand Experience

Yao Qi[1]   Zhang Youheng[2]

(1 College of Finance and Economics of Chongqing Jiaotong University   Chongqing   400074;

2 Economics and Management School of Wuhan University   Wuhan   430072)

Abstract: Brand experience marketing has been becoming the approach to building strong brand and acquiring differentiation advantages. Research about the effect of brand experience on consumer-brand relationship can facilitate brand management theory and practice. This article reviewed relevant literature from brand experience concept, brand experience dimension and measurement, effect of brand experience on brand loyalty respectively. Then, further research is discussed.

Key words: Brand experience; Brand relationship; Dynamics

基于观众感知的
上海世博会企业赞助行为研究[*]
——来自网络博客文本的研究证据

● 杨 勇[1] 许 鑫[2]

（1，2 华东师范大学商学院 上海 200241）

【摘 要】本文在对 2010 年上海世博会赞助企业的一般特征进行背景式分析的基础上，以百度空间、新浪博客、网易博客中的世博会相关博文为研究对象，基于世博会观众无意识状态下相对客观的表达，运用社会网络分析法，通过对世博会赞助企业口碑信息传递过程中共现现象的分析，详细描绘了各赞助企业、场馆及二者之间的互动现象，从观众角度揭示了赞助企业口碑信息传递过程中的系列因素，分析了不同世博会赞助企业口碑信息之间的互动性作用机制和过程，探讨了企业世博会赞助效果衡量过程中的有关问题，在结合有关数据对世博会赞助效果进行初步经验性验证的基础上提出了有关营销建议。

【关键词】世博会 赞助行为 口碑信息 社会网络 共现

商业赞助活动有着悠久的历史（Harris，1964），并在现代社会中逐渐成长为一个巨大的产业（SRI，1998）。不过，有关研究却一直集中在相对狭窄的领域（Comwell 和 Maignan，1998），虽然有些研究开始就商业赞助对品牌塑造（Joachimsthaler 和 Aaker，1997）和品牌资产（Cornwell、Roy 和 Steinard，2001）提升的作用和路径进行了研究，但是普遍关注于消费者对商业赞助企业信息的感知及其对品牌提升的作用，而对于商业赞助企业信息传递过程中有关问题的关注明显不足。鉴于此，本文着眼于 2010 年上海世博会这一大型事件活动中的企业赞助行为，基于世博会观众在百度空间、新浪博客、网易博客中相对自由地表达出来的感受为研究对象，借助网络媒体分析工具，从赞助企业"口碑信息"①角度分析消费者感知赞助企业信息的特点，研究 2010 年上海世博会赞助企业信息传递过程中的互动性行为，探究不同世博会赞助企业信息传递过程中互动性行为形成的原因及其营销学意义。

1. 文献综述

一般而言，事件（event）可以划分为重大事件、特殊事件、标志性事件和社区事件等类别（Roche，

  * 本文得到国家自然科学基金"国家认同、国家品牌资产与'中国制造'态度评价：重大活动的影响机制"（项目批准号：71072152）和教育部人文社会科学研究项目基金资助"企业效率、产业集群与竞争力——基于中国旅游产业的理论和实证研究"（项目批准号：09YJC790091）项目支持。

  ① 传统意义上的口碑主要是指非商业的相关个人间关于产品和公司的面对面的交流，由于多发生于亲戚朋友等强关系人群中而具备强大的影响力。随着传播技术和现代网络的发展，网络口碑成为影响企业形象的一个关键变量。一般而言，口碑信息具有源自于群众、形成于共识、传颂于基层等特征，这也是互联网博客等网络媒体所具有的一般性特征。

2000），其中，重大事件以其影响面广、冲击力强成为企业赞助的重点对象。成功的赞助可提高市场对赞助企业的回忆与再认识（Johar 和 Pham，1999），改善赞助商品形象（Speed 和 Thompson，2000；张黎等，2007），使赞助企业获得广泛市场认知与赞誉，并通过改变消费者行为获得回报（Cornwell、Roy 和 Steinard，2001）。尤其是随着日趋成熟的消费者对传统广告的免疫力日渐增强，越来越多的企业开始将品牌与外部事件相联系，以建立、传播、强化品牌联想，实现公司营销目标（Cornwell，1995）。

无疑，对于商业赞助企业而言，商业赞助可以提升企业或产品品牌知名度（Hirons，1990；Kuzma，1990；Irwin 和 Sutton，1994；Kuzin 和 Kutepov，1994；Farrelly，1995；Quester，1995；Cheng，2000；Shilbury、Quick 和 Westerbeek，2003），并且，虽然企业商业赞助活动和广告活动均有助于提升企业品牌形象（Rossiter，1999），但是，相对广告来说，事件赞助在信息传递方面却更为有效（Sylvestre 和 Moutinho，2008）。不过，需要注意的是，一些事件自身独特的特点和形象却可能会影响赞助企业形象的传递效能（Parker，1991；Martin，1996；Ferrand 和 Pages，1996），因此，赞助企业与赞助活动间的吻合度即成为赞助研究的中心议题（Cornwell、Roy 和 Steinard，2001；Nora et al.，2004）。另一方面，事件质量作为衡量赞助活动专业性的一个参数会影响赞助活动的形象，进而影响赞助品牌的形象（Gwinner，1997），并且，即使赞助商与赞助活动间的关联不大，如果赞助活动本身能够让人感知到较高的策划和组织质量，品牌依然能够获得形象转移（Gareth，2004）。

近年来，随着品牌形象作为赞助的结果变量越来越受到学术界的重视，一部分学者开始将研究重点转移到商业赞助对消费者感知品牌形象的影响因素上来（Walliser，2003）。但是，在品牌形象形成的过程中，关于赞助活动影响消费者感知过程中的一些具体问题一直没有得到充分的研究。一般而言，企业商业赞助活动作用路径基本遵循着"赞助信息—消费态度—消费行为"等不同阶段和过程（Rossiter 和 Percy，1997；Percy、Rossiter 和 Elliott，2001；Belch 和 Belch，2009）。具体说来：

（1）向目标市场或消费者传递赞助信息（Meenaghan，2002；Belch 和 Belch，2009），这与电视等媒体覆盖范围（Irwin 和 Sutton，1994；Arthur、Woods 和 Scott，2000）、受众规模（Irwin、Assimakopoulas 和 Sutton，1994；Arthur、Woods 和 Scott，2000）、与受众人口学特征的吻合度（Grdovic，1992）等因素有关，并主要通过提高电视、出版、广播等媒体的覆盖率和曝光率（Quester，1995；Shilbury、Quick 和 Westerbeek，2003；Farrelly，1995；Cheng，2000）、提高与目标市场接触的频率和质量（Kuzin 和 Kutepov，1994）等途径实现。

（2）使目标市场或消费者感知赞助商品牌、产品信息（Hoek，1999；Rossiter，1999；Dean，2002；Meenaghan，2002；Berkes 和 Nyerges，2004；Berkes、Nyerges 和 Váczi，2008；Belch 和 Belch，2009），这与品牌知名度或产品知名度（Hirons，1990；Kuzma，1990；Irwin 和 Sutton，1994；Kuzin 和 Kutepov，1994；Farrelly，1995；Quester，1995；Cheng，2000；Shilbury、Quick 和 Westerbeek，2003）、事件及赞助商知名度（Grdovic，1992）等有关，并可以通过与广告的有效结合借助电视等媒体的广泛覆盖实现向受众的信息传递。

（3）改变或增强品牌形象（Rossiter，1999），这可以细分为干净型形象（McDonald，1991；Arthur、Woods 和 Scott，2000）[①]、提升型形象或增强型形象（Hirons，1990；Kuzma，1990；Grdovic，1992；Irwin 和 Sutton，1994；Smolianov，1994；Farrelly，1995；Quester，1995；Thwaites 和 Carruthers，1998；Dean，2002；Meenaghan，2002；Smolianov 和 Shilbury，2005）、与市场吻合的形象（Irwin、Assimakopoulas 和 Sutton，1994）、变革的形象（Kuzin 和 Kutepov，1994）等。

---

① 一般说来，赞助企业在消费者心中的形象会受到公司规模、产品质量和技术领先性等因素的影响，因此，所谓干净型形象（clean image）是指没有这些因素影响下的"纯"公司形象。

(4)改变购买行为、提升市场销售量(Hoek，1999；Meenaghan，2002)，这不仅包括提升企业的长期和短期销售量(Farrelly，1995；Grdovic，1992；Kuzma，1990；Smolianov，1994；Quester，1995；Arthur et al.，2000；Shilbury、Quick 和 Westerbeek，2003；Smolianov 和 Shilbury，2005；Meenaghan，1983，1991；Thwaites 和 Carruthers，1998；Cheng，2000；Meenaghan，2002)，而且包括提升企业的市场份额(Irwin 和 Sutton，1994；Hansen 和 Scotwin，1995)。

具体说来，基于赞助商的角度来考察，吻合度、赞助商的曝光度和消费者对其赞助动机的归因是被论述最多的三个影响赞助效果的关键变量(Walliser，2003；Johar 和 Pham，1999；Speed 和 Thompson，2000)，而品牌知识、品牌力量、吻合度和质量则被视为影响品牌形象转移(Brand Image Transfer，BIT)的关键因素(Smith，2004)。国内有关学者实证研究了影响赞助效果的具体因素，鉴于商业赞助对公司形象①的改善是衡量赞助效果的一个重要指标(Walliser，2003)，何云等(2009)以 2008 年北京奥运会赞助企业为考察对象，从消费者视角出发检验了赞助活动对企业形象和产品信任的影响，认为赞助企业形象与赞助对象的吻合度以及赞助信息的曝光度影响赞助企业的公司能力形象，消费者感知的赞助动机影响赞助企业的社会责任形象。张黎等(2007)则以蒙牛酸酸乳对具有较大社会影响的超级女声活动的赞助作为研究对象，分析了影响形象转移的因素，发现消费者感知的赞助活动的质量以及赞助活动和赞助品牌之间的吻合度是影响形象转移的关键因素，而消费者介入活动的程度和感知的活动曝光度只会影响其对活动本身的评价。

实际上，企业品牌或形象是一个包含企业自身特性和消费者感知特性等维度的特殊存在，其塑造、形成需要从企业、消费者以及二者之间的沟通效能等方面展开，尤其是企业品牌和形象塑造努力、塑造过程、塑造方向与消费者感知之间存在偏差会影响企业整体形象或品牌的构造和形成。一些研究者用消费者感知的品牌知名度、熟悉度、喜爱度或偏好度以及行为意向研究消费者对赞助商产品的反应(Speed 和 Thompson，2000；Cornwell、Roy 和 Steinard，2001；Cornwell、Michael、Weeks 和 Cassandra，2006)，但是，有关研究先验地假设赞助企业信息从企业到受众的"直线式"传递，忽略了在众多赞助企业同时存在的情况下，赞助企业形象或品牌塑造、信息传递过程中的沟通机制和效能，以及来自其他赞助企业信息正向或负向的"干扰"，影响了人们关于企业赞助效果的全面理解。

另一方面，关于品牌形象转移的研究理论主要包括图式相关理论(schema congruity theory)和联想心理学理论(associative network theory)，前者重点关注于围绕某一个主题组织起来的知识的表征和储存方式(Fiske 和 Taylor，1991)；后者重点关注于记忆的作用机制和过程(Collins 和 Loftus，1975；Wyer 和 Srull，1986)。但是，这两个理论均着眼于"信息—受众"之间的单向作用机制，关于商业赞助活动发挥作用过程中的具体问题研究相对较少。因此，本文着眼于商业赞助活动发挥作用的机制，从供给方面关注影响商业赞助活动信息传递、形象传递过程中涉及的有关问题。

此外，在市场竞争激烈、企业市场营销行为越来越复杂和成熟的情况下，企业赞助活动所带来的回报引起了越来越多的关注(Lawson，2002)，如何对商业赞助活动的各个方面进行有效的评估成为当前研究的一个重点领域。但是，鉴于发展时间较短，相对于传统信息传播媒介 70% 的评估比率来说，仅有 28% 的商业赞助活动得到了衡量和评价(S：COMM Research，2003)，并且，尽管赞助在提升企业和品牌知名度、提高产品销量等营销目标方面的重要性已被广泛认同，但研究者在如何科学、准确地评估赞助

---

① 一般而言，公司形象可以概括为公司能力形象和企业社会责任形象(Brown 和 Dacin，1997；王海忠等，2008)。公司能力体现企业获取成功所拥有的能力，中国消费者倾向于从"公司实力"、"公司规模"和"研发能力"等方面去描述公司能力(王海忠等，2006)。企业社会责任则包括社区关注等与公益事业相关的活动。公司能力形象和企业社会责任形象可显著影响消费者的产品评价(Brown 和 Dacin，1997)，特别是中国消费者更倾向于从公司层次的线索(如专业化形象)来推断产品品质(范秀成等，2002；王海忠等，2006)，所以，公司形象对中国消费者产品评价的作用会表现得更加明显。

活动的效果方面还没有达成一致（Cornwell 和 Maignan，1998），很多具体问题并没有得到有效的厘清。这一方面表现为，有关研究过多地基于消费者调查，关注于企业商业赞助与消费者感知之间的关系，这体现出一种"原因—结果"式分析思路和框架，忽视了商业赞助具体运行过程中可能出现的系列问题。另一方面，已有研究表明中国消费者倾向于从公司层次的线索（如研发能力、国际化形象）推断产品品质（范秀成等，2002；王海忠等，2006；张黎等，2007），但是，有关研究主要着眼于对单一厂商进行问卷调查研究，忽略了对多个企业共同赞助同一事件情况下不同赞助企业之间相互影响机制的分析，这虽然能够得出赞助活动促进企业或产品品牌提升的结论，却必然在忽略其他赞助企业的情况下存在着一定的偏差。

对于大型事件而言，往往存在大量的不同类别的赞助企业，并在赞助活动中形成了错综复杂的互动性信息传递过程，但是，遗憾的是，现有文献对于赞助企业之间的互动性关系尚未进行有效的研究。此外，在新媒体时代，随着互联网的力量越来越强大，我们需要研究和探讨事件与互联网结合使用对赞助企业信息传递的影响。在新的媒体背景下，赞助活动需要仔细地设计、规划、执行和衡量（Rossiter 和 Percy，1997；Farrelly，2002），而如何有效、精准地衡量商业赞助活动的效果就显得更为复杂。鉴于此，本文重点关注散布在百度、新浪、网易等网络社区中的博客信息，通过挖掘世博会观众在世博会参观过程中的体验或感受来探寻世博会观众对世博会场馆和赞助企业的偏好，并依据世博会观众所表达出的基本特点对影响赞助效果的"过程性"交互影响因素进行研究，在此基础上厘清和扩展企业赞助行为的研究视角，并提供政策性营销学建议。本文结构如下：第二部分作为"背景式"分析，从单企业角度基于企业利润最大化视角分析了世博会赞助企业的一般性特征；第三部分引入品牌效应，分析了影响世博会赞助企业口碑信息传递和形象塑造的一般性因素与调节性变量；第四部分借助社会网络方法分析了多赞助企业情形下赞助企业信息传递过程中的交互性作用现象和证据；第五部分是本文的结论。

2. 谁赞助了上海世博会？

2010 年上海世博会是知名企业品牌发展的机遇，自第一届万国工业博览会以来，世博会展现了各国最先进的科技和丰富多彩的文化，是一个国家科技力、文化力和创新力的缩影。鉴于世博会品牌具有独特的内涵和特征，利用世博会传播和推广企业品牌有更大的商业价值，众多国际、国内企业成为 2010 年上海世博会不同级别的赞助商，向世界展现和提升自己的品牌形象。那么，到底什么样的企业赞助了 2010 年上海世博会呢？本文借助一个世博会企业赞助需求模型进行说明。

2.1 世博会企业赞助需求模型

上海世博会赞助是商业化运作中最重要的组成部分之一，分为全球合作伙伴和高级赞助商二级架构，其中，全球合作伙伴是上海世博会赞助体系中最高级别的赞助企业，高级赞助商是级别仅次于合作伙伴的赞助企业。在二级架构以外，上海世博会吸取历届世博会的经验，将原有上海世博会赞助体系中的第三等级的赞助商重新定义为活动赞助商（例如活动冠名赞助），激励更多的企业参与上海世博会的筹备和举办工作。世博会赞助企业从各行业的重要企业中进行选择，最后形成了包括东方航空、均瑶牛奶、百威啤酒等在内的 56 家赞助商。而根据世博会赞助架构和企业赞助形式的区别，每家企业对世博会赞助的介入程度是不同的，鉴于此，我们将赞助企业对世博会赞助形式化为一个实数 s。s 作为一个参数，衡量的是赞助企业对世博会赞助的参与程度，衡量了赞助企业对世博会的赞助力度和介入深度。

鉴于赞助收入是2010年上海世博会商业化运作收入的重要来源，赞助企业需要付出现金或现金等价物①形式的成本②。其中，全球合作伙伴除了在上海世博会推广、现金、实物、服务和技术等方面提供支持外，还要在其行业领域内成为组织者筹备上海世博会的合作者；高级赞助商则主要是提供推广、现金、实物、服务和技术等方面的支持。鉴于此，我们定义赞助企业进行 s 水平的世博会赞助需要付出 $\phi(s)$ 的成本，而且这一成本能够被赞助企业所感知到，并随赞助企业对世博会赞助介入深度的增加而增加，即 $\phi(s)$ 具有如下函数性质：

$$\frac{\partial \phi(s)}{\partial s} > 0 \tag{1}$$

根据信号理论（Kirmani 和 Rao，2000），消费者可通过产品外在线索如广告费用、产品担保、价格和品牌等推断产品质量。在上海世博会赞助活动中，消费者同样可以通过赞助事件及其特征（信号）来推断赞助企业产品或品牌形象。消费者接触赞助活动相关信息越多，即赞助信息的暴露程度越高，消费者越有可能推断只有那些资金充裕、实力强大的公司才有可能花费巨资用于形象宣传。进一步，良好的公司形象有助于提升消费者的产品信任品质，改变消费者的购买偏好和行为，因此，我们定义在企业赞助世博会的情况下，消费者对世博会赞助企业产品的需求函数为 $q = D(p, s)$，p 为产品的价格，并且该函数具有如下特性：

$$\frac{\partial D(p,s)}{\partial p} < 0, \quad \frac{\partial D(p,s)}{\partial s} > 0 \tag{2}$$

即消费者对世博会赞助企业产品的需求随产品价格的上升而下降，随赞助企业赞助世博会水平的上升而上升。③

进一步，鉴于赞助企业能够感知赞助世博会的成本，我们认为世博会赞助企业产品的价格可能会随其赞助世博会水平 s 的变化而变化，即世博会赞助企业产品价格为：

$$p = p(s, \theta)$$

且该函数具有如下特性：

$$\frac{\partial p(s,\theta)}{\partial s} \geqslant 0, \quad \frac{\partial p^2(s,\theta)}{\partial s^2} \leqslant 0 \tag{3}$$

其中，θ 为决定世博会赞助企业产品价格的其他因素。根据上述分析，我们构造2010年上海世博会赞助企业的利润函数：

$$\pi = [p(s, \theta) - \phi(s) - c] D[p(s, \theta), s] \tag{4}$$

根据式（4），世博会赞助企业的利润最大化函数就成为其世博会赞助水平 s 的函数，考虑到存在角点解的情况，$s \geqslant 0$，世博会赞助企业通过选择赞助水平 s 来实现利润 π 的最大化，由此，可以得到如下赞助企业利润最大化一阶条件：

$$\frac{\partial \pi}{\partial s} = \left[\frac{\partial p(s,\theta)}{\partial s} - \frac{\partial \phi(s)}{\partial s} \right] D[p(s,\theta),s] + [p(s,\theta) - \phi(s) - c] \frac{\partial D[p(s,\theta),s]}{\partial s} = 0 \tag{5}$$

令 $r = p(s, \theta) - \phi(s) - c$，即世博会赞助企业产品单位利润；$r' = p(s, \theta) - c$，即世博会赞助企业在赞助世博会之前的单位毛利润。整理式（5），得：

---

① 现金等价物的形式主要包括实物、服务和技术。现金等价物必须为上海世博会所需要，现金等价物的使用和折现有助于减少上海世博会的支出。

② 赞助收入根据与企业的合作期限分期收取。合作费用主要取决于企业对上海世博会品牌的认可及其可能从筹备和举办过程中取得的业务量，所以，合作费用与企业可以使用上海世博会的品牌、和组织者进行业务合作的时间周期直接相关，时间越长，取得的收入越多，实际收入根据启动招商工作和与企业签订合约的时间而定。

③ 一方面，企业赞助世博会向消费者传递了大量关于产品的信息；另一方面，企业赞助世博会塑造了其在消费者心目中的形象，减少了消费者购买决策过程中的信息不对称行为。

$$\left[\frac{\partial \phi(s)}{\partial s} - \frac{\partial p(s,\theta)}{\partial s}\right] D[p(s,\theta),s] = r\frac{\partial D[p(s,\theta),s]}{\partial s} \tag{6}$$

进一步，令：

$$\varepsilon_\phi = \frac{\partial \phi(s)}{\partial s}\frac{s}{\phi(s)}$$

$$\varepsilon_p = \frac{\partial p(s,\theta)}{\partial s}\frac{s}{p(s,\theta)}$$

$$\varepsilon_D = \frac{\partial D[p(s,\theta),s]}{\partial s}\frac{s}{D[p(s,\theta),s]}$$

其中，ε_ϕ 为赞助世博会的成本弹性，显示了世博会赞助企业随其世博会赞助水平的变化而付出世博会赞助成本变化的程度，反映了世博会赞助企业赞助世博会需要支付成本的变动对其世博会赞助水平 s 变动反应的敏感程度；ε_p 为世博会赞助企业产品价格弹性，是赞助世博会企业赞助水平的变化所引起的世博会赞助企业产品价格变动的比率，反映了世博会赞助企业产品价格变动对其世博会赞助水平 s 变动反应的敏感程度；ε_D 为世博会赞助企业产品需求弹性，是赞助世博会企业赞助水平的变化所引起的赞助企业产品需求变动的比率，反映了赞助企业产品需求量变动对其世博会赞助水平 s 变动反应的敏感程度。

由此，式（6）可以转换为：

$$\phi(s)\varepsilon_\phi - p(s,\theta)\varepsilon_p = r\varepsilon_D \tag{7}$$

进一步整理，得：

$$\phi(s) = p(s,\theta)\frac{\varepsilon_p}{\varepsilon_\phi} + r\frac{\varepsilon_D}{\varepsilon_\phi} \tag{8}$$

$\phi(s)$ 为世博会赞助企业进行 s 水平的世博会赞助活动需要为每单位产品付出的成本，也是世博会赞助企业赞助世博会的成本函数，作为赞助企业单位产品毛利润 r' 中的一种扣除，$\phi(s)$ 进一步衡量了世博会赞助企业对世博会赞助水平 s 的空间。从式（8）我们发现，基于利润最大化的考虑，世博会赞助企业的赞助需求和开支与产品成本、成本弹性、产品价格弹性、赞助需求弹性等因素有关，这些因素决定了世博会赞助企业对世博会赞助的介入程度。鉴于此，我们得出如下推论：

推论 1： 世博会赞助企业产品价格 $p(s,\theta)$、价格弹性 ε_p 以及单位利润 r 决定了世博会赞助企业世博会赞助水平的可能性空间。

根据信息经济学的有关分析，价格不仅起到一种供求调控作用，而且作为一种信号和选择变量来传递产品质量信息（Kihlstromt 和 Riordan，1984；Milgrom 和 Roberts，1986），Klein 和 Leffler（1981）的质量酬金模型（quality premium）表明，高价格显示了高质量，而 Wolinsky（1983）则证明，价格信号可以精确地区分各种质量水平，因为存在一个预期实现（fulfilled-expectation）均衡，其中每个价格信号对应于某个特定的质量。根据价格与产品质量之间的对应性，高质量产品的生产企业更加具有赞助的动机，因为世博会作为一种有效的传递信息的方式，不仅具有传递产品高质量信号的功能，而且对 2010 年上海世博会来说，鉴于进入门槛的严格性，赞助世博会其实就是一种企业实力和质量的象征。尤其是在信息不对称的情况下，为了减轻消费者在产品质量上存在的劣势，高质量产品的生产企业会索取较高的产品价格并通过赞助世博会向消费者传递其质量信息。

此外，世博会赞助构成了世博会赞助企业产品销售过程中的一个组成部分，因此，世博会赞助企业的世博会赞助开支就可以作更为广泛的理解，既可以理解为世博会赞助企业产品成本的另一部分投入，也可以理解为世博会赞助企业改进产品信息不对称情况所作的投资。世博会赞助企业产品单位成本 c 决定了赞助企业的利润空间，也决定了世博会赞助企业世博会赞助支出的可能性空间，即世博会赞助企业产品单位成本 c 越低，世博会赞助企业世博会赞助支出的可能性空间越大；反之，世博会赞助企业产品单位

成本 c 越高，世博会赞助企业世博会赞助支出的可能性空间越小。

推论 2：赞助企业对世博会赞助水平与世博会赞助成本弹性 ε_ϕ 成反向变化，即赞助企业世博会赞助水平的变动导致其支付成本变动越少，赞助企业对世博会的赞助支出就越多。

也就是说，世博会赞助成本越缺乏弹性，世博会赞助企业对世博会的赞助支出就越多，这时，在一定的世博会赞助水平 s 上，世博会赞助企业将尽可能多地参与世博会活动，而世博会的组织方则要提供更为多样化的世博会活动或服务，给赞助企业提供一系列有实在价值的增值服务，以吸引更多的赞助企业。

推论 3：赞助企业产品需求弹性 ε_D 决定了赞助企业赞助世博会的市场现实性和市场潜力。

一般而言，世博会赞助影响消费者对赞助企业产品的购买过程，使潜在顾客对产品产生兴趣，密切与老顾客的关系，在消费者和世博会赞助企业之间建立牢固的联系。因此，世博会赞助企业赞助水平对其产品市场需求量影响程度 ε_D 不仅决定了世博会赞助企业对世博会赞助支出的数量，而且指导了其赞助世博会过程中的具体操作行为。

在上海世博会 56 家赞助商中，来自上海和北京的企业分别为 25 家和 15 家，占世博会赞助企业总数的 44.6% 和 26.8%；其他省份和地区企业为 7 家，占 12.5%；剩下的 9 家企业来自其他国家和地区，其中 IBM、可口可乐、思科、百威啤酒 4 家为美资跨国公司。根据上述推论，结合世博会赞助企业的基本资料，我们可以进一步识别世博会赞助企业的相关特点和类型。第一，以国家电网、宝钢集团、中国移动、中国电信、中国石油等为代表的在国民经济中占有特殊的地位的企业，这类企业经营或关系国计民生，或具有一定程度的垄断性，一般具有较大市场需求刚性和利润空间，这些企业构成了世博会赞助企业的主要力量。第二，以可口可乐、思科、IBM、SIMENS 等企业为代表的国际性跨国公司，这些企业不仅具有较强的财务能力，而且与中国的联系紧密，在中国市场受到消费者的钟爱，有着较强的需求刚性。第三，以联想集团、远大集团、伊利集团、贵州茅台等为代表的行业领军企业，这些企业在市场上均具有一定的影响和地位，甚至在全球市场中占有较大的份额，其财务状况稳健，其需求曲线较为平缓，在消费者心目中享有较高的品牌声誉。第四，以宇达电通、高德软件、新日电动车等为代表的新兴企业，这些企业以科技型为主，具有较大的市场成长空间和较强的盈利能力，在各自领域中取得了令人瞩目的成绩。总体而言，企业行业地位、在消费者心目中的形象、财务能力[①]以及与之相关的赞助费用支出能力构成了世博会赞助企业的主要特点，也是世博会赞助商选择的主要原则[②]。世博会也成为这些赞助企业向世界展现自己品牌形象、提升自身品牌形象和产品销售的机会与国际性舞台。

2.2 世博会赞助效果初检验

不同级别的赞助企业对上海世博会的贡献和投入是不同的，根据投入与回报相辅相成的价值链原则，不同级别的赞助企业将获得与投入相应的权益回报，并由此产生了不同的世博会赞助效果。首先，上海世博会全球合作伙伴在全球范围内享有组织者授予的市场推广权利、约定范围内的排他性商业权利和成为组织者指定的独家供应商的权利，并享有优先成为上海世博会非官方参展者、建馆参展等权利；其次，上海世博会高级赞助商则在一定范围内享有组织者授予的市场推广权利、约定范围内的排他性商业权利和成为组织者指定的独家供应商的权利；再次，组织者也设计出合理丰富的权益回报套餐来帮助企业实现赞助价值，内容包括称谓和标志的使用权、赞助企业俱乐部会员、票务优惠套餐、活动优先赞助权、

---

① 上海世博会事务协调局法务部部长魏建华透露，上海世博会赞助商预计赞助总额为 70 亿元左右。另有了解上海世博会全球合作伙伴赞助事项的人士透露，上海世博会全球合作伙伴的单家赞助总额为 4 亿 ~ 5 亿元，其中，13 家全球合作伙伴赞助总金额在 50 亿元左右（http：//www.chinanews.com/cj/news/2010/04-16/2231018.shtml）。

② http：//www.expo2010.cn/a/20080614/001401.htm.

上海世博会现场权益和其他商业权利。此外，上海世博会主办方通过设定排他性的市场营销和商业权利保证世博会赞助企业的权益回报。①

根据 2010 年上海世博会赞助架构，我们把世博会赞助企业分为三级水平。设 A、B、C 为水平分级变量，对于世博会全球合作伙伴，设定 $A_i = 1$，其他 $A_i = 0$；对于世博会高级赞助商，设定 $B_i = 1$，其他 $B_i = 0$；对于世博会项目赞助商，设定 $C_i = 1$，其他 $C_i = 0$。为避免虚拟变量之间的共线性，可构造如下世博会赞助商的计量模型：

$$TF_i = C + \alpha A_i + \beta B_i + \varepsilon \tag{9}$$

其中，TF_i 为我们从新浪、百度、网易等博客数据②中统计出的世博会赞助企业词频（term frequency）③。估计结果如表 1 所示。

表 1   世博会赞助商模型估计结果

	系数	标准差	t 检验值	P 值
截距	23.8000	40.5797	0.59	0.5600
A	529.3538 ***	73.8025	7.17	0.0000
B	236.8429 ***	71.9401	3.29	0.0020
诊断和其他信息				
判定系数 R^2	0.4939	F 检验	26.35	
调整的判定系数 R^2	0.4752	P 值	0.0000	

注：*** 表示变量通过 1% 的显著水平检验。

表 1 表明，随着 2010 年上海世博会赞助商级别的提升，其被消费者或参观者关注的程度提高，这初步显示出世博会不同赞助形式效果的差异。

3. 多企业世博会赞助效应分析

在前文分析中，我们使用了抽象化的企业（firm）概念，忽视了企业在现实世界里所具有的多样性，也没有考虑品牌（brand），企业和品牌基本上处于"黑箱"地位。而面对企业产品、服务及其类型爆炸式的增长，品牌成为消费者购买选择商品或服务时的直接性标准和工具。具体说来，在现实的消费环境中，各种原因使消费者无法全面掌握产品和品牌的信息，或在一些消费者介入度低的经验产品的选购中，不会投入更多的成本去搜集相关信息，因此造成了决策过程中的信息不对称。在信息不完全的条件下，消费者会以产品和品牌的外在属性作为线索来推断其内在品质，产品的可见方面充当了传递潜在品质信息的线索，并通过消费者对质量的感知（quality perceptions）直接影响其购买意愿和行为（毕雪梅，2004）。因此，品牌不仅形成了产品的差异化特征（Dixit 和 Stiglitz，1977；Spence，1976），而且作为一种品类符号，

① 一般情况下一个行业类别只有一家赞助企业，高级别赞助的类别不能再用于低级别，逐级排他。排他性的原则体现了上海世博会赞助的稀缺性和宝贵价值所在，为赞助企业开辟了独有的市场营销空间，有助于赞助企业在竞争中占据优势地位。

② 关于数据的具体情况，本文将在后文作进一步说明。

③ 词频（Term Frequency，TF）指的是世博会赞助企业名称在新浪、百度、网易等博客空间博文中出现的次数。

有效地降低了消费者商品识别中的搜寻成本以及选择成本，使需求曲线右移且变得更为陡峭，增加了消费者剩余和生产者剩余，提高了社会福利水平。从这方面而言，厂商具有强烈的品牌塑造冲动。但是，如果不能正确理解消费者行为在商业赞助中的作用，关于赞助效果的评价将局限于知名度的评价、品牌态度等方面，而基于消费者行为的评价框架将有助于避免使赞助投资成为一种流于形式的高姿态行为（Quester 和 Thompson，2001）。因此，本文从消费者感知角度入手，借助社会网络分析工具对影响企业世博会赞助效果的因素进行分析和检验。

3.1 数据说明

以往研究基本依赖于企业通过控制市场信息形式和内容，借助大众传媒使信息实现单方面的传播，并通过调查问卷的方式从消费者感知角度探讨了赞助商影响消费者的因素。但是，在调查过程中，基本采用的是"回忆"的方法来识别和衡量赞助效果，这会由于时间的推移而过滤掉大量信息。因此，虽然有些研究显示消费者对赞助企业有较高的回忆和识别能力，但是，有些研究却得出了不确定的实证结果（Sandler 和 Shani，1993）。

随着网络媒体影响的不断扩增，有研究开始从网络角度对赞助现象进行研究（徐建华等，2010）。就上海世博会而言，网络媒体不仅为获取各种世博会观众信息提供了新的途径或方式，也为借助网络研究世博会观众对赞助企业的口碑信息等提供了现实可能性。尤其是在网络媒体带来博客、论坛、IM、SNS等多种"网络社会化媒体"爆炸性增长的背景下，互联网为消费者提供了对世博会赞助进行"即时"反馈的机会，并且，网络交流所固有的实时性、交互性、易用性等特点使世博会观众倾向于在网络上"相对客观地"分享他们的世博会体验或感受，使有关世博会的大量舆论信息在网络平台上得以有效地聚集。因此，鉴于互联网的开放性和平民性机制，互联网逐渐成为消费者感受最为本真和直观的表达，通过一定的技术手段从中提取的有关研究数据将在一定程度上避免调查问卷设计和操作过程中存在的问题设计偏差等问题。

一般来说，世博会观众在表达参观的感受时，往往会提及有关场馆和企业，这显示了消费者对赞助企业口碑信息的感知程度和模式。因此，作为一种相对自由而本能的表达形式，网络博客或评论能够反映世博会观众对相关场馆或赞助企业的基本偏好，这无疑为深入了解世博会观众对赞助企业的影响提供了新的思路。尤其是随着互联网的飞速发展，涌现了一批网民可以自由、实时、便捷地进行交流的论坛、博客、微博、贴吧等平台，这些网络平台内容能够较完整和客观地记叙事件的发生、发展过程。近年来，百度空间、新浪博客、网易博客逐渐成为中国内地几大知名的博客服务提供商，其中，百度空间依托搜索引擎与一定的 SNS 功能，上线后发展十分迅速；新浪博客一直稳步发展，且在新浪微博开通之后获得了更大的发展空间，是一家专业的博客服务提供商；网易博客则起步较早，拥有大批忠诚用户。

鉴于此，本文选用上述三个博客服务提供商的媒体平台作为样本数据的来源，借助火车头采集器这一专业的网站内容采集软件，针对上述网站的相关版块，定义相应的采集规则，编制相关采集模块，采集了发表在 2010 年 4—9 月期间有关 2010 年上海世博会博文信息，并剔除因主题漂移而与世博会相关性不高且重复转载的博文，最后获取有关世博会描述的博文 59279 篇。然后，运用社会网络分析方法，借助各世博会场馆、赞助企业间的共现分析，探寻消费者对赞助企业口碑信息的感知模式和方式，以了解上海世博会的传播特性和影响世博会赞助企业口碑信息传递的因素，探讨世博会各赞助企业之间联动合作的方式和路径，准确把握世博会的赞助脉搏，提升赞助效果。

3.2 吻合度、曝光度和介入度

一般而言，相比较无品牌塑造条件的消费者购买行为，尤其是初次购买行为，具有品牌塑造行为时的消费购买量更大。[①] 不过，在企业品牌塑造和消费者购买之间，企业世博会赞助绩效（perf）成为关键性过渡变量。鉴于品牌效应对于需求曲线的移动性影响，设 D_1 和 D_0 分别为存在和不存在世博会赞助时面临的需求，则 $D_1 = \text{perf} \cdot D_0$，且 $\dfrac{\partial D_1}{\partial \text{perf}} \geq 0$，即赞助企业需求量的变化随着赞助绩效的提升而提升。进一步，世博会赞助绩效取决于系列过程性因素：

$$\text{perf} = \varphi(\gamma_i,\ s_i,\ s_{j,\ i \neq j}) \tag{10}$$

其中，γ_i 为有关文献中提及的吻合度、曝光度和介入度等因素，s_i，$s_{j,\ i \neq j}$ 为不同企业世博会赞助水平。

3.2.1 吻合度

在赞助活动中，赞助商和事件之间"吻合度"的重要性已被研究者广泛确认（Crimmins 和 Horn，1996；Meenaghan 和 Shipley，1999；Speed 和 Thompson，2000）。尽管现有文献并未就赞助活动中决定"吻合度"的因素进行细致的研究，但是，众多的研究却将"吻合度"作为消费者了解产品品牌的关键机制之一（Aaker 和 Keller，1990）。Keller（1993）在其关于品牌形象形成的开创性文献中识别了构成品牌形象的 6 种关联性因素，即产品特性（product attribute）、消费者意象（user imagery）、品牌个性（brand personality）、功能性收益（functional benefits）、经验性收益（experiential benefits）以及符号性收益（symbolic benefits），这六种因素均在不同层面上影响着商业赞助过程中的"吻合度"，并进一步影响着赞助品牌形象的传递和形成效果。一般说来，赞助品牌与所赞助活动的吻合度越高，赞助活动对企业形象的影响就越积极（Meenaghan，1983；Otker 和 Hayes，1987）[②]，即 $\dfrac{\partial \text{perf}}{\partial \gamma_{i,\ i = \text{吻合度}}} \geq 0$。

世博会首先表征的是"全球性"和"规模宏大"，是一个全球经济、科技和文化领域的盛会，为世界各地各种观念的碰撞和交流提供了独一无二的交流平台和方式，是各国人民总结历史经验、交流聪明才智、体现合作精神、展望未来发展的重要舞台。2010 年上海世博会是一次探讨新世纪人类城市生活的伟大盛会，作为首届以"城市"为主题的世界博览会，在上海世博会 184 天的展期里，世界各国政府和人民围绕"城市，让生活更美好"这一主题充分展示城市文明成果、交流城市发展经验、传播先进城市理念，从而为新世纪人类的居住、生活和工作探索崭新的模式，为生态和谐社会的缔造和人类的可持续发展提供生动的例证。"创新"和"融合"成为世博会核心价值观[③]，创新是世博会亘古不变的灵魂，跨文化的碰撞和融合则是世博会一如既往的使命。

鉴于 2010 年上海世博会本身固有的特性，上海世博会赞助商均从各行业的重要企业中进行选择，企业与上海世博会形象的匹配程度、公司财务能力、全球广告费用和公关推广费用、与中国的联系及国际化的程度和对成为上海世博会赞助企业的兴趣程度成为 2010 年上海世博会赞助企业的重要特点，并且，根据《中国 2010 年上海世界博览会注册报告》的"商业化运作计划"的有关规定，"参与上海世博会赞助的实物、技术和服务类别都必须与世博精神相一致"，"为了预防和控制赞助计划中可能出现的风险，组织者建立了相应的预警机制和风险防范机制。如果企业在成为上海世博会的合作伙伴或高级赞助商后，发

---

① 但是，需要注意的是，均衡价格可能更高，也可能更低，需要根据各相关系数而定。

② 不过也有研究发现，赞助品牌与赞助活动的吻合度跟赞助品牌形象感知存在非线性关系，当吻合度达到很高的程度时，对赞助品牌形象的感知反而会有消极的影响（d'Astous 和 Bitz，1995）。

③ http：//www. expo2010. cn/a/20090315/000003. htm，http：//www. expo2010. cn/a/20080614/001409. htm。

生与以上标准严重不符的情形，组织者有权终止其享受相关权益"。[①]

3.2.2 曝光度

认知学习（cognitive learning）领域的研究认为对信息的学习会随着信息暴露程度的增加而增长。在世博会赞助过程中，赞助企业口碑信息暴露程度越高，消费者接触赞助企业相关信息越多，对世博会赞助企业品牌的知晓度就越高，对世博会赞助企业及其品牌形象越会产生正面的影响（Grohs、Wagner 和 Vsetecka，2004），并由此带来世博会赞助绩效的提升，即 $\frac{\partial \mathrm{perf}}{\partial \gamma_{i, i=曝光度}} \geq 0$。

2010 年上海世博会在空间布局上形成了"园、区、片、组、团"5 个层次的结构布局，其中，整个世博"园"占地 5.28 平方公里，包括围栏区和围栏区外的配套设施用地；"区"为 3.22 平方公里的世博会围栏区；"片"包括 A、B、C、D、E 五个功能片区；12 个平均用地规模为 10 ~ 15 公顷的展馆组成不同的"组"；26 个平均用地规模为 2 ~ 3 公顷的展馆构成不同的"团"。在整体性的上海世博会空间架构中，场馆以其新颖的设计理念、优美的造型和先进的科技体验等特点成为参观者或各种媒体关注的对象，也成为世博赞助企业口碑信息的集合焦点（见表 2）。因此，世博会场馆构成了提升世博会赞助商信息曝光度的重要途径和载体。

表 2　　　　　　　　　　　　　　2010 年上海世博会部分展馆排队信息

排队时间（小时）	场馆名称	排队时间（小时）	场馆名称
11	石油馆	4.5	太空家园馆
6	沙特馆	4	日本产业馆
5.5	上汽集团—通用汽车馆、可口可乐馆、中国航空馆、瑞士馆	3.5	阿联酋馆、韩国馆
5	德国馆、日本馆	3	哈萨克斯坦馆、信息通信馆

注：本表选取的是 2010 年 10 月 31 日当日截至 12：00 之前的情况。参阅中国 2010 年上海世博会官方网站（http://www. expo2010. cn/yqkl/pdxx/index. htm）。

具体说来，世博会自建场馆对世博会赞助企业口碑信息曝光度有着一定的调节作用，通过增加赞助企业口碑信息的曝光时间和曝光频率提升了观众感知赞助企业口碑信息的机会。一般说来，世博会赞助企业口碑信息持续时间越长，观众对赞助的感知越积极，他们对世博会赞助企业赞助后品牌形象的评价也越积极。持续性的世博会赞助会因为曝光度的增加而使世博会和赞助企业品牌之间的关联更紧密，并显著影响世博会赞助企业形象和品牌向消费者转移的绩效和效果。

对于 2010 年上海世博会而言，全球合作伙伴享有建馆参展的优先权，这大大提升了宝钢集团、可口可乐、国家电网等世博会赞助企业口碑信息的曝光度。鉴于此，根据 2010 年上海世博会赞助企业是否建有以自己企业命名的场馆，我们以赞助企业在新浪、百度、网易等博客中出现的词频，通过设置虚拟变量来检验世博会赞助效果。如果企业建有以自己企业命名的场馆，我们设定 $\mathrm{pavilion}_i = 1$，其他 $\mathrm{pavilion}_i = 0$，并构造如下世博会赞助商的计量模型（我们在后文将对世博会场馆和赞助企业之间的关系进行进一步的分析）：

$$\mathrm{TF}_i = b + \tau \mathrm{pavilion}_i + \varepsilon \tag{11}$$

估计结果如表 3 所示。

[①]　http：//www. expo2010. cn/a/20080614/001401. htm.

表3 世博会赞助商模型估计结果

	系数	标准差	t 检验值	P 值
截距	130.8776***	35.8849	3.65	0.0010
pavilion	511.7474***	95.7866	5.34	0.0000
诊断和其他信息				
判定系数 R^2	0.3417	F 检验		28.54
调整的判定系数 R^2	0.3219	P 值		0.0000

注：*** 表示变量通过1%的显著水平检验。

表3表明，建有以自己企业命名的场馆将明显增加赞助企业口碑信息的曝光度，提升参观者对世博会赞助企业的感知和认知。通过对网络博客的词频统计可以看到，宝钢集团、可口可乐、国家电网和上汽集团在世博会参观者网络博客中出现频率最高，而这些企业也均建有自己的场馆。

3.2.3 介入度

一般而言，消费者赞助活动的介入度衡量了消费者直接或者间接参与一项活动或接受一个信息的程度（Meenaghan，2001），这不仅会影响消费者对赞助活动的认知（Batra 和 Ray，1989；MacInnis 和 Jaworski，1989；Pham，1992），激发消费者对赞助品牌积极的情感倾向（Meenaghan，2001），而且会通过品牌知名度和品牌形象的提升等途径显著影响企业赞助效果（张黎等[①]，2007；Grohs、Wagner 和 Vsetecka，2004），即 $\frac{\partial \mathrm{perf}}{\partial \gamma_{i, i=介入度}} \geqslant 0$。

在2010年上海世博会企业赞助实践中，世博会赞助企业或通过组织系列活动，或通过自建场馆增加了世博会观众的介入程度。但是，就活动而言，由赞助企业组织的活动比例并不高，而宝钢大舞台、国家电网馆等企业自建场馆的存在则大大提升了观众对世博赞助企业的介入度，增强了观众介入赞助企业口碑信息的积极性，扩大了赞助企业品牌的影响，这从式(11)的检验亦可得到一定程度的验证。

此外，观众通过参观场馆的方式介入世博会赞助企业的信息改变了观众对世博会赞助企业口碑信息的接触、接受和处理方式，对观众感知世博会赞助企业的信息有着特定的调节机制。宝钢大舞台、可口可乐馆、国家电网馆等场馆的存在给这些赞助企业提供了全方位展现企业自身特色的机会，在这种情况下，世博会观众会采用系统性(systematic)的信息处理方法更加全面、仔细地处理世博会赞助企业口碑信息，这相对于简单直觉(heuristic)式的世博会赞助信息处理而言，会大大提升观众对世博会赞助企业口碑信息的感知和理解，并进而影响企业的世博会赞助效果。

3.3 交互性作用机制

2010年上海世博会共吸引了246个国家和组织参展，主要赞助企业56家，在184天的会期内，上海

---

① 但是，张黎等(2007)的研究发现，消费者介入赞助活动的程度对品牌形象转移的直接影响并不显著，而且介入度对质量感知、吻合度与品牌形象转移的关系没有调节作用。Pham(1992)的研究则证实了介入度与品牌形象转移之间的非线性关系，即当介入度处于较低水平时，介入度的增加可以提高对赞助活动的注意力，包括与赞助品牌相关的信息；而当介入度达到较高水平时，受众的注意力反而会倾向于集中在活动本身，导致对赞助品牌信息的关注相对减少，从而对赞助信息的处理会较少，最终介入度对质量感知、吻合度与品牌形象转移的关系失去调节作用。

世博会园区 33 块场地总共举办了 22925 场精彩纷呈的活动。246 个参展国家和组织中，来自 176 个国家、13 个国际组织、36 个城市和 4 个企业的 1200 余支团队上演了 1172 个节目。7300 万人次游客中，观看各类文化演艺活动的观众累计超过了 3400 万人，近 50% 的游客至少观看了 1 次活动。① 不过，需要注意的是，活动规模空前、参与主体广泛的世博会活动一方面给观众和消费者带来了多样化的体验，另一方面也产生了纷繁芜杂的信息集合，构成了世博会赞助企业口碑信息传递过程中的"噪音"，这为世博会赞助企业的信息传递提出了新的挑战。② 因此，为了全面分析世博会赞助企业口碑信息传递和品牌塑造效能，我们需要全面识别和分析不同世博会赞助企业之间的作用机制和路径。

实际上，以往关于企业赞助行为的相关研究重点在于企业赞助行为及对应的消费者品牌形象感知，以及消费者感知过程的有关过程变量和影响变量，而信息或品牌形象传递过程中的具体作用机制却并未纳入分析框架，由此使这一分析范式较少地涉及赞助企业之间的作用过程和结构。而在世博会赞助过程中，赞助企业口碑信息和品牌形象传递效率（或绩效）还受到特定的世博会赞助企业网络、场馆等调节性因素的影响。因此，除了传统的品牌形象感知外，赞助企业之间直接或间接的相互影响等互动性过程也应被纳入研究范式。即世博会赞助过程中，赞助企业间具有竞争、对抗或合作性质的行为成为赞助博弈行为，赞助企业各自具有不同的目标或利益。为了达到有效传递信息或品牌形象的目的，各世博会赞助企业必须考虑其他赞助企业口碑信息或品牌的特点、传送方式等，并选取对自己最为有利或最为合理的赞助方式。

企业营销过程的一个关键目标是引起消费者的注意（Braithwaite，1928；Marshall，1919；Comanor 和 Wilson，1974），这也是企业赞助效果形成的关键性中间过程，但是，在赞助企业口碑信息或品牌形象传递过程中，必然面临来自其他赞助企业的"噪音干扰"，不过，需要注意的是，这些"噪音"可能会削弱赞助企业口碑信息或品牌形象传递效果，也可能会增强赞助企业口碑信息或品牌形象传递效果。当 $\left.\frac{\partial \text{perf}/\partial s_i}{\partial \text{perf}/\partial s_j}\right|_{i \neq j} = 0$ 时，不同世博会赞助企业口碑信息之间不存在相互影响的效应，这也是以往研究所先验持有的前提假设；而当 $\left.\frac{\partial \text{perf}/\partial s_i}{\partial \text{perf}/\partial s_j}\right|_{i \neq j} > 0$ 时，不同世博会赞助企业口碑信息之间存在相互加强的效应；当 $\left.\frac{\partial \text{perf}/\partial s_i}{\partial \text{perf}/\partial s_j}\right|_{i \neq j} < 0$ 时，不同世博会赞助企业口碑信息之间则存在屏蔽性效应。关于后面两点，本文在下文借助社会网络分析法进行验证性分析。

4. 世博会赞助企业、场馆共现分析

为了分析不同世博会赞助企业之间信息传递的交互性过程，本文借助信息科学的方法和技术以及计算机技术，对海量博客信息经过系列加工挖掘出其中潜藏的信息。鉴于世博会赞助企业之间的交互性关系，我们借助共现分析来探究不同世博会赞助企业之间的关系和作用机制。

所谓共现分析，是以心理学的邻近联系法则③和知识结构及映射原则为方法论基础，将各种信息载体

---

① 参阅中国 2010 年上海世博会官方网站（http://www.expo2010.cn/sbhd/indexjn.htm）。

② 根据本文数据统计，一个明显的现象是，资生堂、上海城市建设投资开发公司、新日电动车、上海齐乐通讯科技有限公司等公司在消费者博客提及次数均为 0。

③ 心理学的邻近联系法则是指曾经在一起感受过的对象往往在想象中也联系在一起，以至于想起它们中某一个的时候，其他的对象也会以曾经同时出现时的顺序想起。根据该法则，两个词之间的联系可以用同时感知到两词的相对频率来衡量，同时，词之间的联系强度决定了用语过程中词汇的选择，即只有存在关联的那些词汇才能被想起、说出或写下（Wettler 和 Rapp，1993）。

中的共现信息定量化的分析方法（Kostoff，1991），以揭示信息的内容关联和特征项所隐含的寓意，借此可以发现研究对象之间的亲疏关系，挖掘隐含的或潜在的有用信息，并揭示研究对象所代表的世博会赞助企业口碑信息载体和传播的结构与变化。借助计算机技术，在共现分析的基础上，通过可视化的计算方法将共现数据信息转换成几何形态，不仅可以增强我们对世博会赞助过程中复杂机制的洞察力，而且能够使我们获得对世博会赞助企业之间交互性结构的直观认识。

具体说来，世博会赞助企业或场馆的共现是指当和两个世博会场馆、两个世博会赞助企业或某场馆和某企业相关的关键词出现在同一篇博客时，表明这两者之间具有一定的内在关系，并且出现的次数越多，表明关系越密切、距离越近。具体说来，在给定的一个世博会场馆、赞助企业中，以其相关的博客为中心，那些能够反映被世博会参观者提及的其他场馆、赞助企业在该总体中分布状态的要素及其被提及的次数（称为"共现次数"）反映了不同世博会场馆、赞助企业之间的共现程度。

在统计共现次数时，我们充分利用正则表达式在字符串匹配等处理上高效、精准的优点，通过设计相关计算策略构建共现处理平台（见图1），并借助计算机自动完成。

```
Count Co-occurrence(string Word, string TWord, string SampleContent)
{
    //判断样本SampleContent中是否同时出现字符串Word,TWord
    //函数CountNum用于统计字符串Word在样本SampleContent中出现的次数
    if(CountNum(SampleContent,Word)>0 和 CountNum(SampleContent,Word)>0)
    {
        int tempOccurNum=CountNum(SampleContent,Word);
        //单个样本中,字符串Word共现次数不累加
        if(tempOccurNum! =0){tempOccurNum=1;}
        //更新字符串Word的共现次数全局变量OccurNum
        OccurNum=OccurNum+tempOccurNum;
    }
}
```

图1　指定赞助企业或场馆在博客中共现次数统计的核心代码

4.1　世博会赞助企业共现

我们利用自主开发的词频统计和主题共现文本处理平台，计算出本文研究的2010年上海世博会赞助企业间的共现次数，并采用目前较为成熟的社会网络分析方法，揭示世博会赞助企业之间存在的交互性现象。

首先，我们在样本中对56个赞助商进行词频统计；然后，选择词频排在前20位的企业计算出每个世博会赞助企业与其他世博会赞助企业之间的共现状态，并形成如下前20位的世博会赞助企业共现矩阵（见表4），显示出不同世博会赞助企业之间的亲疏程度。

表4　　2010 年上海世博会赞助企业共现数据（前 20 名）

	宝钢	可口可乐	国家电网	上汽	联想	交通银行	腾讯	中粮	中国石油	茅台	伊利	远大	东航	中国移动	金枫酒业	中国电信	思科	西门子	中国人保	IBM
宝钢		37	105	90	10	9	2	1	11	3	7	13	1	12	1	7	18	0	14	0
可口可乐			176	127	15	9	5	3	29	4	26	88	6	55	0	49	60	6	70	3
国家电网				266	14	7	5	4	49	5	2	106	18	71	0	62	71	2	66	0
上汽					10	6	8	1	38	1	6	101	20	67	1	67	39	5	53	1
联想						1	6	0	6	4	1	6	3	10	0	5	12	1	5	2
交通银行							1	1	2	0	5	2	2	19	1	16	4	2	1	1
腾讯								0	0	2	1	0	1	3	0	2	1	0	0	0
中粮									1	0	1	1	0	0	0	0	1	0	0	0
中国石油										0	2	11	16	20	1	20	15	0	12	
茅台											1	0	1	1	0	0	1	1	1	0
伊利												3	2	2	1	2	2	4	0	3
远大													3	42	0	42	31	1	52	0
东航														18	0	18	0	0	1	2
中国移动															0	89	12	5	33	3
金枫酒业																0	0	0	0	0
中国电信																	5	3	32	2
思科																		3	27	2
西门子																			1	3
中国人保																				0
IBM																				

其次，在世博会赞助企业共现矩阵的基础上，进一步借助社会网络分析与可视化工具 NetDraw 将其转换输出成 2010 年上海世博会赞助企业的社会网络图。为了简洁明了地展示世博会赞助企业之间网络结构的特征，我们选择基于全部数据和共现频次高于 25（阈值）的两张社会网络共现图（见图 2、图 3）进行对比分析。

图 2 和图 3 中每个节点代表一个世博会赞助企业，显示了不同世博会赞助企业在观众记忆和体验中的连接和关联，节点间连线的粗细表征了不同世博会赞助企业之间的联系强度。对图 2 和图 3 的深入对比分析可发现如下两种现象。第一，在 2010 年上海世博会赞助企业中，国家电网、上汽集团和可口可乐公司居于核心位置，大量上海世博会赞助企业都与其有着共现现象。第二，图 2 显示，除中国移动、伊利牛奶外，处于核心位置的世博会赞助企业基本都建有自己的场馆，这也显示出在世博会赞助企业口碑信息的传递过程中，场馆起到了很好的调节和加权作用。此外，从地理位置上看，国家电网、可口可乐等场馆均位于世博会黄浦江以东的 D 片区，使上海世博会观众能够在适宜的步行距离范围内进行参观，并在世博会观众的参观体验中显示出较强的关联度。不过，虽然上汽集团—通用汽车馆、远大馆位于黄浦江以西的 E 片区，它们与国家电网、可口可乐等世博会赞助企业之间也出现了共现现象，显示出距离有时并没有阻碍世博会观众对这些赞助企业的共同感知。

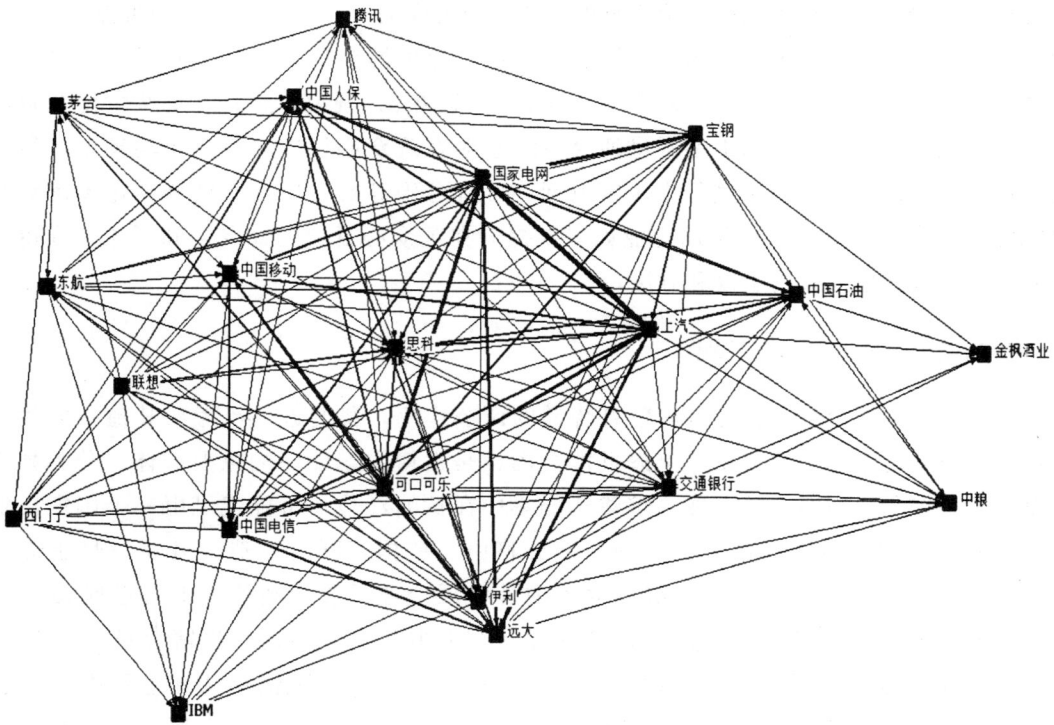

图 2　2010 年上海世博会赞助企业共现示意图（基于全部数据）

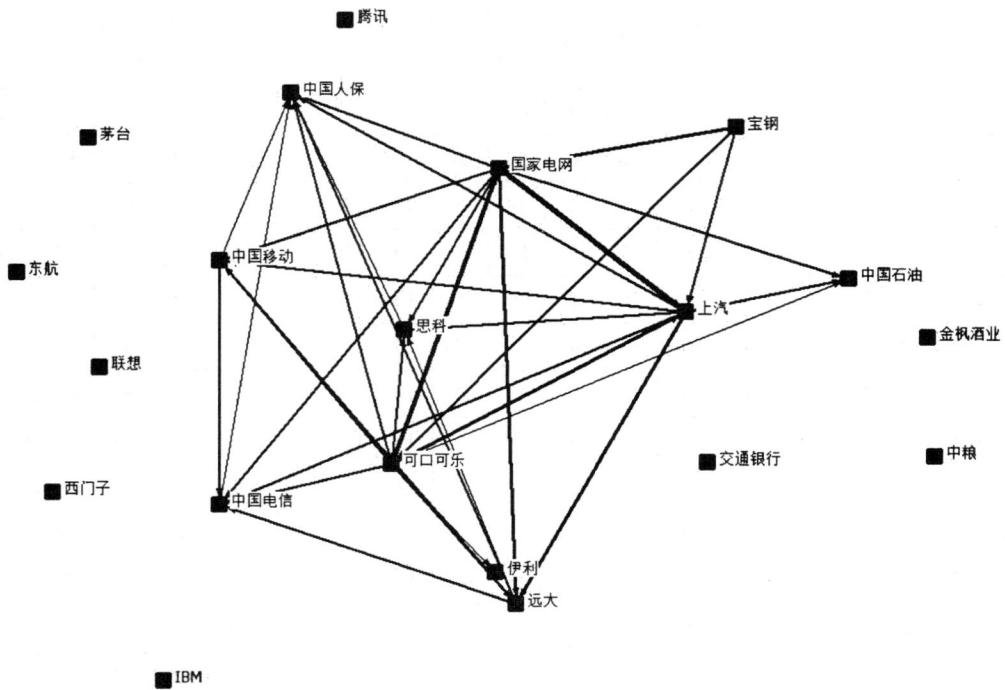

图 3　2010 年上海世博会赞助企业共现示意图（共现频次大于 25）

国家电网、可口可乐、上汽集团等世博会赞助企业之间的共现显示了这些世博会赞助企业口碑信息传递过程的相互强化现象，也为这些世博会赞助企业之间的联动合作提供了现实的可能性。不过，对图2和图3进行比较分析也可以发现，在国家电网、可口可乐等世博会赞助企业之间形成较强共现现象的同时，金枫酒业、腾讯等世博会赞助企业却出现了明显的"边缘化"现象，并且，这些世博会赞助企业均没有自建场馆等设施，这一方面显示出不同世博会赞助企业在观众心目中的冷热不均现象，另一方面也显示出世博会赞助企业口碑信息传递过程中国家电网、可口可乐等实力型企业结合自建场馆对其他企业产生的强烈"屏蔽"现象，那么，这些赞助企业如果要提升在观众心目中的知名度和形象，取得更好的赞助效果，可能需要采取其他形式的手段和方法。

4.2 世博会赞助企业与场馆共现

鉴于自建场馆对世博会赞助企业口碑信息传递的调节作用，我们进一步考察其他一般性场馆与世博会赞助企业口碑信息传递之间的关系。上海世博会场馆是世博主题演绎的重要载体，分为独立馆、联合馆、企业馆、主题馆和中国馆，其中独立馆建筑群集中在黄浦江边，每栋建筑由一个国家出资建设，用于展示该国的科技成果；联合馆建筑群中的一部分将由一些国家联合建造，另外一些建筑由我国出资建造，租赁给参展国使用；企业馆建筑群成为国内外参展企业的参展场所。上海世博会场馆不仅是展示世界先进科技、独特文化的舞台，而且是各国建筑文明的体现，因此，世博会场馆一直是世博会观众关注的焦点，这也进一步反映在其对世博会赞助企业口碑信息的记忆和认知过程中。通过对世博会观众网络博文的分析，我们可以进一步得到前20位的上海世博会赞助企业和场馆之间的共现矩阵数据（见表5）。

表5　　　　　　　　　　　　　　场馆与赞助商共现数据（前20×20）

	宝钢	可口可乐	国家电网	上汽	联想	交通银行	腾讯	中粮	中国石油	茅台	伊利	远大	东航	中国移动	金枫酒业	中国电信	思科	西门子	中国人保	IBM
中国馆	212	385	492	367	104	62	53	10	62	47	49	215	33	126	1	93	90	19	65	3
日本馆	128	260	315	280	57	20	20	0	50	14	19	153	21	83	0	73	81	6	58	0
沙特馆	139	222	346	277	41	15	17	2	44	6	17	139	21	77	0	66	62	4	54	0
德国馆	125	225	318	279	55	9	11	1	50	5	19	120	17	71	0	68	63	13	56	0
法国馆	124	214	300	266	35	10	16	5	46	5	15	116	16	73	0	66	54	4	55	1
英国馆	134	205	281	264	43	10	18	4	41	12	15	113	19	71	0	67	52	4	54	0
美国馆	111	176	246	227	47	7	14	2	42	9	16	102	21	71	0	67	60	4	55	5
西班牙馆	128	189	297	266	35	10	13	3	40	6	17	120	18	72	0	63	47	2	57	0
意大利馆	120	144	224	196	31	11	7	2	24	6	13	89	5	25	0	23	51	2	26	0
非洲联合馆	127	176	292	228	38	9	3	1	35	1	14	112	19	69	0	69	39	0	52	0
韩国馆	103	169	225	210	29	8	18	0	23	4	11	106	2	55	0	54	52	2	57	1
台湾馆	107	148	227	199	32	8	9	1	22	4	11	86	5	48	0	43	45	1	56	2
丹麦馆	115	156	244	223	31	8	0	0	32	4	9	107	15	65	0	62	41	0	51	0
瑞士馆	112	168	250	229	30	7	13	0	37	3	13	99	14	66	0	63	38	3	52	0
澳大利亚馆	118	166	261	213	28	9	5	4	22	4	7	107	19	53	0	48	47	3	54	0

	宝钢	可口可乐	国家电网	上汽	联想	交通银行	腾讯	中粮	中国石油	茅台	伊利	远大	东航	中国移动	金枫酒业	中国电信	思科	西门子	中国人保	IBM
俄罗斯馆	115	132	227	214	30	9	7	1	27	3	7	91	3	47	0	47	38	2	54	0
石油馆	56	319	310	179	24	7	5	1	103	3	17	110	19	68	0	64	97	3	69	0
泰国馆	108	151	241	215	26	7	8	3	40	4	7	92	13	63	0	60	36	0	53	0
荷兰馆	111	136	219	188	20	2	3	0	17	1	4	90	5	44	0	44	28	0	54	0
芬兰馆	105	116	225	215	31	12	6	4	29	4	5	84	15	60	0	60	28	2	49	0

进一步，在世博会赞助企业与场馆共现矩阵的基础上，选择全部共现数据及共现频次高于300（阈值）的世博会赞助企业与场馆为对象，采用类似的方法，绘制2010年上海世博会赞助企业与场馆之间"可视化"的社会网络共现图（见图4和图5），并进行对比分析。

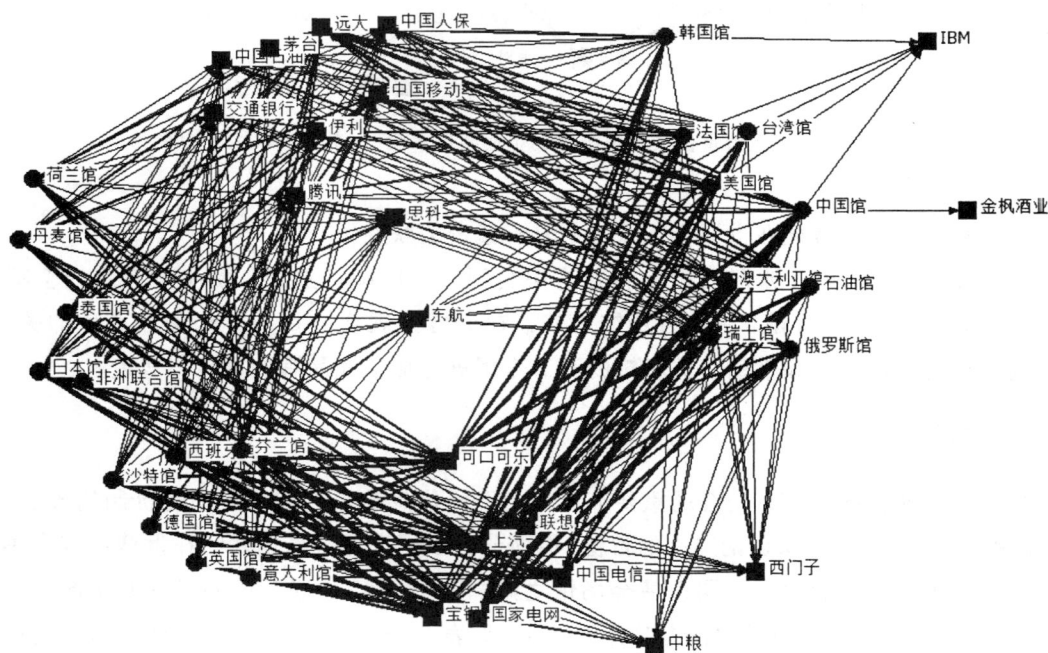

图4　2010年上海世博会场馆与赞助企业共现示意图（基于全部数据）

从图5可以看出，"国家电网—中国馆"、"上汽集团—中国馆"和"可口可乐—中国馆"处于网络的中心位置，其关联程度最大。一直以来，中国国家馆以其象征中国精神的雕塑感造型主体和中华文化精神与气质以及"东方足迹"、"寻觅之旅"、"低碳行动"等主题展区的内容成为2010年上海世博会中最为人们喜爱的场馆，在人们心中有着重要的位置，鉴于此，中国国家馆对于国家电网、上汽集团等世博会赞助企业口碑信息传递有着较强的调节作用。此外，沙特馆、日本馆、德国馆等热门场馆①也显示出与国家电

---

①　沙特馆独特的"月亮船"造型仅次于中国馆，其全球最大的1600平方米的巨型高清银幕带给游客"震撼"、"惊喜"的感受，是2010年上海世博会最为热门的场馆之一。德国馆和日本馆也是世博会中的热门场馆。参阅《盘点世博十大热门场馆》（http：//news.sina.com.cn/expo2010/news/roll/p/2010-10-29/083421375701.shtml）。

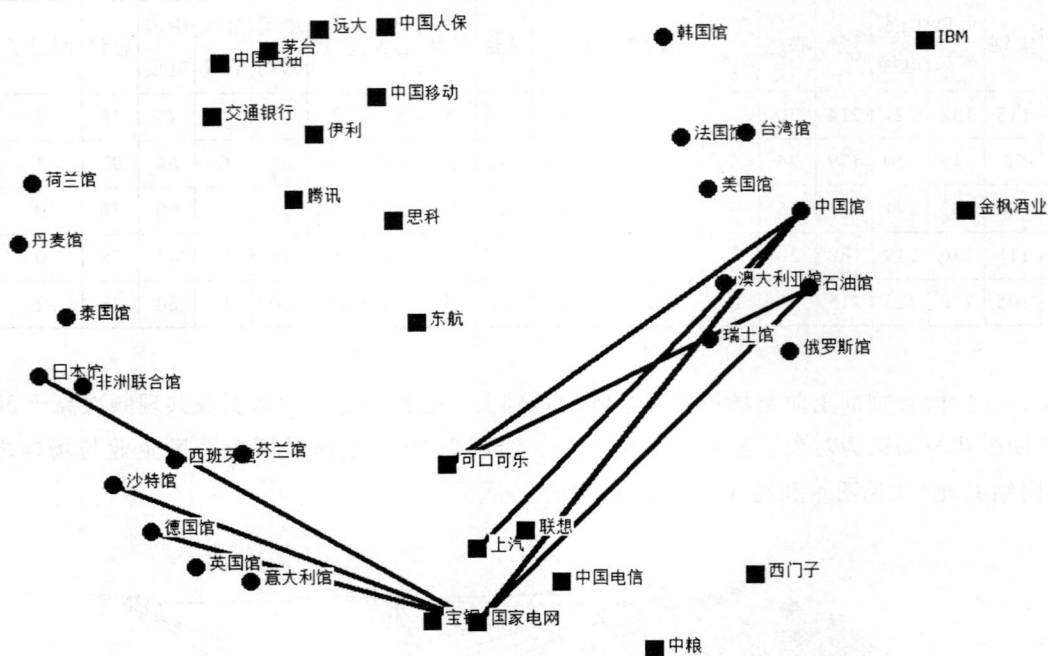

图5 2010年上海世博会场馆与赞助企业共现示意图（共现频次大于300）

网之间较强的贡献度，说明彼此在世博会观众心中具有紧密关联性。

不过，需要注意的是，对于水晶石数字科技有限公司、中国印钞造币、资生堂等世博会项目赞助商而言，其有关信息却基本被"屏蔽"在知名场馆之外，在世博会观众心目中并未形成有效的关联，因此，世博会赞助商需要有效地识别和借助有关场馆的调节作用进行形象和品牌的宣传与塑造。

4.3 世博会场馆共现

世博会场馆是世博会各种信息交合的重要节点，而不同信息节点之间的互动性机制构成了关键的"中介性"作用机制。共现通过从"认识论层次的价值"层面分析不同世博会场馆之间在世博会观众感知过程中存在着特定联系，可以使我们发现不同世博会场馆之间"出人意料"的联系或问题。鉴于此，我们借鉴前文方法，在前20位上海世博会场馆之间共现矩阵数据（见表6）的基础上，选取全部数据和共现频次高于500（阈值）的数据构建"可视化"的社会网络图（见图6、图7），以进行对比分析。

表6　　　　　　　　　2010年上海世博会场馆共现数据（前20名）

	中国馆	日本馆	沙特馆	德国馆	法国馆	英国馆	美国馆	西班牙馆	意大利馆	非洲联合馆	韩国馆	台湾馆	丹麦馆	瑞士馆	澳大利亚馆	俄罗斯馆	石油馆	泰国馆	荷兰馆	芬兰馆
中国馆		1854	1936	1443	1311	1249	987	1101	821	1012	947	821	787	748	809	699	647	690	614	561
日本馆			1319	1010	861	883	659	740	546	627	971	497	570	555	540	510	424	462	447	446
沙特馆				650	515	539	425	502	349	411	621	355	365	384	383	345	290	327	298	307
德国馆					1041	921	664	885	660	650	545	434	637	683	533	564	395	444	496	482

	中国馆	日本馆	沙特馆	德国馆	法国馆	英国馆	美国馆	西班牙馆	意大利馆	非洲联合馆	韩国馆	台湾馆	丹麦馆	瑞士馆	澳大利亚馆	俄罗斯馆	石油馆	泰国馆	荷兰馆	芬兰馆
法国馆						956	622	839	746	646	508	357	668	634	522	533	301	498	508	455
英国馆							654	830	690	632	505	363	549	595	483	540	293	415	566	435
美国馆								495	428	556	437	318	438	426	402	520	242	408	373	321
西班牙馆									541	578	456	351	582	642	485	497	297	441	470	460
意大利馆										482	320	285	393	407	348	397	230	287	379	335
非洲联合馆											401	312	446	425	441	456	255	376	454	370
韩国馆												352	384	361	381	334	231	345	298	290
台湾馆													258	297	296	261	216	299	256	246
丹麦馆														437	440	442	213	410	365	449
瑞士馆															348	375	220	343	367	370
澳大利亚馆																387	199	559	344	349
俄罗斯馆																	194	388	426	333
石油馆																		196	159	163
泰国馆																			307	304
荷兰馆																				310
芬兰馆																				

从图 6 和图 7 可以看出，世博会场馆之间形成了两个最为显著的共现群体。第一个共现场馆群体以中国馆为中心，连接日本馆和沙特馆，构成了图 7 整个共现网络的中心，是 2010 年上海世博会观众信息感知合作交流网络中最为重要的节点。该共现场馆群体主要位于世博会 A 片区，除了场馆具有鲜明的特色之外，它们的地理位置邻近，容易在世博会观众感知过程中形成关联。第二个次级共现场馆群体以法国馆为中心，连接英国馆、德国馆、美国馆、丹麦馆、芬兰馆以及非洲联合馆等场馆，并与中国馆紧密连接。该共现场馆群体主要位于世博会 C 片区，尤其是法国馆、德国馆、英国馆等场馆的地理位置十分接近，成为上海世博会观众关注较多的场馆群。

实际上，在整体性世博会场馆共现分析中，我们可以发现，中国馆是整个世博会观众关注的焦点，几乎所有的场馆都与中国馆之间有着交流，并对其他共现场馆群体起到连接和过渡的桥梁作用，是网络中的中枢性节点。因此，世博会赞助企业要想提升企业和品牌形象信息的传递效能，需要关注重要的节点性世博会场馆，通过或依托或联合的方式提升赞助企业口碑信息传递、品牌提升的效能。此外，针对世博会赞助企业而言，建设场馆只是其中的一个营销路径和手段，结合世博会场馆之间的互动性，找准恰当的切入点，将赞助企业有关信息融入有关场馆中，借助世博会观众自身的传播力和影响力，使赞助企业产品和品牌信息通过不同场馆之间的内在社会网络实现最大限度的传播，以提高世博会赞助企业或产品的知名度、美誉度，树立良好的品牌形象，并最终推动产品销售。

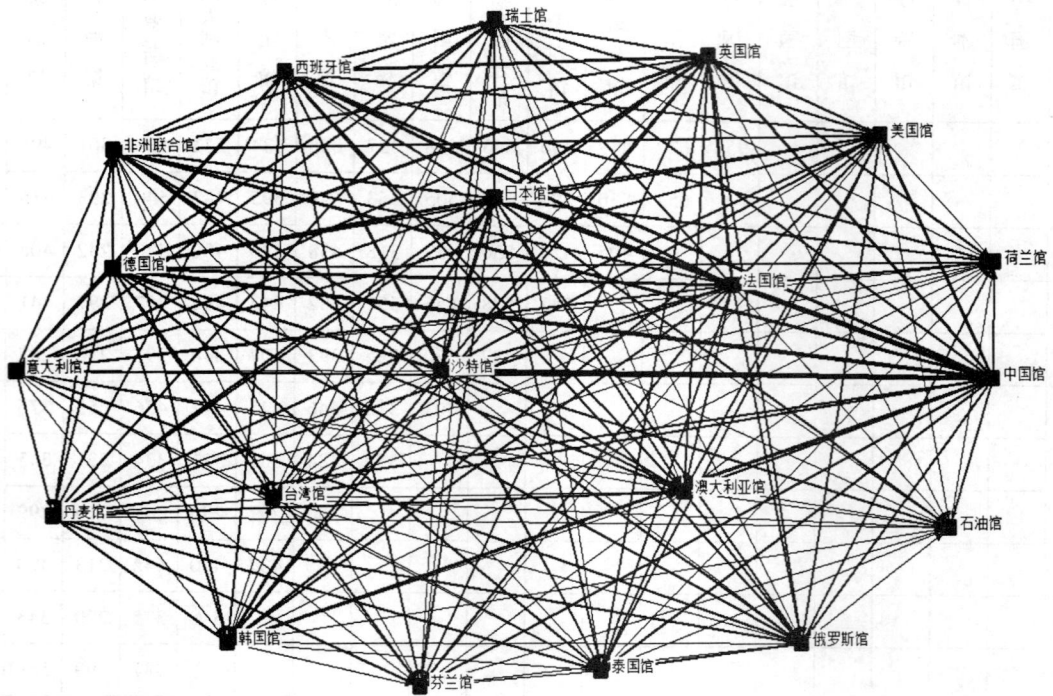

图 6　2010 年上海世博会场馆共现示意图（基于全部数据）

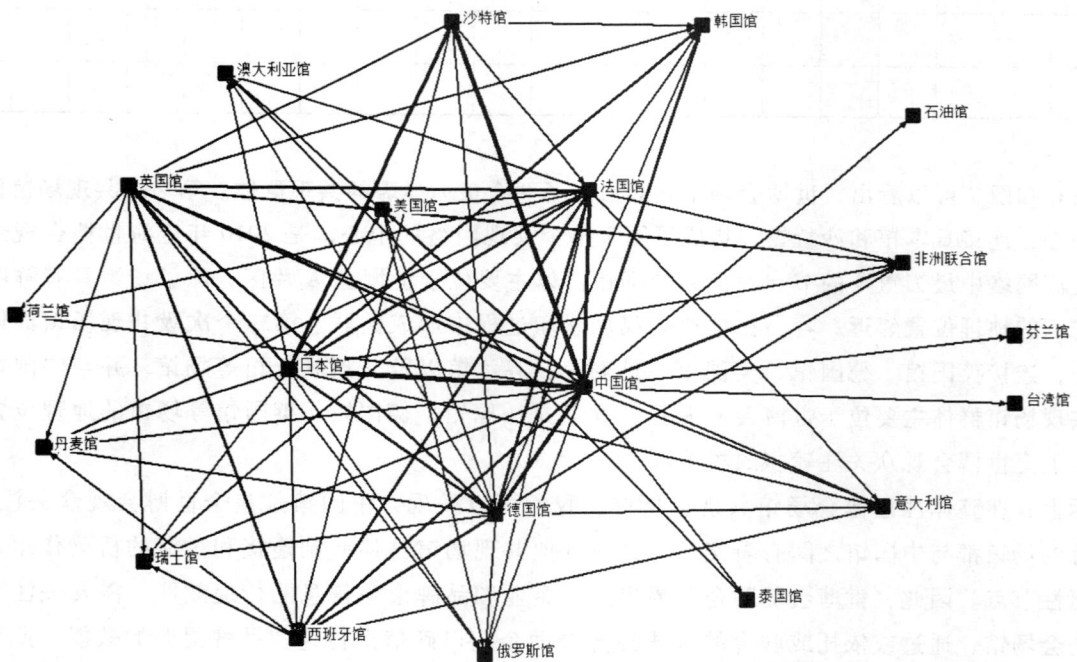

图 7　2010 年上海世博会场馆共现示意图（共现频次大于 500）

5. 结论与评价

商业赞助作为企业营销的一个重要途径和手段,是赞助企业塑造良好公众形象、形成品牌联想的重要机制。就 2010 年世博会来说,商业赞助将世博会形象与企业品牌形象有机结合起来,借助世博会赞助企业口碑信息特殊的"转移机制"在消费者心中形成感知、认知和兴趣,并通过消费者购买行为的改变影响世博会赞助企业的市场表现。

一般而言,2010 年上海世博会赞助企业的赞助效果受到世博会形象与企业品牌形象之间吻合度、赞助企业口碑信息曝光度和观众对赞助企业口碑信息介入度等因素的影响,但是,本文从世博会观众感知角度关于 2010 年上海世博会赞助企业之间信息感知的分析表明,不同世博会赞助企业的口碑信息传递过程存在明显的共现现象,并且,在世博会信息传递过程中,世博会场馆起到了有效的调节作用,构成了世博会赞助企业口碑信息传递过程中的关键性"加权"变量。

鉴于此,赞助企业的世博会营销需要关注与其他赞助企业之间的交互性作用。首先,充分挖掘赞助企业口碑信息传递过程中的"节点",通过相互间市场战略伙伴关系的建立,互享资源、共建平台,面向事件、联手开发,互借渠道、混合营销,通过对消费者的共同影响达到品牌间的融合借势、联合提升,使各赞助企业在有限的成本支出情况下获得尽可能大的赞助效果。其次,关注赞助营销过程中的屏蔽性效应。一方面,合理界定自身的赞助形象、方法和途径,与其他重要赞助企业进行合理的"形象分工"和"赞助分工",在与其他赞助企业分工协调的情况下形成企业品牌"形象叠加"效应;另一方面,恰当界定自身的赞助形象定位,通过差异化的形象塑造方法,实现企业品牌"形象突围",实现赞助企业品牌形象塑造过程中的规避、联合和提升。最后,关注场馆等特殊变量的调节性作用。一方面,通过自建场馆增强赞助企业口碑信息的曝光度和观众的介入度;另一方面,关注场馆在观众感知过程中的共现现象,有选择地选取恰当的场馆节点进行联合营销,实现赞助企业形象信息最为广泛的传递。

鉴于数据方面的问题,我们并未从公开数据渠道获取有关世博会赞助企业的绩效信息,因此,关于2010 年世博会赞助企业赞助绩效的检验问题成为本文的主要局限。其次,我们仅从词频数量角度分析了新浪、百度、网易等网络博客空间的有关数据,并未从语义角度分析网络博客信息的正负维度,这也可能会导致有关结论的偏差。再次,就未来的研究方向而言,本文采用社会网络分析法发现了 2010 年上海世博会赞助企业、场馆以及赞助企业与场馆之间的交互性影响,为了对世博会赞助效果进行精准而科学的分析,我们需要对世博会赞助效应的评价过程进行恰当的平衡或加权,这有待更为全面的模型构建和实证检验。

(作者电子邮箱:yangyong7000@163.com)

参考文献

[1]毕雪梅. 消费者感知质量研究[J]. 华中农业大学学报,2004,3.

[2]范秀成,陈洁. 品牌形象综合测评模型及其应用[J]. 南开大学学报(哲学社会科学版),2002,3.

[3]何云,陈增祥. 赞助活动对赞助商公司形象及其产品信任感影响效应研究:基于 2008 北京奥运会赞助商的调查[J]. 营销科学学报,2009,5(1).

[4]王海忠,于春玲,赵平. 品牌资产的消费者模式与产品市场产出模式的关系[J]. 管理世界,2006,1.

[5]王海忠,赵平. 公司品牌形象对经销商关系导向的影响:基于主导地位制造商的中国实证[J]. 中国

工业经济，2008，3.

[6]徐建华，程丽平，杨冬钧. 赞助过程视角下互联网对体育赞助的影响探析[J]. 现代经济，2010，9(8).

[7]张黎，林松，范亭亭. 影响被赞助活动和赞助品牌间形象转移的因素——基于蒙牛酸酸乳赞助超级女声的实证研究[J]. 管理世界，2007，7.

[8]Aaker, D. A., and Keller, K. L.. Consumer evaluations of brand extensions[J]. *Journal of Marketing*, 1990, 54(1).

[9]Arthur, D., Woods, T., and Scot, D.. Exploring the sport sponsorship buying centre: An Australian case study[A]. Paper presented at the Third International Sport Management Alliance Conference in conjunction with the Fifth Sport Management Association of Australia and New Zealand Conference, Sydney, Australia, 2000, 1.

[10]Batra, R., and Ray, M. L.. Situational effects of advertising: The moderating influence of motivation, Ability and opportunity to respond[J]. *Journal of Consumer Research*, 1986, 12(4).

[11]Belch, G. E., and Belch, M. A.. *Advertising and promotion: An integrated marketing communication perspective(8th ed)*[M]. Boston: McGraw-Hill/Irwin, 2009.

[12]Berkes, P., and Nyerges, M.. Business elements in sport: Factors affecting sport sponsorship decision-making process[A]. In the 12th European Association of Sport Management European Sport Management Congress Proceedings(CDRom PDF), Ghent, Belgium, 2004, 9.

[13]Berkes, P., Nyerges, M., and Váczi, J.. Macro-aspects affecting sport sponsorship: The case of Hungarian professional soccer clubs' sponsors[J]. *Society and Economy*, 2008, 29(3).

[14]Braithwaite, D.. The economic effects of advertisement[J]. *Economic Journal*, 1928, 38(149).

[15]Brown, T. J., and Peter A. Dacin. The company and the product: Corporate associations and consumer product responses[J]. *The Journal of Marketing*, 1997, 61(1).

[16]Cheng, P. S. T.. The successful sport sponsorship in the new millennium[A]. Paper presented at the Third International Sport Management Alliance Conference in conjunction with the Fifth Sport Management Association of Australia and New Zealand Conference, Sydney, Australia, 2000, 1.

[17]Collins, A. M., and Loftus, E. F.. A spreading activation theory of semantic processing[J]. *Psychological Review*, 1975, 82(6).

[18]Comanor, W. S., and Wilson, T. A.. *Advertising and market power*[M]. Cambridge, MA: Harvard University Press, 1974.

[19]Cornwell, T. B., and Maignan, I.. An international review of sponsorship research[J]. *Journal of Advertising*, 1998, 27(1).

[20]Cornwell, T. B.. Sponsorship-linked marketing development[J]. *Sport Marketing Quarterly*, 1995, 12(4).

[21]Cornwell, T. B., Michael, H. S., Angela, M. M., Weeks, C. S., and Cassandra, T. L.. Sponsorship-linked marketing: The role of articulation in memory[J]. *Journal of Consumer Research*, 2006, 33(3).

[22]Cornwell, T. B., Roy, D. P., and Steinard, E. A.. Exploring managers' perceptions of the impact of sponsorship on brand equity[J]. *Journal of Advertising*, 2001, 30(2).

[23]Crimmins, J., and Horn, M.. Sponsorship: From management ego trip to marketing success[J]. *Journal of Advertising Research*, 1996, 36(July/August).

[24] D'Astous, A. , and Bitz, P. . Consumer evaluations of sponsorship programmes[J]. *European Journal of Marketing*, 1995, 29(12).

[25] Dean, D. H. . Associating the corporation with a charitable event through sponsorship: Measuring the effects on corporate community relations[J]. *Journal of Advertising*, 2002, 31(4).

[26] Dixit, A. , and Stiglitz, J. . Monopolistic competition and optimum product diversity [J]. *American Economic Review*, 1977, 67(3).

[27] Farrelly, F. . A predictive model of sport sponsorship renewal in Australia [D]. Doctoral Dissertation, University of Adelaide, Adelaide, Australia, 2002.

[28] Farrelly, F. . Marketing practitioners lack the understanding necessary to effectively manage commercial sponsorship: An exploratory investigation[D]. Master's Thesis, Monash University, Melbourne, Australia, 1995.

[29] Ferrand, A. , and Pages, M. . Image management in sport organizations: The creation of value [J]. *European Journal of Marketing*, 1999, 33(3/4).

[30] Fiske, S. , and Taylor, S. E. . *Social cognition*[M]. Addison-Wesley: Reading, MA, 1991.

[31] Gareth, S. . Brand image transfer through sponsorship: A consumer learning perspective[J]. *Journal of Marketing Management*, 2004, 20(4).

[32] Grdovic, S. . An evaluation of corporate sponsorship[D]. Unpublished Honors Thesis, Monash University, Melbourne, Australia, 1992.

[33] Grohs, R. , Wagner, U. , and Vsetecka, S. . Assessing the effectiveness of sport sponsorships: An empirical examination[J]. *Schmalenbach Business Review*, 2004, 56.

[34] Gwinner, K. . A model of image creation and image transfer in event sponsorship [J]. *International Marketing Review*, 1997, 14(3).

[35] Hansen, F. , and Scotwin, L. . An experimental enquiry into sponsoring: What effects can be measured? [J]. *Marketing and Research Today*, 1995, 23(3).

[36] Harris, H. A. . *Greek athletes and athletics*[M]. London: Hutchinson, 1964.

[37] Hirons, M. . Sports sponsorship[D]. Master's Thesis, Monash University, Melbourne, Australia, 1990.

[38] Hoek, J. A. . Sponsorship: An evaluation of management assumptions and practices [J]. *Marketing Bulletin*, 1999, 10.

[39] Irwin, R. L. , and Sutton, W. A. . Sport sponsorship objectives: An analysis to their relative importance for major corporate sponsors[J]. *European Journal for Sport Management*, 1994, 1(2).

[40] Irwin, R. L. , Assimakopoulas, M. K. , and Sutton, W. A. . A model of screening sport sponsorship opportunities[J]. *Journal of Promotion Management*, 1994, 2(3/4).

[41] Joachimasthaler, E. , and Aaker, D. A. . Building brands without mass media [J]. *Harvard Business Review*, 1997, 75(1).

[42] Johar, G. V. , and Pham, M. . Relatedness, Prominence, and constructive sponsor identification [J]. *Journal of Marketing Research*, 1999, 36(3).

[43] Keller, K. L. . Conceptualizing, Measuring and managing customer based brand equity [J]. *Journal of Marketing*, 1993, 57(1).

[44] Kihlstromt, R. E. , and Riordan, M. H. . Advertising as a signal[J]. *Journal of Political Economy*, 1984, 92(3).

[45] Kirmani, A., and Akshay R. Rao. No pain, No gain: A critical review of the literature on signaling unobservable product quality[J]. *Journal of Marketing*, 2000, 64(2).

[46] Kleint, B., and Leffler, K. B.. The role of market forces in assuring contractual performance[J]. *Journal of Political Economy*, 1981, 89(4).

[47] Kostoff, R. N.. Database tomography: Multidisciplinary research thrusts from co-word analysis [A]. Proceedings: Portland International Conference on Management of Engineering and Technology, 1991.

[48] Kuzin, V., and Kutepov, M.. *Sport sponsorship*[M]. Moscow: Russian State Academy of Physical Culture Press, 1994.

[49] Kuzma, J.. An investigation of the role of events marketing in corporate strategy[D]. PhD Dissertation, Kent State University, Kent, OH, 1990.

[50] Lawson, M.. Struggling to put the runs on the board[J]. *Australian Financial Review*, 2002, 12.

[51] MacInnis, D. J., and Jaworski, B. J.. Information processing from advertisements: Toward an integrative framework[J]. *Journal of Marketing*, 1989, 53(4).

[52] Marshall, A.. *Industry and trade: A study of industrial technique and business organization, And of their influences on the conditions of various classes and nations*[M]. London: MacMillan and Co., 1919.

[53] Martin, J. H.. Is the athlete's sport important when picking an athlete to endorse a non-sport product? [J]. *Journal of Consumer Marketing*, 1996, 13(6).

[54] McDonald, C.. Sponsorship and the image of the sponsor[J]. *European Journal of Marketing*, 1991, 25(11).

[55] Meenaghan, T., and Shipley, D.. Media effect in commercial sponsorship [J]. *European Journal of Marketing*, 1999, 33(3/4).

[56] Meenaghan, T.. Commercial sponsorship[J]. *European Journal of Marketing*, 1983, 7(7).

[57] Meenaghan, T.. Examining commercial sponsorship[A]. Presentation to the Expert Group on Commercial Communications, 2002, 9.

[58] Meenaghan, T.. The role of sponsorship in the marketing communication mix[J]. *International Journal of Advertising*, 1991, 10(1).

[59] Meenaghan, T.. Understanding sponsorship effects[J]. *Psychology and Marketing*, 2001, 18(2).

[60] Milgrom, P., and Roberts, J.. Price and advertising signals of product quality[J]. *Journal of Political Economy*, 1986, 94(4).

[61] Nora J. Rifon, Sejung Marina Choi, Carrie S. Trimble, and Hairong Li. Congruence effects in sponsorship: The mediating role of sponsor credibility and consumer attributions of sponsor motive [J]. *Journal of Advertising*, 2004, 33(1).

[62] Otker, T., and Hayes, P.. Judging the efficiency of sponsorship: Experience from the 1986 Soccer World Cup[A]. Proceedings of the 40th ESOMAR Congress, Montreux, 1986.

[63] Parker, K.. The sponsorship: The research contribution[J]. *European Journal of Marketing*, 1991, 25(11).

[64] Percy, L., Rossiter, J., and Elliott, R.. *Strategic advertising management*[M]. New York: Oxford University Press, 2001.

[65] Pham, M. T.. Effects of involvement, Arousal, and pleasure on the recognition of sponsorship stimuli[J]. *Advances in Consumer Research*, 1992, 19(1).

[66] Quester, P. , and Thompson, B. . Advertising and promotion leverage on arts sponsorship effectiveness[J]. *Journal of Advertising Research*, 2001, 41(1).

[67] Quester, P. . Awareness and recall as measures of sponsorship effectiveness: A longitudinal study of the adelaide formula one grand prix[D]. Working Paper, University of Adelaide, Adelaide, Australia, 1995.

[68] Roche, M. . *Mega-events and modernity: Olympics and expos in the growth of global culture*[M]. London: Routledee, 2000.

[69] Rossiter, J. , and Percy, L. . *Advertising communications and promotions management*[M]. New York: McGraw-Hill, 1997.

[70] Rossiter, J. . Measuring the effects of sponsorship[J]. *Research News*, 1999, 16(5).

[71] S: COMM Research. Presentation material of the S: COMM research consultancy in sponsorship and sports research and media evaluation[R]. S: COMM Research(UK)Ltd. Copy in personal collection of authors. Chesham Buckinghamshire, UK, 2003.

[72] Sandler, D. M. , and Shani, D. . Sponsorship and the Olympic games: The consumer perspective[J]. *Sport Marketing Quarterly*, 1993, 2(3).

[73] Shilbury, D. , Quick, S. , and Westerbeek, H. . *Strategic sport marketing (2nd ed)*[M]. Sydney, Australia: Allen and Urwin, 2003.

[74] Smith, G. . Brand image transfer through sponsorship: A consumer learning perspective[J]. *Journal of Marketing Management*, 2004, 20(3-4).

[75] Smolianov, P. , and Shilbury, D. . Examining integrated advertising and sponsorship in corporate marketing through televised sport[J]. *Sport Marketing Quarterly*, 2005, 14(4).

[76] Smolianov, P. . An investigation of sport marketing contingency competencies[D]. Master's Thesis, Brigham Young University, Provo, UT, 1994.

[77] Speed, R. , and Thompson , P. . Cessation of sponsorship and exit strategies[A]. Proceedings of the 28th EMAC Conference, Humboldt University, Berlin, 1999.

[78] Speed, R. , and Thompson, P. . Determinants of sports sponsorship response[J]. *Journal of the Academy of Marketing Science*, 2000, 28(2).

[79] Spence, M. . Product selection, Fixed costs and monopolistic competition[J]. *Review of Economic Studies*, 1976, 43(2).

[80] Sponsorship Research International(SRI). *Worldwide sponsorship market values*[M]. London: SR, 1998.

[81] Sylvestre, C. M. , and Moutinho, L. . Leveraging associations: The promotion of cultural sponsorships[J]. *Journal of Promotion Management*, 2008, 13(3/4).

[82] Thwaites, D. , and Carruthers, A. . Practical applications of sponsorship theory: Empirical evidence from English club rugby[J]. *Journal of Sport Management*, 1998, 12(3).

[83] Walliser, B. . An international review of sponsorship research: Extension and update[J]. *International Journal of Advertising*, 2003, 22(1).

[84] Wettler, M. , and Rapp, R. . Computation of word associations based on the co-occurrences of words in large corpora[D]. Working Paper, http: //acl. ldc. upenn. edu/W/W93/W93-0310. pdf.

[85] Wolinsky, A. . Retail trade concentration due to consumers' imperfect information[J]. *Bell Journal of Economics*, 1983, 14(1).

[86] Wyer, R. S. , and Srull, T. K. . Person memory and judgment[J]. *Psychological Review*, 1989, 96(1).

Analysis of EXPO Sponsorship Behavior Research Based on Audience Perception from Blog Text

Yang Yong[1] Xu Xin[2]

(1, 2 Business School of East China Normal University Shanghai 200241)

Abstract: In the paper, we analyze generalized characteristics of these enterprises which provide sponsorship to 2010 Shanghai EXPO. And then, we use the data collected from blog spaces of Sina, Netease and Baidu etc. , based on the perception of EXPO audience, to analyze the behavior of EXPO-sponsored enterprises. In this analysis, we use social network theory, through co-occurrence analysis, give a good describe of the interaction and mechanism between different enterprises in their procession to transfer firm's product or brand massage from the angle of audience. Our analysis can contribute to distinguish some problems which can confuse the evaluation of EXPO performance, and provide some new ideas to analyze the performance of EXPO sponsorship.

Key words: 2010 Shanghai EXPO; Sponsorship behavior; Word of mouth; Social network analysis; Co-occurrence

现代公司代理冲突对企业 R&D 投资的影响研究述评

● 彭中文[1,2]　李　力[1]　熊炬成[2]

（1 哈尔滨工业大学深圳研究生院　深圳　518055；2 湘潭大学商学院　湘潭　411105）

【摘　要】本文通过对公司股东与经营者之间、控股股东与中小股东之间、股东与债权人之间的代理冲突对企业 R&D 投资的影响的近期文献进行梳理和总结，指出可以通过适当调整高管任期、合理安排股权结构和理性选择债务融资方式等措施，解决企业 R&D 投资普遍偏少的问题，从而提高公司价值；针对该领域现有研究存在的局限性，提出进一步研究的方向。

【关键词】R&D 投资　委托—代理　冲突　治理机制

1. 引言

关于现代公司委托—代理理论的研究最早可追溯到 Berle 和 Means 的著作《现代公司和私有财产》，他们首次提出"所有权与控制权相分离"的论点，指出它使得所有者分散其风险与收益，经营者从事专业化的经营与管理活动，然而当所有者与经营者的目标相冲突时就会产生现代公司的委托—代理问题。自 1937 年 Coase 的一系列公司契约命题提出以来，国内外学者对现代公司的委托—代理问题进行了大量的研究。结合 R&D 投资周期长、风险高和产出不确定性的特点，Jensen 和 Mecking 指出由于"逆向选择"和"道德风险"问题，经营管理者未必以公司的长远发展为目标，不愿意做出类似于 R&D 的高风险的投资决策，从而对公司研发投资产生不利的影响。[①] 从委托—代理理论看来，现代公司解决代理冲突的关键在建立有效的激励机制和监管机制，以促进和规范代理人有利于公司的行为，从而降低代理成本，提高公司价值。现有大量文献对现代公司代理冲突如何影响 R&D 投资进行了一系列分析，对其产生的原因、后果进行规范和实证研究，但得出的结论不一致，解决问题的对策较分散且不明确。本文将从债权人、控股股东、中小股东、经营者四个行为主体之间的代理冲突如何影响 R&D 投资进行归纳总结，为进一步的研究做准备。

2. 公司股东与经营者之间的代理冲突如何影响 R&D 投资

一般来讲，R&D 投资是一项投资期长、风险高的投资，如果投资失败，对公司短期经营业绩就会有

---

① Michael C. Jensen, and William H. Meckling. Theory of the firm: Managerial behavior, Agency costs and ownership structure[J]. *Journal of Financial Economics*, 1976, 3(4): 305-360.

负面影响，公司经营者就可能面临被董事会解聘的危险。在经营权和所有权相分离的现代公司中，管理者被认为是短视的，他们更多的是从自身利益而不是公司长远利益出发，不愿意投资于长期的、高风险的 R&D 投资项目，其某些个人特征（任期、年龄、风险偏好）和激励措施更加剧了这一倾向。

2.1 高管任期和年龄如何影响公司的 R&D 投资

经营者由于受任期或年龄的限制，他们与公司股东对收益获取期望的认识不同。公司股东关心的是未来较长时间内投资给公司带来的现金流增加，但从经营者的角度考虑时，完全可能出现投资的成本由现任管理层承担，而收益则由继任管理层享用的局面，从而导致了理性经营者的短视问题，即经营者只关心其任期内项目投资带来的现金流增加，而忽视了公司的长远利益。Allen、Hambrick 和 Fukutomi，Dechow 和 Sloan，Barker 和 Muller，Bushee，刘运国和刘雯，文芳等学者的研究表明，高管任期与研发投资呈"N"形关系，当 CEO 的任期过短时，他们出于对自己报酬的考虑而追求短期效益，将不会制定长期的 R&D 投资战略，此时延长 CEO 的任期有利于公司的 R&D 投资；当 CEO 的任期过长时，他们对工作可能失去新鲜感，并且处于一种固定的创新思维模式中，此时不利于公司的 R&D 投资；当 CEO 接近离任期时，出于个人声誉的考虑，他们常采取规避风险的 R&D 投资态度。与此同时，由于 R&D 支出对当期收益有负面影响，且投资期较长，年长的 CEO 对待风险的态度比较保守；由于体力和精力的限制，高管年龄与 R&D 投资之间存在较强的反向关系。由上述分析我们可以看出，频繁更换高管与长期不更换高管都会对企业的长期稳定发展不利，都会不利于企业 R&D 的投入。

2.2 高管风险偏好如何影响公司的 R&D 投资

当公司陷入财务困境或破产时，职业经理人的声誉和市场价值将会受到极大影响，而经理人的财富和职业前途很大程度上取决于公司的成败，因此职业经理人被视为风险规避者，经理人比股东更厌恶风险。Tosi 等认为是否进行风险性的创新是经理人最基本的投资决策之一，由于经理人的报酬通常是工资、奖金等短期激励，这就促使他们更多地关注能增加短期收益的工作，从而造成公司为规避风险而舍弃创新投资可能带来的长期高收益的现象。[1] Jensen 和 Murphy 通过对美国 CEO 的报酬与公司价值的敏感度进行实证研究，指出公司业绩的提高与经理人得到的好处不成正比，并且当公司业绩大幅下跌时，经理人承担的责任和损失很重，因此经理人常选择那些现金流增加幅度和风险都较小的项目，以保持自己的业绩，但对股东财富的迅速增加却大为不利。[2] Holmstrom 的研究表明，经理人风险规避的态度使得他们更愿意在多个行业或部门之间进行多元化投资，以减少在单个行业投资时所面临的风险，保证公司现金流的持续与稳定，当经理人把本可以用于公司主业拓展、主业相关产品 R&D 的投资资金用于多元化投资时，就会对公司的 R&D 投资有较大的负面影响。[3] Hitt 等的研究指出，公司的 R&D 活动具有很高的不确定性，风险厌恶型的经理人不愿意进行 R&D 投资，当经理人对公司 R&D 活动相关的风险战略决策采取规避的态度时，公司股东就可能对公司 R&D 活动的方向和范围有正面的影响。[4] 刘振和宋献中通过对中国上

① Henry L. Tosi, Steve Werner, Jeffrey P. Katz, and Luis R. Gomez-Mejia. How much does performance matter? A meta-analysis of ceo pay studies[J]. *Journal of Management*, 2000, 26(2): 301-339.

② Jensen, and Murphy. Compensation and incentives: Practice vs. theory[J]. *Journal of Finance*, 1988, 43(3): 593-616.

③ Bengt Holmstrom. Agency costs and innovation[J]. *Journal of Economic Behavior & Organization*, 1989, 12(3): 305-327.

④ Hitt, M. A., Hoskisson, R. E., and Kim, H.. International diversification: Effects on innovation and firm performance in product-diversified firms[J]. *Academy of Management Journal*, 1997, 40(4): 767-798.

市高技术企业进行实证研究得出，CEO 在进行投资选择时，出于对风险的规避，更加偏好规模投资，尽量回避或降低对 R&D 的投资，其结果可能导致公司 R&D 投资不足，公司核心竞争力下降，最终影响和损害股东利益。① 如何结合相关财务理论对 R&D 投资风险进行度量，规范经营者的投资决策，减轻股东与经营者的代理冲突，加大对 R&D 的投入并且不断提高企业的创新绩效，仍需要进一步研究、探讨。

2.3 高管持股如何影响公司的 R&D 投资

理性的高管人员在做出 R&D 投资的决策时，必然权衡该决策可以给自己带来的收益和相应的机会成本。如果经营者不拥有公司剩余价值的最终索取权，R&D 投资带来的收益归股东所有，就会影响经营者从事 R&D 投资的积极性，因此有必要给予管理者一定的股权激励，以克服其规避自身风险的短视行为。Jensen 和 Mecking 的研究指出公司高管人员的持股份额多少与其愿意承担责任的大小呈正相关关系，管理层持股比例越高，他们的利益与公司的价值关系越紧密，其工作越努力，从而为包括管理层在内的股东们带来的价值也越大。Coles 等指出对管理层股权的薪酬激励可以抑制企业的委托—代理矛盾和 CEO 的风险规避性，鼓励他们从事更多的风险性项目。Wu 和 Tu 从行为代理观的角度研究指出，当公司业绩较好或者存在较多的富余资源时，CEO 的股票期权对公司 R&D 支出具有积极的影响作用。他们的后续研究通过实证指出公司的业绩好坏或者闲置资源的多少与 CEO 的股权激励显著正相关。Zahra 等、刘运国和刘雯通过实证检验了高管持股对缓解 R&D 投资中的代理问题是有效的，高管的股权激励有利于增加公司的 R&D 投资支出。与此同时，Harley 和 Roy 的实证结果说明股票期权激励会正面影响公司的 R&D 支出，而纯粹的股票激励则会对公司的 R&D 支出产生负面影响。刘伟和刘星以 2002—2004 年期间 A 股 495 家上市公司为样本，证明了高管持股与企业的 R&D 支出仅在高科技类上市公司有显著的正相关关系。冉茂盛等建立高新企业股权激励和 R&D 支出的委托—代理模型，求解得出最优的 R&D 支出额和股权激励比例组合。总之，管理层持股对企业的 R&D 投资有重要影响，合理安排股东与管理层之间的股权配置是保证企业有效进行 R&D 投资、提升企业技术创新能力的必要手段。

3. 控股股东与中小股东之间的代理冲突如何影响 R&D 投资

Jensen 和 Meckling 在解释股权结构如何影响公司价值的过程中发现，股权结构影响公司价值是通过其对投资的影响来实现的，股权结构对公司价值的影响是间接的，而对投资的影响是直接的，存在一个股权结构→投资→公司价值的路线关系。Grossman 和 Hart 指出，如果公司中存在持股比例较高的大股东，那么就会产生控制权收益，大股东常常将上市公司的资源从小股东手中转移到自己控制的企业中去，这种情况被称为"隧道效应"。② 由此可以看出，控股股东与中小股东之间的代理冲突对公司的 R&D 投入和公司价值都会产生很大的影响。

3.1 股权集中度、股权制衡如何影响公司的 R&D 投资

股权集中度和股权制衡是指股东因持股数量的多少所表现出来的股权集中还是分散的程度，以及由此产生的权利约束和制衡机制。股权集中可以加强对经营者的监督，降低股东与经营者之间的代理成本，

---

① 刘振，宋献中. CEO 激励与投资偏好分析——基于中国上市高技术企业的数据［J］. 科技进步与对策，2010，1：88-91.

② Sanford J. Grossman, and Oliver D. Hart. One share-one vote and the market for corporate control［J］. *Journal of Financial Economics*，1988，20（5）：175-202.

但同时控股股东可以利用控制权做出对自己有利的决策，加重了控股股东与中小股东之间的代理冲突。现有大量文献从委托—代理的角度探讨公司的 R&D 投资行为，研究股权集中对公司 R&D 投资决策的影响，以及控股股东是否会利用公司的 R&D 投资决策对中小股东的权益进行侵占。由于数据的收集和计量方法的选择不同，国内外众多实证研究并没有得出一致的结论，股权结构对企业 R&D 投资的影响是不确定的。

Dechow 和 Sloan 指出在股权分散的公司中，缺乏监督的经理人从自身的利益出发，倾向于削减 R&D 投资支出，以达到短期盈余的目标。Baysinger 等认为，股权集中度与企业的 R&D 投资成反向关系。① 然而，Hosono 等对日本制造业的实证研究指出，股权集中度对企业的 R&D 投资有正向促进作用，大股东的持股比例对企业的技术创新有正面影响。② Lee 和 O'Neill 比较分析了日本和美国的股权结构对 R&D 投资行为的影响后发现，日本公司的股权集中对 R&D 投入是负的影响，美国公司的股权集中对 R&D 投入有正的影响。在我国，杨建君和盛锁在考虑股东作为投资者的风险规避心理因素后，认为股权越集中，企业技术创新的投入越少，股权集中度与控制权私人收益有正相关关系，从投资者对风险和收益的比较出发，控制权私人收益与技术创新投入呈正相关关系。文芳从代理理论出发进行实证研究得出，控股股东持股比例与公司研发投资强度之间呈"N"形关系，而股权制衡对公司 R&D 投资强度的影响因控股股东性质不同和股权集中度不同而不同。白艺昕等通过实证研究得出，在堑壕效应与利益趋同效应的交替作用下，第一大股东持股比例与 R&D 投资强度存在着先下降后上升的二次非线性关系，股权制衡对于加强 R&D 投资的积极作用并不显著。

综上所述，我们认为股权集中度和股权制衡对企业 R&D 投资的影响与企业所处的实际环境和公司制度密切相关，需要对不同行业、不同层面的企业做更进一步的细分研究，从而提出更实用、更具体的政策和建议。

3.2 股权性质如何影响公司的 R&D 投资

股东因对公司出资而获得股权，控股股东的持股数量相对来说占有较大比例，公司的股权性质随控股主体的性质不同而不同，通常我们从国有企业和民营企业入手对公司的 R&D 投入进行研究，相对于私人所有的企业而言，由于需要解决社会收益与企业自身成本的差异问题，国有企业存在着较为复杂的委托代理关系，国有企业中大股东与中小股东之间的代理冲突更为严重，而且会进一步带来股东与经营者之间的代理冲突。Shleifer 和 Vishny 认为，国有企业实际上为官员所控制，他们拥有很大的控制权却没有相应的分红权，官员企业家更关注他们的政治目标和经济利益。通常国有企业的经理不太热衷于高风险且投资周期长的 R&D 项目，因为这样做的成本远远高于相对谨慎地提高国有企业竞争力和绩效所带来的政治回报。民营企业的经理没有这样的政治考虑，所以他们更多地关注企业长期竞争力和利润最大化，有利于企业的 R&D 投入。由此可以看出私有企业比国有企业有更多的 R&D 投资动力，且私有企业比国有企业的 R&D 效果更好。

国外主要研究涉及更多的是个人持股和机构持股两个方面对企业 R&D 投入的影响，大股东的机构股东类型与公司 R&D 投资存在相关性。Wahal 和 McConnel 等发现大股东的机构股东类型与公司研发支出正相关。Berrone 等则认为机构股东对公司研发的影响具有状态依存性。Bushee 的研究指出银行所有权对公司的 R&D 投资强度有负面影响，非金融公司所有权对公司的 R&D 投资强度有正面影响，个人所有权的影

① Barry D. Baysinger, Rita D. Kosnik, and Thomas A. Turk. Effects of board and ownership structure on corporate R&D strategy[J]. *The Academy of Management Journal*, 2001, 34(1): 205-214.

② Kaoru Hosono, Masayo Tomiyama, and Tsutomu Miyagawa. Corporate governance and research and development: Evidence from Japan [J]. *Economics of Innovation and New Technology*, 2004, 13(2): 141-164.

响是不明确的，而大股东的数量对公司 R&D 投资强度的影响是负面的。Lotta 通过实证研究发现研发投入的强度与管理者股份是"U"形关系，与员工股份是倒"U"形关系，而与风险资本股份是正相关。

国内学者关于股权性质对公司 R&D 投资影响的研究主要有，夏冬研究了企业所有权结构对企业创新效率的影响，发现增加经营者的企业所有权或减少政府的企业所有权，将有助于改善企业的创新效率。周黎安和罗凯使用我国省级水平的面板数据发现，企业规模对创新的正向关系主要来源于非国有企业，而不是国有企业。文芳指出，上市公司 R&D 投资强度的激励效应由强到弱的股权性质依次为：私有产权控股、中央直属国有公司控股、地方所属国有公司控股、国有资产管理机构控股。由于国有控股上市公司的 R&D 强度与政府的 R&D 投入和政策紧密相关，近年来随着我国对企业技术创新投入的不断加大，国有企业也从中受益。李春涛和宋敏通过对中国 18 个城市 1483 家制造企业的调查数据进行实证研究指出，无论从投入还是产出看，国有企业都更具有创新性，CEO 的薪酬激励能促进企业进行创新，但国有产权降低了激励对创新的促进作用。

4. 股东与债权人之间的代理冲突如何影响 R&D 投资

Fama 和 Mille 认为，通常股东与债权人对风险的偏好是不一样的，由于债权人借出资金后，收获的将是债务合约中既定的收益，不能分享投资风险所带来的剩余收益，从而股东有可能将更高的风险转嫁给债权人。相对来说，债权人偏好收益不确定性较小的项目，而股东偏好收益不确定性较大的项目。在投资项目的选择上，股东与债权人的利益产生了冲突。Myers 进一步提出了股东与债权人的冲突对投资决策的两大影响：资产替代与投资不足。股东倾向于将高风险、高回报的投资项目替代当初承诺债权人的具有稳定收益的项目，为了防止股东这种逆向选择的行为，理性的债权人可以在合约中限制公司资金的用途，提高债务利率，从而引发投资不足的问题。①

股东与债权人之间的代理冲突对企业投资行为的影响受到不少学者的关注，并且从委托—代理及信息不对称等多个方面对其进行深入研究。Parrino 和 Weisbach 运用模拟方法验证股东与债权人的利益冲突随企业负债水平的上升而加剧，期限越长的负债，股东与债权人的冲突越严重，代理成本越高。② Hall 认为创新投资过程中会产生大量的人力资本、专利权等无形资产，而银行、基金机构等债权人面对 R&D 投资项目与实物投资项目的抉择时，他们更倾向于后者，从而使得高 R&D 投入的公司难以获取负债融资。童盼和陆正飞的实证研究结果表明，负债比例越高的企业，投资规模越小，且两者之间的相关程度受新增投资项目风险与投资新项目前企业风险大小关系的影响；低项目风险企业比高项目风险企业，投资额随负债比例上升而下降得更快。③ 江伟和沈艺峰从负债代理成本的角度，实证分析了我国上市公司大股东利用资产替代侵害债权人的行为，结果表明，上市公司大股东进行资产替代的行为与其持股比例之间呈倒"N"形关系，公司投资机会的增加会对大股东的资产替代行为产生影响。文芳从企业微观层面出发，进行实证研究指出负债融资与公司 R&D 投资强度显著负相关；不同负债融资来源对公司 R&D 投资强度的影响不同，相对于银行借款而言，商业信用更难以为高风险的 R&D 投资提供资金来源；上市公司实际控制人的类型不同，负债融资对其 R&D 投资强度的影响也不同，与国有产权控股的上市公司相比，私有产权控股的上市公司中，负债对 R&D 投资的约束力更强。

---

① Stewart C. Myers. Determinants of corporate borrowing[J]. *Journal of Financial Economics*, 1977, 5(2): 147-175.

② Robert Parrino, and Michael Sang Weisbach. Measuring investment distortions arising stockholder-bondholder conflicts[J]. *Journal of Financial Economics*, 1999, 53(1): 3-42.

③ 童盼，陆正飞. 负债融资、负债来源与企业投资行为——来自中国上市公司的经验证据[J]. 经济研究，2005，5：75-84.

由上述可知，目前研究主要集中于股东与债权人的代理冲突对公司投资的影响，而股东与债权人之间的代理冲突对公司 R&D 投资影响的进一步研究还比较少。结合中国企业自身的特点和 R&D 投资的特性，在中国企业偏好于股权融资的背景下，国内外学者关于股东与债权人的代理冲突对公司投资影响的研究成果对 R&D 投资是否适用，以及由此而产生的 R&D 投资中的债务融资约束问题，需要进一步探讨和论证。

5. 研究展望

综上所述，通过对三种代理冲突如何影响企业 R&D 投资的研究进行回顾，我们认为我国企业应建立经理人激励机制和决策权约束机制，从而既发挥两权分离的专业化优势，又最大限度地减少两权分离所可能产生的代理成本，实现所有者与经理层"激励目标相容"，最终达到公司价值的最大化。因此，探究如何建立合理的经理层遴选和激励机制，选聘胜任的经理人并确保其努力工作，对我国企业的 R&D 投入有着重要的政策意义。

然而，现有的研究更多的是考察我国上市公司控股股东与中小股东之间的代理冲突对 R&D 投入的影响，企业研发支出究竟是增加未来收益的有效投资，还是在更大程度上沦为内部人进行盈余管理的手段，有待进一步的研究。从负债融资及负债来源对企业投资行为的影响来看，我国上市公司的股东与债权人之间的代理冲突所带来的 R&D 投资后果，债权人性质、融资主体规模以及研发项目风险的综合研究还较少得到关注。

与发达国家相比，我国企业的 R&D 投资强度和研发水平普遍偏低，同时我国对上市公司没有强制要求披露研发费用。R&D 投资是企业整体战略的有机组成部分，是企业外部环境与内部机制共同作用的结果。在实证研究中应关注如何采用更有效的研究方法来克服样本中的数据偏差，并且结合宏观因素对债权人、股东、经营者等主体决策行为的影响；从行业、企业的微观层面深化对该问题的研究，并且从委托代理的角度，构建外部环境、内部治理机制与 R&D 投资关系的分析框架，针对公司不同的发展阶段建立企业 R&D 投资与公司价值增长的治理机制，从而有效提升企业的核心竞争力。

（作者电子邮箱：zwpeng126@163.com）

参考文献

[1] 白艺昕，刘星，安灵. 所有权结构对 R&D 投资决策的影响 [J]. 统计与决策，2008，5.

[2] 江伟，沈艺峰. 大股东控制、资产替代与债权人保护 [J]. 财经研究，2005，12.

[3] 刘运国，刘雯. 我国上市公司的高管任期与 R&D 支出 [J]. 管理世界，2007，1.

[4] 刘伟，刘星. 高管持股对企业 R&D 支出的影响研究 [J]. 科学学与科学技术管理，2007，10.

[5] 李春涛，宋敏. 中国制造业企业的创新活动：所有制和 CEO 激励的作用 [J]. 经济研究，2010，5.

[6] 冉茂盛，刘先福，黄凌云. 高新企业股权激励与 R&D 支出的契约模型研究 [J]. 软科学，2008，11.

[7] 文芳. 上市公司高管团队特征与 R&D 投资研究 [J]. 山西财经大学学报，2008，8.

[8] 文芳. 股权集中度、股权制衡与公司 R&D 投资 [J]. 南方经济，2008，4.

[9] 文芳. 产权性质、债务来源与企业 R&D 投资——来自中国上市公司的经验证据 [J]. 财经论丛，2010，3.

[10] 夏冬. 所有权结构与企业创新效率 [J]. 南开管理评论，2003，3.

[11] 杨建君，盛锁. 股权结构对企业技术创新投入影响的实证研究 [J]. 科学学研究，2007，4.

[12]周黎安，罗凯. 企业规模与创新：来自中国省级水平的经验证据[J]. 经济学（季刊），2005，3.

[13]Allen, M. P.. Managerial power and tenure in the large corporation[J]. *Social Forces*, 1981, 60(2).

[14]Andrei Shleifer, and Robert W. Vishny. A survey of corporate governance[J]. *Journal of Finance*, 1997, 52(2).

[15]Berle, and Means. *The modern corporation and private property*[M]. New York: Commerce Clearing House, 1932.

[16]Brian J. Bushee. The influence of institutional investors on myopic R&D investment behavior[J]. *The Accounting Review*, 1998, 73(3).

[17]Barker, V., and Mueller, G.. CEO characteristics and firm R&D spending[J]. *Management Science*, 2002, 48.

[18]Fama F. Eugene, and Merton H. Miler. *The theory of finance*[M]. New York: Holt, Rinehart and Winston, 1972.

[19]Hambrick, D. C., and Fukutomi, G. D.. The seasons of a CEO's tenure[J]. *Academic Management*, 1991, 16(4).

[20]Hall, B.. The financing of research and development[D]. *NBER Working Paper*, 2002.

[21]Harley E. Ryan, Jr, and Roy A. Wiggins, III. Who is in whose pocket? Director compensation, Board independence, and barriers to effective monitoring[J]. *Journal of Financial Economics*, 2007, 73(3).

[22]Jeffrey L. Colesa, Naveen D. Daniel, and Lalitha Naveen. Managerial incentives and risk-taking[J]. *Journal of Financial Economics*, 2006, 79(2).

[23]Josep A. Tribo, Pascual Berrone, and Jordi Surroca. Do the type and number of blockholders influence R&D investments? New evidence from Spain[J]. *Corporate Governance: An International Review*, 2007, 15(5).

[24]Jianfeng Wu, and Rungting Tu. CEO stock option pay and R&D spending: A behavioral agency explanation[J]. *Journal of Business Research*, 2007, 60(5).

[25]Lotta Vaananen. Agency costs and R&D: Evidence from finnish SMEs[R]. *Keskusteluaiheita-Discussion Papers*, 2003, No. 859.

[26]Patricia M. Dechow, and Richard G. Sloan. Executive in horizon problem: An empirical investigation[J]. *Journal of Accounting and Economics*, 1991, 14(1).

[27]Zahra, S. A., Ireland, R. D., and Hitt, M. A.. International expansion by new venture firms: International diversity, Mode of market entry, Technological learning, and performance[J]. *The Academy of Management Journal*, 2000, 43(5).

[28]Sunil Wahal, and John J. McConnell. Do institutional investors exacerbate managerial myopia? [J]. *Journal of Corporate Finance*, 2000, 6(3).

Review of Research on the Effects of Modern Companies' Agency Conflict on their R&D Investment

Peng Zhongwen[1,2] Li Li[1] Xiong Jucheng[2]

(1. Shenzhen Graduate School of Harbin Institute of Technology Shenzhen 518055;

2. Business School of Xiangtan University Xiangtan 411105)

Abstract: Based on the reviewing and analyzing the recent documents about the effects of modern company's agency conflicts between the company shareholders and the managers, the controlling shareholders and small-medium shareholders, the shareholders and creditors on the enterprise's R&D investment, this paper pointed out that the companies can solve the problem of their low R&D investment and improve their value by adjusting the super-executives' tenure of office, making reasonable arrangement for the ownership structure and choosing the rational financing way. Then the authors pointed out the further research direction according to the limitations of the present research in this field.

Key words: R&D investment; Principal-agent; Conflict; Governance mechanism

基于私人秩序的搜索引擎企业
道德风险治理研究

● 殷 红

（华东师范大学商学院　上海　200241）

【摘　要】近年来搜索引擎企业因关键词广告不断暴露出诚信问题，严重损害了这一新型媒介的公信力，如何提高该行业的诚信水平成为管理层急需解决的重要问题。然而，在相关法律和网络技术还不完善的情况下，监管等公共秩序很难发挥作用，通过私人秩序引导和加强企业的自我约束往往更有效率。本文通过模型论证了私人秩序在防范搜索引擎企业道德风险中的作用，并提出了基于私人秩序的搜索引擎道德风险治理机制，最后为更好地发挥私人秩序的作用提供了合理的建议。

【关键词】搜索引擎　竞价排名　诚信缺失　私人秩序

1. 前言

百度、Google、Yahoo 等知名搜索网站以及一些门户网站都不同程度地开展了竞价排名①的网络推广服务，目前这种营销手段已成为网络媒体的支柱性赢利模式之一，其中百度来自竞价排名的广告收入早已超过其总营业收入的 98%。② 然而，竞价排名在给搜索引擎企业带来巨大商业利润的同时也将它们推向了舆论的风口浪尖。2008 年 11 月央视新闻曝光的百度竞价排名黑幕事件，引发了公众对竞价排名模式和"搜索霸权"的广泛争论。事实上，搜索引擎因竞价排名引发的官司从来都没有断过，商标侵权、勒索营销、虚假广告、恶意屏蔽等侵犯公众权益的事件频频发生。竞价排名不断暴露出的诚信问题严重损害了搜索引擎这一新型媒介的公信力，要求管理层对该行业进行规范和治理的呼声越来越高。如何提高搜索引擎企业的诚信水平，重塑公信力以获得长远发展，成为管理层急需解决的重要课题。

已有的研究多是主张从立法监管方面对搜索引擎企业进行约束，然而仅依赖公共秩序不仅治理成本高，而且由于现存法律基础的薄弱、社会制度的不健全以及技术手段的落后而无法达到预期效果，反而，引导和加强搜索引擎服务商的自律在短期来看更有效。本文认为，对于互联网搜索行业，私人秩序在一定程度上能起到补充甚至替代公共秩序的作用，并提出了基于私人秩序的搜索引擎企业道德风险治理机制。

---

① 竞价排名又称关键词广告（keyword advertisement）、付费搜索拍卖（sponsored search auction）等。

② 佚名. 面包还是鸦片？百度竞价排名仍在大行其道［EB/OL］. http：//news. dayoo. com/china/20081127/53868_
4775598. htm.

2. 文献综述

国内外学者对搜索引擎企业的研究热点主要集中于其开展的竞价排名服务方面，然而国内外学者研究的视角各不相同。

国外对竞价排名的研究多集中于它所采用的拍卖机制方面①，如 Varian（2006），Edelman、Ostrovsky 和 Schwarz（2006）等通过建立广告主之间的竞价博弈模型，对搜索引擎企业在各种拍卖机制下所获得的收益进行了比较。Roughgarden（2007）、Feldman（2007）等注意到点击率受排名和广告主链接特征的双重影响，用竞价乘以点击率得到的"收益"排名代替单纯的竞价排名，研究了拍卖机制对拍卖效率和拍卖收益的影响。另一些学者则采用网络营销的视角，把竞价排名看做黑箱过程，着重于研究如何利用排名结果提升营销效果，如 Asdemir（2006）、Bu（2007）等研究了各种竞价排名机制下广告主如何进行策略性报价以最大化自己的营销收入。

然而，对于搜索引擎企业的道德风险的研究在国外文献中较为少见，这是因为，国外搜索引擎网站的竞价排名服务引发的纠纷和官司明显少于国内。这除了排名机制方面的差异外，还与国外的法律和制度基础有关，像美国等一些国家都是将互联网广告同其他广告一样纳入广告法的范畴进行管制。不仅如此，一些发达国家还建立了完善的社会信用体系，政府通过立法和监管将信用体系纳入了法律范畴，信用局通过了解企业行为记录的最新信息对企业信用进行评估，这使得营销企业在网上的广告行为与网下交易形成了一个关联博弈（linkage game），网上的不良记录会影响其在网下的声誉，这大大降低了广告主利用网络广告推销劣质商品的诱惑。另外，像韩国等一些国家推行的是网络实名制，通过网络的实名管理来规范网络交易行为。因此，国外为网络搜索媒介的广告商业行为提供了很好的制度基础，有效地制约了搜索引擎运营商和广告主欺诈行为的发生。

近年来，搜索引擎的竞价排名问题引起了越来越多的国内学者的关注，主要集中于对竞价排名所涉及法律问题的认定方面，这方面还存在广泛争议。李明伟（2009）、郑建滨（2010）等通过分析竞价排名的运作模式，对竞价排名的广告违法、商标侵权以及垄断行为进行了法律上的认定，主张对竞价排名加强立法和监管；而邓宏光（2008）、李剑（2009）等则依据广告法、反垄断法等的相关规定，论证了竞价排名服务不具有法律意义上的广告属性，难以构成商标侵权行为。另一部分学者则在现有的法律框架下对监管提出了建议，唐济民（2009）等具体明确了竞价排名应负有的广告审查义务，以及不履行相关义务应承担的法律责任，并提出了相应的广告监管措施。

综上可知，迄今为止，虽然业界普遍呼吁要将竞价排名纳入广告法的调整范围，但我国官方仍未明确竞价排名的广告性质以及相应的管理机关和适用法律，因此，对竞价排名可能涉及的违法问题还无法运用相关的法律来解决。除此之外，将互联网信息服务的多头管理、分散执法的监管模式运用于对搜索引擎的监管，其效率和力度都无法得到保证；由于竞价排名的"黑箱"操作，对搜索引擎的监管需要配备相应的硬件设施，然而我国的网络监控系统还十分落后。正是监管法律、监管模式和监管技术等方面的缺陷，直接导致了当前对搜索引擎监管的缺位，而这些方面在短期内难以得到改善。因此，我们在呼吁政府加强立法监管的同时，也要寻求公共秩序之外的其他网络治理机制——私人秩序，通过私人秩序的作用来加强搜索引擎企业的自我约束，这将更为有效地解决网络搜索行业的诚信问题。

---

① 竞价排名实质上是一种关键词广告位拍卖，从历史来看，其拍卖机制大致分为两个阶段：广义第一价格拍卖（GFP）和广义第二价格拍卖（GSP）。前者一直是百度固守的拍卖机制，而后者是 Google 惯用的。

3. 搜索引擎企业的道德风险

竞价排名作为一种拍卖机制被用来配置网络广告位资源本身是合理的，之所以会引发如此多的侵害公众权益的事件，主要原因在于竞价排名模式涉及较多的利益主体和较高程度的信息不对称，容易诱发搜索引擎企业的道德风险。一方面，作为网络媒介的搜索引擎和广大信息用户之间构成了一种委托代理关系；另一方面，它又与众多的广告主构成了一种拍卖博弈关系。在这种关系模式下，搜索引擎企业兼具代理人和拍卖人的双重身份，在利益最大化的驱使下容易利用自己的优势地位，和不法广告主相互勾结（显性的或隐性的），共同侵犯信息用户或其他广告主的利益。搜索引擎的道德风险可分为显性和隐性两种。

显性道德风险是指搜索引擎利用自己的信息优势主动做出的一些有损其他利益主体的行为，其表现形式有三种：恶意屏蔽、勒索营销和恶意点击。恶意屏蔽是指搜索引擎主动与不法广告主合谋，放纵他们的欺诈行为，从中收取贿赂，并将欺诈导致的不良后果归咎为网络搜索的不确定性，比如三鹿集团负面消息的恶意屏蔽事件。勒索营销则是搜索引擎以屏蔽信息为要挟向广告主索取利益的行为，勒索营销有时也与竞价排名的拍卖机制有关，由于在现有的拍卖机制下，广告主之间的竞价博弈不存在纯策略均衡，他们之间的激烈竞争易造成支付价格的极度不稳定，广告主难以采用有效的竞价策略平衡各种预算限制与竞价效果。恶意点击则是搜索引擎利用技术手段点击广告主链接谋取不正当收入的行为。显性道德风险主要是由于搜索引擎企业的逐利本质和缺乏有效的外部监管造成的。

隐性道德风险是指搜索引擎作为广告发布者不主动承担相关责任，间接放纵广告主的欺诈行为，导致虚假广告、商标侵权等事件的发生。隐性道德风险发生的原因在于，搜索引擎对其发布的广告进行审查是否一项法定的责任和制度还未得到法律上的认定，而搜索引擎作为"经济人"又不可能主动承担对广告主的审查义务。隐性道德风险还与搜索引擎采用的竞价排名机制不合理有关。目前，对于关键词广告的链接排名主要决定于广告主的竞价，只要竞价足够高就可以排名靠前，这种以价论位的粗暴性使得一些假、黄、毒的广告主乘虚而入，极大地损害了信息用户的利益。要想竞价排名的模式不被诟病，搜索引擎必须在排名中考虑更多的诸如广告主的信誉等指标，以提高用户搜索的效率和质量。

4. 网络搜索中的私人秩序

4.1 自发的私人秩序和有组织的私人秩序

有很多治理机制可以用来解决代理人的道德风险问题，其中之一就是显性的激励契约，但是由于信息用户群体的松散性和单个个体能力的微弱性，信息用户没有制定显性激励契约的能力。除此之外，非正式的隐性激励契约——关系型契约也可以减轻代理人的道德风险。根据重复博弈理论，对于关系固定的两个利益主体，只要双方有足够的耐心，博弈重复的阶段足够长，双方将维持合作行为，这种通过重复博弈关系就能维持合作行为的非正式的契约安排称为关系型契约（Baker、Gibbons 和 Murphy，2002）。在关系型契约的作用下，博弈双方为了维护自己的声誉以获得长期收益，将和对方合作，因为维持合作所带来的未来收益流的现值可能大于不合作所得到的短期收益。McMillan 和 Woodruff（2000）把这种仅依赖声誉机制的双边关系型契约称为自发的私人秩序（spontaneous private order）。自发的私人秩序没有特定的目的，它产生于体系内部，是主体之间使自己的行为互相适应的过程中产生出来、进化而成的秩序（哈耶克，1937）。

一般来说，信息用户利用搜索引擎平台的次数不止一次，即使一次，由于广告主欺诈的信息可以在网络间无成本的传递，信息用户在交易前也会了解一些广告主和搜索引擎的历史信息，信息用户和搜索引擎之间的关系可以看成是一个不完全信息的重复博弈。在这种博弈关系下，搜索引擎企业为了维护自己的声誉以获得长期收益，将和信息用户合作，即对广告主的欺诈行为进行审查和监督。目前，在监管缺位的情况下，声誉机制是约束搜索引擎企业行为的最主要的内生手段。

自发的私人秩序起作用的条件之一是，博弈方违规信息的收集和传递要比较通畅，这是重复博弈能够维持的基础。对于处于信息优势方的搜索引擎企业，目前媒体及网站起到了向信息用户传递其违规信息的中介作用，近几年新闻媒体和各大网站不断地对竞价排名黑幕事件以及一些虚假广告、商标侵权官司进行曝光。自发的私人秩序起作用的另一个条件是能够对不合作的一方实施有效的制裁，如果不能对欺诈行为进行惩罚，重复博弈的合作均衡结果将无法达成。这两年百度因黑幕事件渐渐失去了公信力，信息用户对于利用百度推广达成交易的概率大大降低，信息用户这种用脚投票的方式可以看做对搜索引擎违规行为的惩罚。

然而，由于竞价排名的暗箱操作，新闻媒介对搜索引擎违规信息的收集仅来源于网站内部人员的爆料，因此媒体对信息传递的能力是有限的；另外，网络信息用户的流动性很强，没有地缘的支持，信息用户联合起来共同抵制搜索引擎的集体制裁方式很难奏效，再加上搜索行业出现的百度一家独大的垄断局面，使得声誉机制和自发的私人秩序对搜索引擎的作用有限，这时就必须依靠第三方中介支持的有组织的私人秩序(organizational private order)。中国互联网协会往往扮演着这种角色，一方面，它充当了信息中介，比如由协会建立的信用评价中心平台(www.itrust.org.cn)，就会及时受理信息用户的举报并对搜索网站和广告主的欺诈行为进行核查和公布，定期对搜索引擎企业的信誉进行评价；另一方面，协会还充当着执行中介，通过制定行业规范对违规成员进行统一的裁决。这种由第三方中介支持的声誉机制可以加强搜索引擎企业的自律。

有组织的私人秩序相比自发的私人秩序的优点在于，协会可以通过自建网络平台的方式收集各种违规信息并在网络内部进行传递，降低了信息收集和传递的成本，另外行业规范的制定使得对违规成员的制裁成为可能。协会相比监管层的优势在于，它拥有更多的信息和专业技术，可以以较低的成本对一项争议做出事实判断；在目前相关法律缺失的情况下，可以通过行约和行规来追究违规成员的责任；而且协会作为一种中介组织，还可以促进成员之间的联盟。目前以百度搜索为首的"互联网诚信推进联盟"已初具规模，它们通过自我管理和相互监督的方式来加强和促进互联网企业的自律。

4.2　私人秩序的作用

对于私人秩序的作用我们可以百度为例进行说明。由于监管的缺位，百度一直不顾及广大信息用户的利益，利用其信息优势和垄断地位不断赚取超额利润，然而，自2008年央视新闻曝光其竞价排名黑幕后，百度受到了前所未有的舆论压力。为了挽回自己的声誉和地位，百度一方面致力于改进饱受诟病的竞价排名模式，在2009年底推出了新的搜索推广模式——"凤巢"系统，更加明晰地对广告推广信息与非推广信息进行了区分，从根本上解决了商业推广信息与用户体验间的"矛盾"；另一方面，全面提升工作人员的素质，加大了对广告客户审查和监督的力度。百度的自我改进正是私人秩序起作用的表现。

下面通过建立模型从理论上分析，私人秩序是如何发挥作用来减轻搜索引擎企业的道德风险的。

竞价排名涉及三类利益主体：搜索引擎运营商、关键词广告主和信息用户。对某一搜索关键词，假设有 N 个广告主参与竞价(为了便于分析，假设广告位数量总是多于广告主数量)，我们以新的广告主的加入作为一个竞价周期的结束。假设在一个周期内广告主不改变他们的竞价策略，即对广告主网页链接的排序在一个周期内是稳定的。鉴于目前百度在中国搜索引擎市场的份额已超过70%，对于排名规则和支付规则我们不妨采用百度的"广义第一价格拍卖"机制，即对广告主的网页链接按照竞价递减的顺序排列，仅当用户点击某一链接时广告主才按照自己开出的竞价向搜索引擎付费，即按点击付费（Pay Per Click，PPC）。

假设在一个周期内广告主对每次点击的报价由高到低的排序为：$p_1 > p_2 > \cdots > p_N$，信息用户对第 i 个位置的广告主的网页链接的点击次数为 λ_i，λ_i 关于位置排名是递减的，即 $\lambda_1 > \lambda_2 > \cdots > \lambda_N$。假设信息用户的每次点击以一定的概率 π_i（$0 < \pi_i < 1$）转化成实际交易，点击转化率也随着位置排名而递减。用 U_i 表示信息用户在与广告主 i 的单次交易中可获得的净效用，它与广告主自身的诚信水平 θ_i、搜索引擎对广告主的审查力度 e 以及市场的不确定性 μ 有关①②，即 $U_i = U(\theta_i, e, \mu)$。其中，$\theta_i$ 是广告主 i 的私人信息，其他人仅知道 θ_i 的分布，假设 θ_i（$i = 1, 2, \cdots, N$）是独立同分布的，均服从正态分布 $N(\bar{\theta}, \sigma_\theta^2)$；监督力度 e 是搜索引擎的私人信息；μ 是服从正态独立分布的随机变量，均值为零，方差为 σ_μ^2；另外，效用函数 U 是共同知识。

搜索引擎的收益主要来自广告主支付的广告费，当然搜索引擎对广告主的审查需要付出一定的成本，假设成本函数为 $C(e)$，$C(e)$ 满足 $C'(e) > 0$、$C'(e) > 0$ 和 $C(0) = C'(0) = 0$。那么，搜索引擎企业在一个竞价周期内获得的净收益为：

$$\sum_{i=1}^{N} \lambda_i p_i - C(e) \tag{1}$$

搜索引擎对广告主审查的目的，是为了维护信息用户的利益，使网络市场交易更加有效，因此在信息对称的情况下搜索引擎应该选择如下的努力水平 e：

$$\max_e \sum_{i=1}^{N} \left[\lambda_i \pi_i U(\theta_i, e, \mu) + \lambda_i p_i \right] - C(e) \tag{2}$$

假设信息用户有线性形式的效用函数，即 $U(\theta_i, e, \mu) = \alpha\theta_i + \beta e + \mu$，努力的成本函数为：$C(e) = \gamma e^2 / 2$（$\gamma > 0$），则最优的努力水平 $e^* = \beta m / \gamma$，其中 $m = \sum_{i=1}^{N} \lambda_i \pi_i$ 表示在一个周期内信息用户和广告主成交的总次数。

由于网络搜索的信息不对称，信息用户观察不到搜索引擎的审查力度，因此，作为理性人的搜索引擎运营商将选择 e 满足：

$$\max_e \sum_{i=1}^{N} \lambda_i p_i - \frac{\gamma e^2}{2} \tag{3}$$

得出 $e^* = 0$，即出现搜索引擎的道德风险。

然而，正如前文所述，信息用户和搜索引擎之间的关系可以看成是一个不完全信息的重复博弈，在重复博弈中，声誉机制会起到减轻代理人道德风险的作用。如果搜索引擎不愿意在审查广告主方面付出努力（$e = 0$），就会间接放纵广告主的欺诈行为，从而减少信息用户在该搜索引擎平台上的参与度，点击率的下降又会大大降低广告主之间的竞价，进而减少搜索引擎的收益。因此搜索引擎出于自身声誉的考虑，会加大对广告主的审查力度。下面把声誉这个隐性激励约束引入到模型中来进行说明。

---

① 信息用户在与广告主的一次交易中所获得的效用，取决于商品的真实价值 v 以及他的支付 t，即 $v - t$；而信息用户是按照广告主在网页上所宣称的价值 v' 进行支付的，v' 又取决于商品的真实价值 v 和广告主的诚信水平 a，因此，信息用户从一次交易中获得的净效用 $U = v - v' = v - (v - a) = a$，仅取决于广告主的诚信水平，而这又与广告主自有的诚信以及搜索引擎的监督力度有关。

② 信息用户对广告主在网页上提供的商品图片和他对真实商品的感觉有时会有差异，这一部分差异不是由广告主的不诚信造成的，而应归因于市场的不确定性。

为了便于分析，我们先考虑信息用户与搜索引擎两阶段博弈的情况（即 $t=1,2$），在阶段 t 信息用户与广告主 i 单次交易的净效用为 $U_{it}=\alpha\theta_i+\beta e_t+\mu_t$。进一步，假定随机变量 μ_1 和 μ_2 是独立的，即 $Cov(\mu_1,\mu_2)=0$。另外，信息用户在阶段 t 对广告主 i 的点击次数 λ_{it}，取决于他们对该阶段单次交易所能获得的效用的预期，即 $\lambda_{it}=f(E(U_{it}))$，显然 $f'(\cdot)>0$，为了简单起见，令 $\lambda_{it}=aE(U_{it})$ $(a>0)$。

假定搜索引擎企业是风险中性的，并且贴现系数为1，那么它在两阶段的总收益为：

$$\Pi=\sum_{t=1}^{2}\left[W_t-C(e_t)\right] \tag{4}$$

其中：

$$W_1=\sum_{i=1}^{N}\lambda_{i1}p_i=\sum_{i=1}^{N}a\left[\alpha\overline{\theta}+\beta E(e_1)\right]p_i \tag{5}$$

$$W_2=\sum_{i=1}^{N}\lambda_{i2}p_i=a\sum_{i=1}^{N}E(U_{i2}/U_{i1})p_i \tag{6}$$

$E(e_1)$ 为信息用户对搜索引擎第一阶段努力水平 e_1 的预期。

当博弈关系持续两个阶段时，搜索引擎在第二阶段的最优努力水平仍为 $e=0$（因为博弈没有第三阶段，搜索引擎在该阶段无需考虑声誉问题），但它在第一阶段的最优努力水平会严格大于零。这是因为，搜索引擎在第二阶段的收益 W_2 依赖于信息用户对广告主诚信水平 θ_i 的预期，而 e_1 通过对 U_1 的作用影响这种预期。下面给予证明。

在前述假设下有：

$$E(U_{i2}\mid U_{i1})=E(\alpha\theta_i\mid U_{i1})+E(\beta e_2\mid U_{i1})+E(\mu_2\mid U_{i1})=\alpha E(\theta_i\mid U_{i1}) \tag{7}$$

当信息用户观察到 U_{i1} 时，他知道 $\alpha\theta_i+\mu_1=U_{i1}-E(e_1)$，但他不能把 $\alpha\theta_i$ 与 μ 分开。也就是，当信息用户获得一个较低的效用 U_{i1} 时，他不知道除搜索引擎的审查力度外，这是广告主 i 不讲诚信的结果还是网络交易市场的不确定性 μ_1 导致的结果。假设所有的信息用户都是具有理性预期的，也即他们会根据理性预期公式来推断 θ_i。

令 $\tau=\dfrac{Var(\alpha\theta_i)}{Var(\alpha\theta_i)+Var(\mu_1)}=\dfrac{\alpha^2\sigma_\theta^2}{\alpha^2\sigma_\theta^2+\sigma_\mu^2}$，根据理性预期公式：

$$E(\theta_i\mid U_{i1})=(1-\tau)E(\theta_i)+\tau(U_{1i}-\beta E(e_1))/\alpha \tag{8}$$

将式（8）代入式（7），再代入式（6）得：

$$W_2=a\sum_{i=1}^{N}\left[\alpha(1-\tau)\overline{\theta}+\tau(U_{i1}-\beta E(e_1))\right]p_i$$

将 W_1 和 W_2 代入式（4），则搜索引擎的收益函数为：

$$\Pi=\sum_{i=1}^{N}a\left[\alpha(2-\tau)\overline{\theta}+\beta(1-\tau)E(e_1)+\tau(\alpha\theta_i+\beta e_1+\mu_{1i})\right]p_i-\gamma e_1^2/2-\gamma e_2^2/2$$

由最优化的一阶条件得：

$$e_1^*=a\beta\tau P/\gamma \tag{9}$$

其中：

$$P=\sum_{i=1}^{N}p_i$$

这说明当信息用户和搜索引擎的关系持续两个阶段时，在第一阶段，搜索引擎不会像单次博弈那样仅付出零的努力水平，而是在声誉机制的作用下选择严格正的努力水平。事实上，如果这种关系持续 T 期，除了最后一期的努力水平 e_T 为零外，其余各期的努力水平 e_t 均为正，并且容易推知 $e_1>e_2>\cdots>e_{T-1}>e_T$。

根据本文的模型，在私人秩序的激励下，搜索引擎为了维护自己的声誉和市场地位，实现其长期盈利，将不得不对广告客户进行严格的审查和监督，虽然为此要付出成本，但从长期来看其收益要大于对广告客户疏于管理时的收益。

根据式(9)我们还得出以下结论：第一，若搜索引擎的努力成本随努力水平递增得太快，即 γ 比较大，则声誉的激励作用会不明显；第二，β 为搜索引擎努力的边际效用，即当搜索引擎审查力度的提高对信息用户效用的增加作用越明显时，声誉的激励作用越大；第三，a 表示搜索引擎在审查力度上减少一单位努力水平时，对应的信息用户在该搜索网站上减少的参与次数，即信息用户采用"用脚投票"的方式来保障声誉机制的实施，若信息用户能联合起来共同抵制搜索引擎对广告审查义务的消极怠工，搜索引擎将更加看重自己的声誉，这时声誉机制能完全起到显性激励契约的作用；第四，τ 随着网络交易环境不确定性 σ_μ^2 的减少而增大，这说明减少网络交易环境的不确定性，可以增强声誉机制对搜索引擎的激励作用。

5. 搜索引擎企业道德风险的治理机制

私人秩序与公共秩序之间存在一定的互补性，在法律制度运行良好的国家，私人秩序会起到减少法律调查和执行过程中交易成本的作用；在法律制度不完善的国家或在法律不能很好发挥作用的情况下，私人秩序起到补充甚至替代法律的作用。由于我国目前在互联网方面的法律法规还不成熟，私人秩序的作用更倾向于后者。本文用图1来说明基于私人秩序的治理搜索引擎企业道德风险的思路和框架。

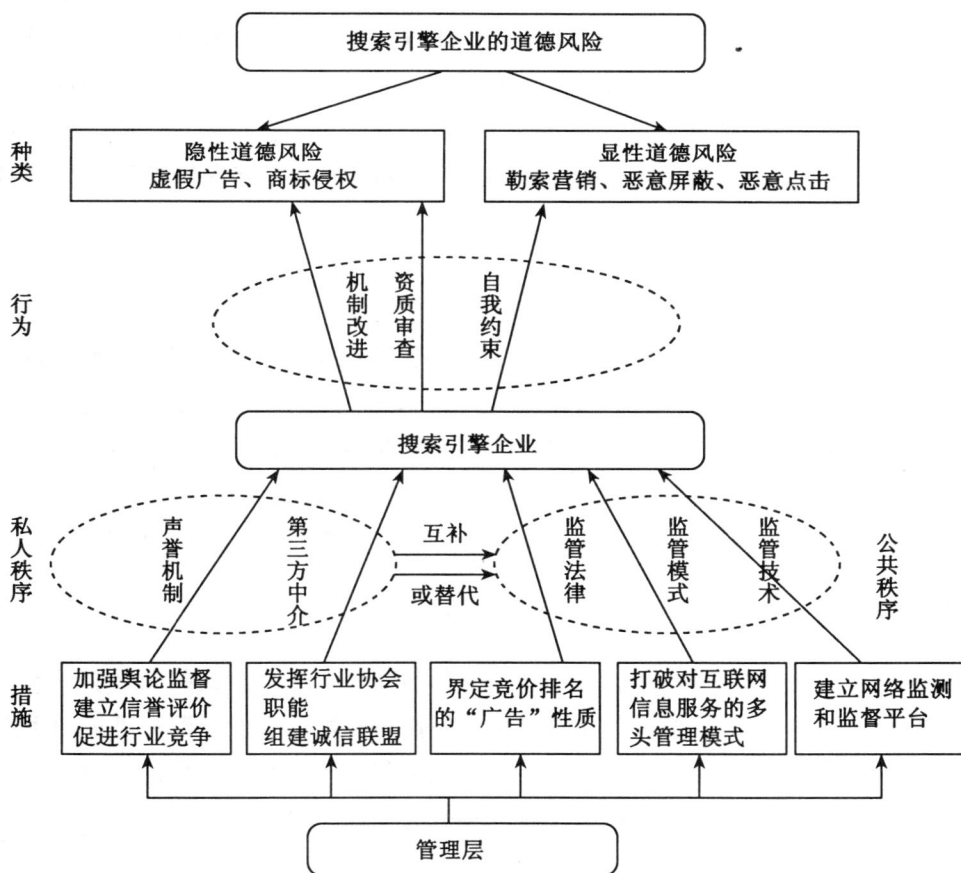

图1　搜索引擎企业道德风险的治理思路

6. 加强私人秩序的对策建议

私人秩序的优点是，它是自我执行的，不需要诉诸法律和第三方仲裁，而且执行成本低。但其缺陷也是明显的，易受外界环境的影响，作用范围也较窄，再加上市场的不确定性，私人秩序作用的发挥有时是不稳定的，因此管理层需要采取一些措施来保障私人秩序的运行。

6.1 加强舆论监督

根据前文的分析，声誉机制要发挥作用，需满足两个条件：信息的收集和传递是通畅的，以及能够对违规方实施有效的惩罚，舆论监督可以保证这两个条件的实现。管理层加强舆论监督可以使搜索引擎企业更加看重自己的声誉，从而使得自发的私人秩序更好地发挥作用。为此，新闻媒体和各大网站要加强对搜索引擎企业不良行为的曝光力度，行业协会也要广泛接受公众的投诉和举报，同时信息用户要提高利用法律进行维权的意识，只有将搜索引擎企业的行为充分地置于公众的监督之中，才能促进搜索引擎企业的自律。

6.2 建立信誉评价

根据本文的模型，声誉机制发挥激励作用的条件之一是信息用户具有理性预期。实际上，信息用户对搜索引擎声誉的了解是十分有限和滞后的，如果可以通过其他渠道来弥补这个不足，及时地评估搜索引擎的诚信水平，则可以使声誉机制对搜索引擎发挥更有效的激励作用。现实中一个可行的方法就是在每个周期末对各个搜索引擎的成功交易率进行披露，甚至可以采用类似信誉积分的方法，让信息用户对搜索引擎的满意度进行评分，建立积分等级制度等，这样可以使信息用户及时地实施"用脚投票"，进而激励搜索引擎减少道德风险。

6.3 促进行业竞争

目前搜索行业出现了百度一家独大的局面，据 2010 年互联网统计数据显示，百度在搜索引擎市场的份额已超过 2/3，正是百度的市场支配地位使得其进行违规操作的成本很低。通过在搜索引擎市场中引入竞争机制，信息用户可以更好地实施"用脚投票"；通过集体退出对百度进行有力的惩罚，从而使得声誉机制更好地发挥作用。为此，管理层需要借助各种政策和激励手段来促进搜索行业的竞争，当然，在促进竞争的同时，实施搜索引擎的准入制度和提高搜索引擎的进入门槛也是十分必要的。

6.4 发挥协会职能

互联网协会首先要充当好信息中介和执行中介，利用信用评价平台广泛接受社会的投诉和举报，对搜索引擎企业的信誉给予客观及时的评价，并将评价结果作为互联网企业经营许可证和生产许可证年检的参考依据，服务于政府的市场监管。另外，协会还应积极促进搜索行业内部的联盟，促使联盟成员之间建立信息交换和共享机制以及违规惩罚机制，通过联盟成员的自我管理和相互监督来提高成员的诚信水平。

（作者电子邮箱：hyin@ jjx. ecnu. edu. cn）

参考文献

[1]邓宏光，易健雄. 竞价排名的关键词何以侵害商标权——兼评我国竞价排名商标侵权案[J]. 电子知识产权，2008，8.

[2]李明伟. 论搜索引擎竞价排名的广告属性及其法律规范[J]. 新闻与传播研究，2009，16(6).

[3]李剑. 百度"竞价排名"非滥用市场支配地位行为[J]. 法学，2009，3(1).

[4]唐济民，李敏. 搜索引擎之竞价排名服务的法律规制[J]. 中国司法，2009，8(1).

[5]吴德胜. 网上交易中的私人秩序——社区、声誉与第三方中介[J]. 经济学(季刊)，2007，6(3).

[6]赵宏霞，杨皎平. B2C电子商务中介的道德风险与声誉模型[J]. 电子科技大学学报，2009，38(S1).

[7]郑建滨. 竞价排名关键词与商标侵权判定[J]. 知识经济，2010，2(1).

[8]Asdemir, K.. Bidding patterns in search engine auctions[C]. In: Second Workshop on Sponsored Search Auctions in Conjunction with the ACM Conference on Electronic Commerce (EC'06), Ann Arbor, Michigan, 2006.

[9]Baker, G., Gibbons, R., and Murphy, K.. Relational contracts and the theory of the firm[J]. *Quarterly Journal of Economics*, 2002, 117(1).

[10]Bu, T. M., Deng, X., and Qi, Q.. Dynamics of strategic manipulation in adwords auction[C]. In: International World Wide Web Conference(WWW'07), Banff, Alberta, Canada, 2007.

[11]Edelman, B., Ostrovsky, M., and Schwarz, M.. Internet advertising and the generalized second price auction: Selling billions of dollars worth of keywords[C]. In: Second Workshop on Sponsored Search Auctions in Conjunction with the ACM Conference on Electronic Commerce (EC'06), Ann Arbor, MI, USA, 2006.

[12] Feldman, J., Muthukrishnan, S., Pal, M., and Stein, C.. Budget optimization in search-based advertising auctions[C]. In: ACM Conference on Electronic Commerce(EC'07), San Diego, California, USA, 2007.

[13]McMillan, J., and Woodruff, C.. Private order under dysfunctional public order[J]. *Michigan Law Review*, 2000, 98(8).

[14]Roughgarden, T., and Sundararajan, M.. Is efficiency expensive[C]. In: International World Wide Web Conference(WWW'07), Banff, Alberta, Canada, 2007.

[15]Varian, H. R.. Position auctions[R]. Technical Report, University of California, Berkeley, USA, 2006.

Research on the Honesty Governance of Search Engine Bidding Rank
—From Perspective of Private Order

Yin Hong

(Business School of East China Normal University   Shanghai   200241)

Abstract: Recently the honesty problem of search engine has been exposed frequently, greatly damaged the credibility of this fashionable medium. And it has become very urgent and important for manager to enhance the credit level of search engine companies. However, due to the imperfection of the related laws and network technology, those public orders such as supervision can not fully work. And currently, it is more effective to induct and enhance self-discipline of companies by private order. This paper firstly establishes a model to prove the role of private order for preventing moral hazard of search engine, and then proposes the frame how to combine private order with public order to govern the honesty problems of search engine. Finally advices and management rules for private order how to play better are provided.

Key words: Bidding rank; Moral hazard; Search engine; Prevention

连锁董事网络对企业并购影响的实证研究

● 魏　乐[1]　张秋生[2]　赵立彬[3]

（1，2，3 北京交通大学经济管理学院　北京　100044）

【摘　要】本文基于社会网络理论和资源依赖理论，分析了连锁董事网络对企业并购行为和并购绩效的影响。研究发现，不同连锁董事网络的结构特性对企业的并购行为有不同的影响，即位于连锁董事网络不同位置的企业，其并购行为存在着差异。在连锁董事网络中占据中心位置为企业带来了潜在的竞争优势，从而增加了企业并购的可能性。同时，处于连锁董事网络中心位置的企业，并购绩效较低。研究表明，在中国这样的转型经济中，企业与其他企业建立连锁董事关系，对企业并购决策有一定的影响，但是对企业并购绩效改善不足。研究结果对于规范中国企业连锁董事行为和指导企业并购都具有重要的理论与现实意义。

【关键词】网络嵌入性　企业并购　连锁董事网络

1. 引言

长期以来，企业并购成因备受学术界广泛关注。学者们从不同角度来分析企业并购成因，其中财务或经济方面的阐释居多。① 这些研究成果对于我们理解企业并购成因来说十分重要，不足之处是仅局限于分析单个企业进行并购的相关内容，诸如参与并购的企业在哪些方面不同于没有参与并购的企业，在什么情况下，并购能够为股东创造价值。然而，这些原子式的并购观点（atomistic view of M&A）把企业从紧密联系的社会关系网络中分离出来，忽略了企业的网络嵌入性。事实上，企业要生存发展必须源源不断地获得大量资源。这些资源不仅来源于企业内部，还可以来自于企业外部，即企业所嵌入的社会网络。也就是说，除了经济因素外，社会网络嵌入性所带来的机会和约束也深刻影响着企业并购。② 一个董事身兼多家公司的董事职位，学术界称为连锁董事。企业之间由于共同拥有连锁董事产生连锁联系，进而形成一个网络，被称为企业间的连锁董事网络。国外学者研究发现，连锁董事网络是董事与企业管理层密切交往的重要渠道，连锁董事与企业管理层的密切交往可能会影响企业并购决策。③ 鉴于我国企业拥有连

① Haunschild, P. R.. Interorganizational imitation: The impact of interlocks on corporate acquisition activity [J]. *Administrative Science Quarterly*, 1993, 38(4): 564-592.

② Lin, Z., Peng, M., Yang, H., and Sun, L.. How do networks and learning drive M&As? An Institutional comparison between China and the United States[J]. *Strategic Management Journal*, 2009, 30: 1113-1132.

③ Haunschild, P. R., and Beckman, C. M.. When do interlocks matter? Alternate sources of information and interlock influence[J]. *Administrative Science Quarterly*, 1998, 43(4): 815-844.

锁董事已成为普遍现象的事实①，我们认为，在我国正处于转型时期的特殊背景下，探讨我国企业应如何建立和完善企业间连锁董事关系，并充分利用这种关系中蕴含的社会资本来促进企业通过并购扩张实现发展，无疑具有重要的现实意义。因此，本文拟以中国企业连锁董事网络为对象，研究探讨连锁董事网络嵌入性对企业并购行为和绩效的影响。

2. 文献综述与理论假说

2.1 文献综述

2.1.1 关于连锁董事对企业行为的影响

通过连锁董事的联结，管理者可以获得其他企业的资源信息，鼓励企业之间的相互模仿②，已有研究发现这种模仿行为对企业成长的扩张战略（如收购与兼并）具有重要影响。Haunschild（1993）基于组织学习理论指出，连锁董事关系有利于企业间的相互模仿，特别是对并购行为的模仿，并用 Tobit 模型证实了这一命题。Haunschild（1998）在前述研究的基础上进一步指出，多种信息来源的可替代性和互补性决定了连锁董事的影响作用，并用 Poisson 回归法证实了来自于差异较小的其他企业的并购信息对本企业并购行为影响更大的命题。Palmer 等（1995）的研究表明，通过连锁董事与商业银行及投资银行的联结使企业更容易避免掠夺性的兼并。Davi（1991）的研究成果表明，企业间的连锁董事联系对反吞并的"毒丸"（poison pill）政策的传播有积极的影响，企业采纳"毒丸"政策的可能性会因为该企业所联结的企业已经采纳该政策而增加。Haunschild 和 Beckman（1998）研究发现连锁董事的联系对企业兼并行为的影响受企业其他信息来源的影响，包括首席执行官圆桌会议、商业新闻封面、网络伙伴的相似性。Beckman 和 Haunschild（2002）在涉及组织间网络结构对收购决定的影响的研究中，发现有更多异质性溢价经验的网络伙伴的企业比有更多同质性经验的网络伙伴的企业在收购时付价更低且收购更成功，而且企业的网络伙伴其他方面的异质性也有利于降低收购溢价。这些实证研究表明，连锁董事确实会对企业的并购产生影响，也证实了 O'Hagan 和 Green（2004）提出的连锁董事有利于企业间知识传递的命题。但是，这些研究基本上都是针对西方的社会实践展开的，对正处于转型时期的中国企业，连锁董事是否影响企业并购，还没有相关研究成果。

2.1.2 关于连锁董事对企业绩效的影响

关于连锁董事对公司绩效产生正面影响还是负面影响的争论一直存在。从理论研究来看，资源依赖理论从企业组织层面对连锁董事关系的建立进行了理论分析，认为连锁董事是企业联系其生存与发展所处的环境和外部资源的重要渠道。通过建立连锁董事关系，企业之间可以互相利用资源、协调关系、获取信息，从而提高经营效率与社会生产力。管理控制理论则从个人层面对连锁董事关系的建立进行理论分析，把连锁董事看做向企业决策主体提供政策建议的顾问，企业的经理层负责企业战略的制定与执行。因此，通过连锁董事构建起来的企业间关系对企业行为与绩效的影响微不足道（Koening et al. , 1979）。但是，Schonlau 和 Singh（2009）比较了董事会关系比较多的公司和少的公司在收购其他公司股权之后的财务业绩，发现董事会关系越多，收购业绩越好：更高的买入—持有超额回报率、更大的 ROA 提升和 7% ~ 12% 的年度超额收益率。Cai 和 Sevilir（2009）也发现关联的董事会意味着并购后更好的经营业绩。连锁董

---

① 任兵等. 连锁董事在中国[J]. 管理世界，2001，6：132-143.
② Galaskiewicz, J., and Wasserman, S.. Mimetic processes within an interorganizational field：An empirical test[J]. *Administrative Science Quarterly*, 1989, 34：454-479.

事网络可以降低收购方和目标方的信息不对称程度，拥有连锁董事的公司间的收购兼并交易产生了更好的并购收益，收购方获得了更高的公告窗口回报率。从实证研究来看，学者们的实证研究部分支持了正面影响（Uzzi et al., 2002），部分支持了负面影响（Fich 和 Shivdasani, 2006）。国内学者方面，段海艳（2009）的研究成果说明资源依赖理论对我国连锁董事实践具有一定解释力，并且基于地域趋同性而建立的连锁董事网络有利于企业资源的获取和经营绩效的改善。任兵等（2007）的研究结果发现，连锁董事网络核心度与企业绩效呈负相关关系，即处于连锁董事网络越核心位置的企业其绩效越差。他们的研究成果支持了转型中的公司治理失灵假设，即治理失灵催生了连锁董事这样一种社会凝聚的工具，从而有利于实现管理层利益的最大化。

综上所述，关于连锁董事网络嵌入性对企业并购行为和绩效影响的相关研究，尚未引起学者重视。已有研究成果中，关于连锁董事对企业绩效影响的研究结论迥异，关于连锁董事对企业并购绩效的影响尚未发现相关研究成果。

2.2 理论假说

根据资源依赖理论，企业要生存发展必须与环境进行交换，并由此源源不断地获取生存与发展所需要的各种稀缺资源。企业能否在激烈的市场竞争中立于不败之地，主要取决于企业获取与控制所嵌入的关系网络中难以被竞争对手模仿的各种资源和能力（Dyer 和 Singh, 1998）。O'Hagan 和 Green（2004）认为，连锁董事有利于企业间的知识传递。在连锁董事网络中，企业之间可以互相利用资源、协调关系、获取信息，中心性越高的企业可以获得越多的资源及信息流，其中包含关于企业兼并的保密信息。这些信息有助于并购方迅速、准确地找到目标公司。处于相对中心位置的企业在网络中占据了具有中心性质的战略位置，与其他企业建立了重要的联结，可以更快速地获得大量资产、信息以及由中心地位所带来的地位或者权力。Haunschild（1993）对美国 327 家企业 1981—1990 年的收购行为的研究发现，核心企业现时的收购行为与关联伙伴过去的收购行为有正相关的关系，在将收购类型划分为横向、纵向以及混合三类时，相关关系依然存在。研究结果还表明，模仿收购的行为既发生在相关企业之间，也发生在非相关企业之间。与收购相关的信息通过连锁董事在企业间传递，为企业间收购行为的互相模仿奠定基础。同时，在企业网络中，处于中心位置的企业，即与越多的企业建立连锁董事关系的企业，其享有信息越充分，其收购行为越多。Palmer 和 Barber（2001）的研究也表明，处于网络核心位置但具有边缘社会地位的企业更倾向于采取兼并行为。陈运森和谢德仁（2011）利用社会网络分析方法考察独立董事在上市公司董事网络中位置的差别对独立董事治理行为的影响。具体而言，他们检验了独立董事的网络位置特征与公司投资效率的关系，结果显示：网络中心度越高，独立董事治理作用越好，表现为其所在公司的投资效率越高；在区分投资不足与投资过度之后可以发现，网络中心度高的独立董事既有助于缓解公司的投资不足，也有助于抑制投资过度。这些发现意味着，独立董事的网络位置是独立董事的重要特征，能够对独立董事参与公司决策产生重要影响。故提出假设 1：

H1：企业在连锁董事网络中占据中心位置会增加企业的并购数量。

Burt 认为网络中最有可能给组织带来竞争优势的位置处于关系稠密地带之间而不是关系稠密地带之内，也就是结构洞的位置（Burt, 1992）。拥有结构洞的企业可以把网络中不相连的企业成员连接起来，从而缩短企业间信息传递的平均路径，加快信息流动，促进创新知识和资源的迅速传递，提高网络内信息等资源的利用效率。在连锁董事网络中占据结构洞位置的企业，比网络中其他位置上的企业更具竞争优势，因为它们完全可以通过操控结构洞来获取"信息利益"和"控制利益"；而通过并购方式获取资源，往往会面临高额成本，以及并购后不同企业间文化差异和管理冲突等原因导致的整合异常艰难和并购失败率剧增的局面。因此，本文认为，在连锁董事网络中占据结构洞位置的企业采取并购方式获取资源、控制收益的积极性更低。故提出假设2：

H2：企业在连锁董事网络中占据结构洞位置会减少企业并购数量。

社会网络流派认为，在网络中拥有更好的位置，意味着在交换中拥有更多的话语权，即控制别人而本身不受控制的权利。企业所处的连锁董事网络特征将影响企业对信息和资源的获取效率，从而影响企业的绩效。连锁董事网络通常被认为是企业重要的信息来源。西方学者采访调研了多家公司的 CEO，他们普遍认为连锁董事能够带来最有价值的第一手信息，并将其付诸本公司决策。对于企业并购而言，连锁董事会把其在一个企业积累的并购决策经验带入任职的另一家公司，从而影响其并购决策。网络的信息中心性是衡量企业在网络中的位置特征的重要指标。在网络中处于中心位置的组织可以接触到网络中的其他行动者，并不受其他行动者控制，会因为其独特的位置而比其他企业拥有更便利的信息和机会，其中包含有关企业并购决策的第一手信息和宝贵资源，进而有利于提高企业通过并购获取各项资源的能力和应对外部环境不确定性的能力，并带来企业董事会效率和经营效率的改善。Schoorman 等（1981）的研究也发现，企业可以通过与其他企业建立连锁董事关系，在减少经营环境的不确定性、与竞争对手之间进行横向协调、与上下游供销商之间进行纵向协调、共享专业知识及声誉等方面获益。因此，处于连锁董事网络中心位置的企业，能够更有效地取得稀缺性资源和进行企业间的协调与控制，而这种能力必将提高企业并购绩效。故提出假设3：

H3：企业在连锁董事网络的中心度与企业并购绩效正相关。

关于结构洞是否会帮助企业实现所有绩效目标成为部分学者关注的焦点。Shipilov 和 Li（2008）认为企业在市场绩效的基础上还需实现地位累积。这两种绩效目标的实现相应需要两种信息——商机和合作伙伴。他们以1992—2001年的英国投资银行为研究对象，验证了开放网络确实便于商机信息的获取，但企业之间缺少信任，不利于资源共享，只能通过试错来甄别和避免机会主义行为，从而限制了合作伙伴信息的获得，最终得出结构洞有助于企业的地位累积，但不利于集中精力进行协作提高市场绩效的结论。D'Aveni 和 Kesner（1992）的研究表明，当收购企业和被收购企业拥有连锁董事时，被收购方具有较低程度的收购抵抗。但是，Lin 和 Peng 等（2009）认为在发展中国家的制度环境下，拥有结构洞的企业进行并购往往会被目标公司视为敌意并购，并受到目标公司的持续抵制。所以，为了并购而操控结构洞位置，企业必然面临更大的风险和更高的成本，最终只能从偶尔的结构洞位置操控中获取暂时性"控制利益"。但是，一般来说，并购方和目标公司实力悬殊，在转型期中国背景下，政府主导的企业并购占据相当比重。因此，目标公司的抵抗作用相对于实力强大的并购方企业而言是微不足道的。故提出假设4：

H4：企业在连锁董事网络中占据结构洞位置与企业并购绩效正相关。

3. 实证分析

3.1　样本选择与数据收集

本文有关数据来源于国泰安 CSMAR 系列研究数据库及金融界网站。为保证研究包括所有重要行业的重要单位，我们比较了2003—2005年在沪、深两市上市的公司的资产状况，并选取3年均处于总资产前300位的公司共192家（区别于以往的从不同的连锁董事网络中选取样本的做法，本研究取样排除了网络规模对企业造成的影响）。在剔除那些名字相同但统计资料不同的董事后，最终得到由96家沪、深两市的上市公司所组成的关系网络。并购数据来源于中国企业兼并重组研究中心数据库（CCMAR）。96家样本公司在2006—2010年期间共发生162起并购交易。研究过程中，我们使用 MATLAB 进行数据的初步加工整理，使用 UCINET 软件进行企业连锁董事的社会网络分析，最后使用 STATA 软件进行描述性统计分析并对前面提出的假说进行实证检验。

·3.2 研究设计

3.2.1 被解释变量

为了验证连锁董事网络嵌入性是否驱动企业并购，本文选择并购交易数量为被解释变量之一（参考 Lin 和 Peng 等（2009））。为了验证连锁董事网络嵌入性对企业并购绩效的影响，本文选择并购绩效指标为被解释变量之一。与股票超额回报和会计收益其他指标相比，经营现金流资产回报率指标（OCFROA）可以更好地消除盈余管理的影响，故将其作为企业并购绩效代理指标。

3.2.2 主要解释变量——结构嵌入性变量

结构嵌入是一种网络结构观点，强调企业在网络中的位置对企业的行为和绩效的影响。反映网络结构嵌入性中心性和结构洞位置的指标确定如下：

（1）中心性指标。根据计算方法不同，中心性指标包括："中介中心性"（betweenness centrality）、"接近中心性"（closeness centrality）和"度数中心性"（degree centrality）。中介中心性以网络中某个企业处于其他任意两个成员企业之间的程度作为衡量指标，用以考察企业的中介位置，中介中心性越高，表示企业引导信息流动的机会越多，占据了掌控信息流动的关键位置；接近中心性以企业与网络中其他成员企业的"距离"长短作为衡量指标，用以测量网络中信息流动速度，接近中心性越高表明企业获取信息就越快；度数中心性以企业在网络中联系对象的多寡作为衡量指标，度数中心性越高表示其在网络中与越多的成员企业有联系，其拥有的权利和影响就越大。借鉴 Lin 和 Peng 等（2009）的研究成果，本文选择接近中心性和度数中心性两个指标为中心性指标。

（2）结构洞指标。Burt 的结构洞指标要考虑四个方面：有效规模（effective size）、效率（efficiency）、限制度（constraint）和等级度（hierarchy），其中限制度指标最重要，它是指企业在网络中拥有的运用结构洞的能力。① 故本文选择限制度为结构洞代理指标。上述结构嵌入性指标均通过社会网络分析软件——UCINET 6 来计算。

变量说明见表 1。

表 1   **变量定义**

变 量	定 义
M&A	样本公司在 2006—2010 年发生控制权转移的并购交易数量
$F(i)$	样本公司并购后第 i 年的经营现金流资产回报率（OCFROA）减去并购前一年的 OCFROA（i 取值为 1、2、3）
CC、DC	CC 代表接近中心性指标，DC 代表度数中心性指标，详见刘军（2009）
JGD	结构洞指标，详见刘军（2009）
CF	经营活动现金流量的自然对数
DS	董事会总人数的自然对数
SIZE	年末总资产的自然对数
LDBL	流动资产除以流动负债
CBR	成本费用除以营业收入
LEV	年末总负债和总资产的比例

---

① 刘军．整体网分析讲义——UCINET 软件实用指南［M］．上海：上海人民出版社，2009：34.

3.2.3 模型设计

由于被解释变量 M&A(并购交易数量)取值为非负整数,故采用计数模型进行回归分析。本文中 M&A 的方差明显大于期望,不满足泊松分布的期望和方差相等的要求,即存在"过度分散",故使用负二项回归方法来验证 H1 和 H2。关于并购绩效指标的检验采用 OLS 回归分析。所有回归分析均采用 STATA 10 软件完成。

3.3 实证检验

3.3.1 描述性统计和相关性分析

为了避免在回归分析中各解释变量之间出现多重共线性问题,首先对被解释变量 M&A、$F(i)$ 与各数值型解释变量及控制变量进行相关性分析。从表 2 的相关性分析结果可以看出,网络因素中接近中心性和限制度在 0.01 水平上显著正相关,且相关系数达 0.382;网络因素中度数中心性与限制度在 0.01 水平上显著负相关,且相关系数高达 0.626。这些是可以理解的,因为可以想象,一个企业在网络中越是居于网络的核心,它的结构洞可能越多,所受到的网络限制度就越小,并且度数中心性越大(在网络中的联系对象越多),接近中心性越小(与网络中其他成员企业的"距离"越小)。公司规模与董事会规模在 0.01 水平上高度正相关。其他解释变量之间的相关系数均在 0.3 以下,说明这些变量间不存在多重共线性问题。结构洞指标、中心性指标与 M&A 的相关系数为正,这也间接支持了 H1 和 H2。

表 2   各变量描述性统计和相关系数矩阵

变量	1	2	3	4	5	6	7	8	9	10	11
M&A	1										
$F(i)$	−0.02	1									
CC	0.33*	0.18	1								
DC	0.07	−0.34	−0.28	1							
JGD	0.02	−0.13	0.382**	−0.626**	1						
CF	0.06	0.33	0.13	−0.19	0.04	1					
DS	0.12	−0.01	−0.11	0.25	−0.29*	0.09	1				
SIZE	0.22	−0.21	0.09	0.04	0.07	0.322*	0.437**	1			
LDBL	0.01	−0.31	0.05	0.08	0.24	−0.13	−0.09	−0.22	1		
CBR	−0.07	0.04	0.09	−0.09	−0.18	−0.14	−0.2	−0.39**	−0.19	1	
LEV	0.00	0.02	0.10	0.03	−0.04	−0.21	−0.37**	−0.30*	−0.50**	0.52**	1
均值	0.83	−0.01	20.8	0.04	1.04	19.7	2.52	23.44	1.12	0.96	0.58
标准差	1.67	0.07	16.9	0.03	0.14	5.37	0.22	1.23	0.54	0.13	0.2

注:*表示在 0.05 水平(双侧)上显著相关;**表示在 0.01 水平(双侧)上显著相关。

3.3.2 回归结果分析

(1)网络嵌入性与并购数量。连锁董事网络对企业并购数量影响的负二项回归模型分析见表 3。回归模型 1 中,未放入控制变量,接近中心性在 0.01 水平上对企业并购交易数量有显著正向影响,结构洞指标在 0.01 水平上对企业并购交易数量有显著负向影响。回归模型 2 中,放入控制变量,影响作用方向不变，显著性水平有所增加。这说明在连锁董事网络中处于不同位置的企业，其并购行为存在着差异。因此，接受 H1 和 H2。在连锁董事网络中占据中心位置为企业带来了潜在的竞争优势，从而增加了企业进行并购的可能性。实证结果支持了 Haunschild(1993)的研究成果，即在企业网络中，处于中心位置的企业（即与越多的企业建立连锁董事关系），其享有信息越充分，其收购行为越多。在连锁董事网络中占据结构洞位置，说明企业与其他企业建立了重要的联结，可以更快速地获得大量资产、信息以及由中心地位所带来的地位或者权力，因而，采取并购方式获取资源、控制收益的可能性减少。这也间接支持了 Lin 和 Peng 等(2009)的研究成果，他们认为在发展中国家的制度环境下，拥有结构洞的企业进行并购往往会被目标公司视为敌意并购，并受到目标公司的持续抵制。

表3 连锁董事网络对企业并购数量影响的负二项回归模型分析

变量	模型 1	模型 2
被解释变量	M&A	
解释变量		
CC	0.06(3.34)***	0.07(4.04)***
JGD	−3.50(−2.20)**	−6.51(−3.64)***
控制变量		
CF		0.04(1.22)
DS		0.18(0.12)
SIZE		0.44(2.13)**
LDBL		1.55(2.39)**
CBR		−2.61(−1.10)
LEV		3.78(2.00)**
Pseudo R^2	0.12	0.18

注：***、**、*分别为在1%、5%、10%水平上显著，括号内为 t 值，后同。

（2）网络嵌入性与并购绩效。连锁董事网络对企业并购绩效影响的 OLS 回归模型分析见表4。回归模型 3 中，未放入控制变量，接近中心性在 0.05 水平上对企业并购绩效有显著负向影响，结构洞指标在 0.1 水平上对企业并购绩效有显著负向影响。回归模型 4 中，放入控制变量，影响作用方向不变，显著性水平有所降低。故拒绝 H3 和 H4。

关于连锁董事对公司绩效产生正面影响还是负面影响的争论一直存在。一种假设认为，连锁董事在转型经济中能够弥补市场失灵和制度漏洞，从而有助于改善公司绩效。而另一相对的假设则认为，转型中的公司治理失灵催生了连锁董事这样一种社会凝聚的工具，有利于实现管理层利益的最大化。本文结果表明，在我国，企业的连锁董事网络核心度与企业绩效呈负相关关系，即处于连锁董事网络中越核心位置的企业其绩效越差，这支持了治理失灵假设，与刘涛和朱敏(2009)的研究结果一致，即连锁董事网络的镶嵌效应对处于连锁董事网络中不同位置企业的绩效的影响是不同的，在经济转型背景下，在高动态性的环境中，处于连锁董事网络中心位置的企业，绩效较低。① 结合我国上市公司董事连锁任职和履职情况，本文认为导致连锁董事个人无法利用网络嵌入性充分发挥作用的原因有：一是不同公司之间的利

① 刘涛，朱敏．动态性环境中企业连锁董事与绩效关系的实证研究[J]．软科学，2009，6：93-97.

益冲突，使得董事的独立性无法得到保证；二是以董事会为代表的企业管理层利用连锁董事网络进行寻租；三是存在"忙碌董事"现象。①

表4　　　　　　　　连锁董事网络对企业并购绩效影响的OLS回归模型分析

变量	模型3	模型4
被解释变量	$F(1)$	
解释变量		
DC	$-1.10(-2.61)^{**}$	$-0.98(-1.89)^{*}$
JGD	$-0.16(-1.92)^{*}$	$-0.06(-0.48)$
控制变量		
CF		$-0.00(-0.32)$
DS		$0.04(0.39)$
SIZE		$-0.03(-1.68)$
LDBL		$-0.07(-0.79)$
CBR		$-0.17(-0.78)$
LEV		$-0.10(-0.76)$
Pseudo R^2	0.23	0.44

（3）稳健性检验。连锁董事网络对企业并购绩效影响OLS回归的稳健性检验见表5。由于被解释变量$F(1)$（企业并购绩效）具有滞后性，故本文选择$F(2)$和$F(3)$（第2年和第3年OCFROA减去并购前一年OCFROA）两个指标进行稳健性检验。在模型5至模型8中，网络因素的影响作用方向发生了改变，且均不显著。实证结果进一步支持了连锁董事对企业绩效不会造成显著影响的结论（段海艳和仲伟周，2007），故拒绝H3和H4。这说明在中国这样的转型经济中，企业与其他企业建立连锁董事关系，一般并不是出于改善经营绩效方面的考虑。

表5　　　　　　　连锁董事网络对企业并购绩效影响OLS回归的稳健性检验

变量	模型5	模型6	模型7	模型8
被解释变量	$F(2)$		$F(3)$	
解释变量				
DC	$0.07(0.11)$	$0.01(0.01)$	$0.20(0.27)$	$-0.97(-2.07)$
JGD	$0.03(0.19)$	$0.16(0.58)$	$-0.11(-1.16)$	$0.13(0.44)$
控制变量				
CF		$-0.01(-2.19)$		$0.03(3.75)$
DS		$-0.14(-1.28)$		$0.25(0.86)$
SIZE		$-0.01(-0.77)$		$0.06(1.32)$
LDBL		$-0.19(-3.09)$		$0.62(4.24)$
CBR		$-0.18(-2.27)$		$0.45(1.84)$
LEV		$-0.21(-1.37)$		$2.30(3.43)$
Pseudo R^2	0.04	0.73	0.11	0.98

① Fich和Shivdasani在研究中将那些同时在3家或3家以上企业董事会任职的董事称为"忙碌董事"，通过对美国508家工业企业1989—1995年连锁董事数据的经验分析，发现如果公司50%以上外部董事成员是"忙碌董事"，会对企业绩效产生不利影响。

4. 研究结论与局限性

本文研究的是在中国这样的转型经济中，连锁董事网络嵌入性是如何影响企业并购与企业绩效的。本文的实证研究对关于网络嵌入性影响企业并购行为和绩效的研究结果做了有益的扩展与补充。研究结果表明，居于不同网络位置的企业，连锁董事网络嵌入性的影响强弱不同，处于连锁董事网络中心位置为企业带来了潜在的竞争优势，从而增加了企业采取并购行为的可能性。但是，连锁董事网络在改善企业并购绩效方面作用十分有限。可见，在中国的现实背景下，独立董事没有能力也没有意愿发挥独立、客观的监督与咨询职能，导致董事会效率低下，不利于企业经营绩效的改善。

本研究的局限是：首先，该研究针对的是一个小型的连锁董事网络，而不同的网络规模有其内在的逻辑，本研究的结论能在多大程度上复制到其他规模的网络还有待进一步研究。其次，由于在连锁董事网络和企业并购等数据调查过程中存在困难，在多家企业兼任独立董事而建立企业间连锁董事关系与那些在多家企业兼任董事，或在一些企业担任董事的同时，兼任其他企业独立董事的企业间连锁董事关系，这些不同的企业间网络关系对企业并购行为和并购绩效的影响机理等相关命题未展开研究，都值得进一步深入探讨。

参考文献

[1]陈运森，谢德仁．网络位置、独立董事治理与投资效率[J]．管理世界，2011，7．

[2]段海艳．连锁董事关系网络对企业绩效影响研究[J]．商业经济与管理，2009，210(4)．

[3]刘军．整体网分析讲义——UCINET软件实用指南[M]．上海：上海人民出版社，2009．

[4]刘涛，朱敏．动态性环境中企业连锁董事与绩效关系的实证研究[J]．软科学，2009，6．

[5]任兵等．连锁董事在中国[J]．管理世界，2001，6．

[6]任兵等．连锁董事、区域企业间连锁董事网与区域经济发展——对上海和广东两地2001年上市公司的实证考察[J]．管理世界，2004，3．

[7]Burt，R. S.．*Corporate profits and corptation networks of market constraints and directorate ties in the American economy*[M]．New York：Academic Press，1983．

[8]Davis，G. F.．Agents without principles? The spread of the poison pill through the intercorporate network[J]．*Administrative Science Quarterly*，1991，36．

[9]Galaskiewicz，J.，and Wasserman，S.．Mimetic processes within an interorganizational field：An empirical test[J]．*Administrative Science Quarterly*，1989，34．

[10]Haunschild，P. R.．Interorganizational imitation：The impact of interlocks on corporate acquisition activity[J]．*Administrative Science Quarterly*，1993，38(4)．

[11]Haunschild，P. R.，and Beckman，C. M.．When do interlocks matter? Alternate sources of information and interlock influence[J]．*Administrative Science Quarterly*，1998，43(4)．

[12]Lin，Z.，Peng，M.，Yang，H.，and Sun，L.．How do networks and learning drive M&As? An institutional comparison between China and the United States[J]．*Strategic Management Journal*，2009，30．

[13]O'hagan，S. B.，and Green，M. B.．Corporate knowledge transfer via interlocking directorates a network：Analysis approach[J]．*Geoforum*，2004，35．

[14]Palmer, D. , Barber, B. M. , Zhou, X. , and Soysal, Y. . The friendly and predatory acquisition of large U. S. corporations in the 1960s[J]. *American Sociological Review*, 1995, 60.

[15]Schonlau, R. , and Singh, P. V. . Board networks and merger performance[D]. *Working Paper*, 2009.

The Impact of Interlock Directorship Networks on the Formation and Performance of M&A

Wei Le[1] Zhang Qiusheng[2] Zhao Libin[3]

(1, 2, 3 Economics and Management School of Beijing Jiao Tong University   Beijing   100044)

Abstract: Using organization network theory and resource dependence theory, this article analyzed how structural and relational dimensions of interlock directorship networks influence merger & acquisition(M&A) of the enterprises in China. The results show that centrality has a positive influence on M&A activities, while structure holes have a negative influence, both of them have no significant influence on firm performance, and suggest that firms' network positions and relations can contribute important alternative explanations for their subsequent decisions on M&A. The research is important to guide Chinese M&A and director interlocking.

Key words: Network embeddedness; Merger & acquisition(M&A) ; Interlock directorship networks

全球化背景下的制造业生产调度体系探讨

● 董鹏[1]　于昌利[2]　董银红[3]　崔春生[4]　董乃全[5]　赵良辉[6]

（1. 卡莱（梅州）橡胶制品有限公司计划部　梅州　514759；2. 哈尔滨工业大学船舶工程学院　威海　264209；

3. 中南民族大学管理学院　武汉　430074；4. 河南财经政法大学计算机学院　郑州　450046；

5. 天津电子信息职业技术学院　天津　300132；6. 五邑大学管理学院　江门　529020）

【摘　要】面对客户的随机需求，制造业生产调度系统应促进生产的快速性、动态性和敏捷性。本文以制造业生产调度系统为研究对象，从生产车间调度的目标、方法、手段、资源等基本要素入手，总结了传统生产调度系统在实际生产中的问题，并概括了系统集成视角下的生产调度方法及其改进措施，介绍了不确定条件下的生产调度策略及评价指标。运用系统集成的思想，探讨了供应链环境下的制造业生产调度系统的模式，最终提出了生产调度系统的集成化、动态化、高效智能化、柔性化和排程可视化等发展方向。

【关键词】生产调度系统　系统集成　生产不确定性

1. 引言

在生产过程中，很多企业的实际加工时间占总加工时间不到 15%，而有 85% 以上的时间用于等待、搬运和排队。以机械加工为例，切削时间仅占 30%，其余 70% 的时间用于零件装夹及定位、换刀具、测量、机床调整、消除屑末等，多数机器在 90% 的时间处于闲置状态。① 因此，科学的生产调度系统就是要降低企业 85% 不增值的部分和优化生产过程，建立合理的生产调度模型，寻找有效的调度方法，改进生产调度方案，设计适宜的计划调度系统。传统的手段如降低库存、裁减雇员、精简机构、增加加工设备等已经达到了极限，不可能再有较多的进展，进一步的成本缩减可转向企业内外资源的合理配置和高效利用。② 作业车间调度问题的研究于 1950 年展开，国内外对于生产调度问题的诸多研究可以归结为两个方面：生产调度问题的建模和生产调度问题的算法设计与分析。③ 虽然对车间调度领域的研究已有六十多年的历史，但至今尚未形成一套较为完备的系统理论和方法，对生产调度系统的理论和应用进行深入研究非常必要。

生产管理通常分为三个阶段：生产计划、生产调度和生产控制，其中生产调度是生产管理领域的关键环节。生产调度与很多其他经营管理活动有关，如生产计划的可行性分析、销售部门接受订单的提前

---

① 沈福金. 缩短节拍时间与柔性实用相结合[J]. 世界制造技术与装备市场，2005，2：156-157.

② 袁刚. 多品种小批量机械制造企业生产管理流程优化研究[D]. 天津大学研究院博士论文，2005，1：4.

③ 成浩. 求解作业车间调度问题的禁忌演化算法[D]. 武汉理工大学博士论文，2006，9：10.

期、生产线的人力调配、设备保养维修、物料采购供应计划等。而实际生产过程中，车间生产调度是一个多元化管理模式，需要敏捷响应和反馈，要求在宏观上规划生产，微观上调控生产。科学合理的生产调度要在满足客户要求和生产任务的前提下，依据生产过程获得准确信息，充分合理地利用与配置加工过程的各种制造资源、高效低耗地使用生产资源、合理安排加工工件的顺序、均衡设备负荷和生产、提高设备利用率、缩短换工装和物料准备时间、降低生产和人工成本、优化生产过程。生产调度应围绕企业生产经营目标，对企业生产活动进行有效组织、指挥、控制和调节，根据生产目标和约束，为每个加工对象确定具体的加工路径、时间、机器和操作等，根据市场需求变化和产品订货，及时调整生产结构，及时应对和解决生产中的各种矛盾和问题，以保证整个生产经营活动的正常进行，保证在合适的时间，将合适数量和合格质量的物料输送到合适的地点，由已确定的人员进行加工，最后生产出满足客户需求的产品。因此，及时准确的生产调度对生产系统的高效运行有着重要的影响。

2. 生产调度的分类、影响因素及优化模型

2.1 生产调度的分类

在不同的制造资源、约束条件、生产规模、生产形式和管理方法下，生产调度问题的目标、策略也不同。任何优化模型都包含优化目标和约束条件，生产计划优化也不例外，但是约束计划的因素很多，为全面地考虑优化模型中的约束因素，需要对其进行分类，就对象而言，有离散事件调度和连续事件调度、静态调度和动态调度等[1]；就调度方法而言，有 Gantt 图、动态规划和仿真等[2]；就调度优化目标而言，有正规性能指标和非正规性能指标，如生产成本、提前/延迟（E/T）指标等[3]。就调度系统的复杂度而言，可分为单机调度、多台并行机调度、流水车间调度和作业车间调度。[4]

2.2 生产调度的影响因素

现代企业生产环节多、协作关系复杂、生产连续性强、情况变化快，某一局部发生故障，或某一措施没有按期实现，往往会波及整个生产系统的运行。由于调度问题的复杂性和生产环境的动态性，必须将资源、约束、规模和方法等因素综合起来研究。在这种更新速度快、生产系统稳定性差且复杂多变的制造环境下，企业不仅要求能生产出质量高、性能优良的产品，而且要求快速生产出市场所需求的产品，更要能够快速、准确地应对生产过程中频繁发生的各种扰动，这显然要求整个生产系统对生产过程的控制更严格、更有效、更有柔性。任何产品生产的直接因素从空间上看分别来自用户要求、企业自身生产状况和供应商供货状况等方面。

首先，用户一般提出交货期、数量、质量、规格、交货方式等要求。交货期和数量直接约束生产计划，质量和规格通过设计部门转化为加工工艺要求，工艺部门进一步将加工工艺转化为加工次序和加工

---

① Brian Slack, and James J. Wang. The challenge of peripheral ports: All Asian perspective[J]. *Geo Journal*, 2002, 56(2): 159-166.

② Raymond K. Cheung, Judy H. Tong, and Brian Slack. The transition from freight consolidation to logistics: The case of Hong Kong[J]. *Journal of Transport Geography*, 2003, 11(4): 245-253.

③ John R. M. Gordon, Pui-Mun Lee, and Henry C. Lucas Jr. A resource-based view of competitive advantage at the port of Singapore[J]. *Journal of Strategic Information Systems*, 2005, 14(1): 69-86.

④ Jose Tongzon, and Wu Heng. Port privatization, efficiency and competitiveness: Some empirical evidence from container ports(terminals)[J]. *Transportation Research Part A: Policy and Practice*, 2005, 39(5): 405-424.

时间。用户需求对生产计划的约束体现在交货期、加工次序、加工时间、运输设备、运输次序等方面。其次，供应商对生产计划的约束主要是物料供货时间，即物料到达企业的时间，包括物料的出厂时间和运输时间等。最后，生产计划在企业内受到人力、资金、设备、库存、后勤保障（水、电、煤、气等）的约束，其中设备主要包括运输设备、工具工装、加工设备、场地等，以及工序负荷平衡、生产模式、现场实绩等非结构化约束，再加上变化的工作条件，需要频繁地进行调度。

大多数研究对约束问题的考虑不是很周全，建模时对真实环境进行了大量的简化，因此，车间调度系统应用到实际生产中时很容易碰上"计划赶不上变化"的困境。

2.3 生产调度的优化模型

在车间生产调度中，生产计划调度的任务是根据生产目标和约束，为每一个加工对象确定具体的加工路径、时间、制造设备资源和操作等，以保证车间制造系统的某一性能指标达到最优，具有静态特性。生产调度的优化模型如下：

$$\text{求：} \quad A(a_1, a_2, \cdots, a_n)$$
$$\text{目标：} \quad \text{Max} W(A) \quad \text{或} \quad \text{Min} C(A)$$
$$\text{约束条件：} a_1, a_2, \cdots, a_n \in \Omega \quad \text{和} \quad N(A) \in \Phi$$

式中，A 为加工对象的生产计划；$W(A)$ 为企业收益，$C(A)$ 为加工成本；$a_1, a_2, \cdots, a_n$ 为加工该对象的时间、人员、设备等生产条件，Ω 为企业所拥有的加工条件等内部约束条件；$N(A)$ 为产品的质量、数量等，Φ 为用户所提出的产品质量、数量等外部约束条件。

在理论研究中，生产调度问题常被称为排序问题、资源分配问题或组织优化问题。当然，调度不只是排序，还需要根据排序结果确定各个任务的开始时间和结束时间，并使约束得到满足，同时使车间制造系统的性能达到最优或次优。这些决定了生产调度具有高复杂性、动态随机性、突发性、多目标性、多约束性、多资源相互协调、非线性、目标可变性、大规模性和多极小性等特点，并且多数调度问题的计算量随问题的规模呈指数增长。这导致生产调度要综合平衡这些条件自己的矛盾与冲突。多目标车间调度最终得到的解是一个解集，需要从解集中选出一个最优妥协解作为实施方案，从而制定出合适的作业生产计划。生产调度问题作为现代制造系统的一个研究热点，由于系统建模方法的多样性，以及问题的侧重点不同，调度方法和研究对象也明显不同。

3. 传统生产调度系统下的生产问题

实际的生产系统是一个动态生产环境，存在着大量不确定性因素，往往会导致计划、调度与控制脱节，不能有效协调和均衡生产，造成企业成本增加和效益下降。传统生产调度系统作用下的车间实际生产加工现场，虽然每个待加工的工件都被分配到指定的加工设备，并按照规划好的调度方案进行加工，但由于实际生产情况复杂多变，生产现场工件到达时间的随机性和制造过程中随机发生的扰动使得实际生产出现了与原调度方案的偏离，加工现场作业流程混乱，导致生产系统不能再按照原有的生产计划正常运行。为了保证生产顺利进行，这就要调整某些零件的加工顺序，而改变任何一道工序的顺序都可能影响后面所有工序的加工顺序，导致作业计划重排。同时，还要求实现产品生产周期短、制造成本低和迅速应对市场变化等目标。这些都要求企业的生产调度系统具有良好的动态性和实现能力。匹此，现有落后的生产计划管理模式不仅难以满足生产要求，也严重影响企业的成本管理，造成企业效益提高缓慢，竞争力不强。

3.1 现行生产调度系统的弊端

第一，主观与经验性。在组织生产时，经常出现工艺流程、工时定额不完善等情况。生产计划与调度严重依赖管理者的经验、技巧，基础数据精确度低，缺乏科学的理论基础，没有一个全面细致的科学调度安排。计划的及时性、均衡性、应变性差，造成在实际生产过程中，出现调度频繁、生产效率低下等现象。

第二，拖期严重。工序流程周转不畅，产品生产周期不能满足客户订单要求的交货期，零部件的制造周期不能满足装配要求的交付期，并且各零件的加工状态无法追踪，生产过程的进度不能动态反映，严重影响了公司的信誉和市场竞争力。

第三，生产调度系统未能与库存管理系统进行有效集成，无法查看即时的生产现场信息或库存情况。生产发生变化时计划调整困难，响应速度慢，不能满足快速响应的要求。仓库摆放大量零部件和半成品，可装配现场仍频繁缺件，库存的零部件不是产品装配所需的零部件。

第四，生产计划未能充分进行资源的平衡。一方面，部分设备能力的不能满足生产需求，成为加工的瓶颈，而部分设备却有能力富余；另一方面，计划调度人员仅仅根据所主管的设备型号安排计划，没有考虑到生产能力的平衡，使整个生产过程时紧时松，人员和机器不能得到很好的利用。

3.2 现行生产调度在企业实际生产中的缺陷

第一，延迟性。生产车间的实时动态变化，统计数据不能够及时地反馈到调度部门，在时间上存在很大的滞后性。调度人员对数据进行手工分析，进而产生调度指令，时间上又有了一段延迟，信息处理和反馈速度慢。由于信息滞后，生产调度人员难以及时、全面地掌握生产信息，增加了对生产异常情况的处理难度，严重制约了生产正常进行。对车间缺乏有效的生产监控机制（包括生产计划监控、零件进度监控与产品或订单进度监控等），很难对生产进度实现有效管控，超差品常常得不到及时补救与处理。目前，调度管理基本上是采用反馈控制，该法是根据实际执行结果的反馈信息来调节和控制生产系统行为，具有时滞性，缺乏灵活性和适应性。

第二，不准确性。在调度管理工作中，从数据的汇总、传递、分析到指令的下达等工作，基本采用手工处理，且难以达到优化的目的。由于人工采集的信息数据具有不可靠性和不完整性，一方面容易造成决策者错误决策，另一方面不能向客户反映生产进度情况，降低了生产的透明度。

第三，低效率。由于系统本身的非线性行为、随时间变化的行为、信息集成等原因，车间信息客观上存在不确定性和复杂性，轻重缓急得不到合理安排，优先级的零件得不到及时安排，关键、瓶颈设备得不到合理使用，造成资源浪费；难加工、周期长的零件不能按期完成，拖延产品齐套时间，影响交货期。生产过程的脱期任务变为紧急任务，导致计划频频变更、生产系统运作效率低下。不能用数字说话，达不到科学管理的要求。没有考虑到人力资源的重要性，没有引入人员激励机制，没有将人员的心理因素引入生产调度，从而在一定程度上导致了企业的效率不高。

第四，缺乏全局性和科学性。调度人员的智力、经验和处理能力的限制导致调度缺乏全局性和科学性，造成生产计划和生产安排及生产工序之间不协调，物流不畅，生产缺料和车间在制品多的情况同时存在。

3.3 生产计划和调度系统信息不完备

第一，信息的缺乏。信息的不统一、不完整、不及时等诸多问题已经影响到企业的生产经营，造成整个生产系统处于应急的状态，原材料不能按时到位，延长了交货期，有时货物不能按时送达；生产现场的管理混乱，原材料和半成品随意堆放，影响生产车间的对外形象。

第二，信息的复杂性。这主要取决于人们处理大量信息的能力，如通过分类等来获取有用的信息。

第三，生产调度软件的问题。由于目前的智能调度系统并不能真实反映实际生产中经常出现的不确定性，而现实生产中的不可预测扰动经常导致智能算法的最优解决方案并不能很好执行。如果按照这些算法进行生产计划的安排，会造成正反馈的累积效应，使得计划越来越脱离实际。

3.4 生产调度系统中的失控

实际生产过程中，会遇到各种各样的情况，有局部的，也有整体的；有内部的，也有外部的；有工艺方面的，也有设备方面的；有主观因素，也有客观因素。这些问题一旦出现，小则造成生产被动，大则造成生产过程中断，计划难以完成。我国工业虽已形成较为完整的生产体系，但技术装备和管理水平仍然比较落后，尤为突出的是缺乏生产计划造成宏观生产失控，以及调度系统不完善导致实时监控紊乱等方面的问题。

3.5 综合管理能力弱

管理基础薄弱，生产管理基础数据相对较少，缺乏科学的管理方法和工具是大多数制造企业亟待解决的问题。目前大多数制造企业仍然采用制度化管理，这种层次过多、划分过细的组织结构造成信息的上传下达缓慢；部门间分割管理，造成调度计划协调困难甚至相互矛盾，难以实现企业的全局最优；不符合现在灵活、快速、多变的生产制造特点，难以快速响应市场变化。同时各管理层各自编制的计划之间经常存在矛盾冲突，当产品到达现场时才进行解决，经常产生连锁不良反应。

3.6 部门间缺乏有效沟通

多个生产计划之间缺乏协商，在实施过程中经常互相冲突。各型号产品在编制计划时，相关资源处于空闲状态，表面上看，产品交货节点可以保证，但是，由于各型号产品在同一时间占用了相同的生产资源，在实际生产中，各产品会相互冲突，互相占用资源，生产节点无法保证。传统生产过程中，在工艺设计阶段人们关心的是加工方法的选择、加工顺序的确定，以及以手册和经验为依据的工艺参数的确定等纯技术设计，而不关心生产计划调度的内容和生产车间的实际状态。同理，在生产计划和调度过程中，人们把注意力放在生产进度和资源分配上，而不考虑工艺过程和工序设计的细节问题。以卡莱橡胶制品有限公司为例，由于生产车间环境的变化，大约有30%的工艺加工计划在实施时需更改，这些更改往往只由调度人员进行，没有专业工艺人员参加，势必造成加工质量与加工效率的下降。在实际的生产过程中，过长的计划冻结期也会带来较大的负面影响：设备故障、人为操作失误、物料供应短缺、工艺流程过长等因素使得部分半成品被迫离开生产线，造成半成品的大量堆积，导致整个计划不能按时完成，延误了其他产品的生产。半成品的大量离线积压，会造成转运过程中不必要的质量损失和成本损失，也会造成部分产能的空闲。另外，在生产计划和实际作业之间存在偏差，还有需求变化预测不准、库存控制指标不合理、外协计划未落实、生产作业计划衔接失误、设备维修计划失误等。

3.7 企业中存在信息化孤岛

企业在调度管理时，自动化设备的加工信息不能与电脑建立关联，缺乏准确、及时的企业数据和状况分析，导致调度管理失职。在传统生产中，降低产品成本主要通过批量优势来实现，但随着用户对产品需求的快速变化，不是按照产能生产，而是按照客户需求生产，用户要求制造企业提供质量高、成本低、交货准时和多样化的产品，因而自动化孤岛模式已经不再适应现代工业企业的生产要求。目前制造业，特别是机械工业中生产调度和过程优化控制相互脱节，在过程控制和管理信息系统之间存在着"信息鸿沟"，割裂了企业的经营管理与生产控制。显而易见，关键是选择实时关系数据库，使企业中大大小小的"自动化孤岛"、"信息化孤岛"的信息能够流畅地进入数据库系统。生产调度方式已经不满足现代生产的需求，现行生产调度的优劣评估没有一个明确的评价系统。

4. 系统集成视角下的生产调度方法及其改进

生产调度问题同时也受到工厂管理方法的影响，在不同的管理方法下，调度问题的优化目标、优化策略及其优化模型均不同，几乎每一个生产环境都是唯一的，很难用一个生产环境的调度方案去解决另一个生产环境的生产调度。一旦求解的问题改变，相应的建模方法和调度软件就要改变，而原先的算法也不再适用，必须重新用新的方法建立数学模型和求解优化，即缺乏较为通用的建模方法和优化算法。由此可以看出，系统的"适应性"和"实用性"是目前企业计划调度系统的瓶颈所在。与此同时，由于各种随机因素，如机器故障、操作工人的熟练程度、环境参数等的影响，只能得到加工时间的大概数据以及数据的可能变化范围，很少能获得精确的加工时间。因此，将加工时间按模糊数处理更加符合生产实际，更能保证调度的可行性。

国内外企业界已把注意力转移到节能降耗、少投入多产出的高效生产模式上，即集直接数字控制、监控优化、生产调度、经营决策等功能于一体的综合自动化模式（CIPS）。其核心是充分发挥信息在生产指挥调度中的辅助决策作用，有利于在更大范围更高层次上优化资源的配置，从而提高企业的社会经济效益。由于生产环境的动态性、生产领域知识的多样性、调度问题的复杂性，必须将人、数学方法和信息技术结合起来进行生产领域管理调度问题的研究。近20年来，国际生产工程学会（CIRP）曾总结了40种先进的制造模式，无论哪一种制造模式都是以优化的生产调度为基础的。[①] 尽管调度方法逐渐走向复杂化和多元化，但是它们基本上可以归结为4种类型：基于运筹学的方法、启发式调度方法、基于仿真的方法和基于人工智能的方法。规则调度法是根据人们在生产实践中所总结、提炼出的很多行之有效的经验和规则（通常称为调度规则）来决定下一步操作的调度方法。Panwalker等人总结了113个启发式调度规则，将其分为简单规则、复合规则、启发式规则，并对各规则的适用情况做了总结。[②] 随着分布式人工智能的发展，特别是多主体技术在生产调度领域的应用，基于多主体技术的生产调度系统研究成为生产调度领域中的一个重要的研究方向。目前有关车间调度问题的高效算法的研究与设计仍是整个生产调度领域的重要研究内容。迄今虽然有新算法产生，但其性能还有待进一步研究和验证。现有的研究生产调度的方法主要有OPT（优化生产技术）、PFS（过程流调度）、SCM（供应链管理）等。由于调度问题涉及面广、因素复杂，单纯的运筹学方法、随机优化方法、离散事件仿真和人工智能方法等，尚不能对调度问题进行全面而有效的求解。实际生产当中，企业生产调度不只是针对几台设备，而是生产全过程，需要构建起覆盖整个企业生产过程的、简单有效的全流程动态调度模型。在过去几十年中，人们将许多算法应用于调度领域，但是人们使用各种调度算法需要特定的应用环境，判断何种算法适合何种环境是一个很有现实意义的问题。

在现实生产环境中，生产任务的种类、批量、加工设备、工装状况和任务进度等因素千变万化，针对不同的加工环境，车间调度系统应能快速地选择或组合相应的调度模型和算法。实际上在计划与调度

① 朱剑英. 现代制造系统模式、建模方法及关键技术的新发展[J]. 机械工程学报，2000，8：1-5.
② 夏锐. 基于约束理论的生产作业计划模型研究[D]. 五邑大学博士论文，2006：14.

过程中，影响系统决策的不确定性因素广泛存在。在确定性假设下得到的最优计划和调度在实际生产过程中由于不确定因素的影响往往变为次优，甚至不可行，但不确定条件下的计划与调度优化仍然没有得到充分的解决和实际应用。车间生产调度问题的复杂性和现实生产对优化调度的应用需求，促使现代制造研究人员提出很多解决方法，从而推动车间生产调度理论与实践的发展。实际生产中，各种工艺约束、资源约束、生产能力约束等平行存在，这就需要对生产作业进行合理的调度安排。而一个好的调度安排需要一个好的优化调度算法。以往车间调度系统只能适应某个具体车间环境且只能得到时间最短、设备负荷平衡一般的调度方案，这将严重影响企业的发展。生产计划与调度面临的难题包括不确定性的描述与求解、计算复杂性、基础数据采集、调度模型及其解算方法等。从已有的研究看，最优化方法虽然可以得到"最优解"，但单独应用优化模型无法考虑各种影响因素，难以反映制造的本质特征和动态运行过程，影响了模型及解的可信性、有效性，而仿真方法、启发式规则、人工智能以及遗传算法等具有计算效率高、适应性强等优点，在生产计划与调度研究中得到重视。因此，很难有一个包罗万象、普遍适用的调度策略、调度模型和算法。

综上所述，虽然对车间调度领域的研究已有六十多年的历史，但是至今仍未形成一套完备的系统理论和方法。主要存在的问题如下：

第一，将算法进一步实用化。现在许多研究只注重算法本身，而将算法广泛地运用到实际中真正解决实际问题，且能给企业带来巨大效益的应用成果却少之又少，因此如何综合应用现有优化算法，真正提高车间调度的信息化水平有待于进一步的研究。实际调度问题的高度复杂性和现有计算条件的局限性决定了不可能把实际调度中所有影响因素都纳入考虑之中，不存在万能的适用于任何问题的优化算法，因此探索各算法的适用范围也是一个重要的研究工作。建立系统的算法框架有利于该领域的发展，并扬长避短，发展混合型算法，从而提高算法的性能。

第二，进一步确保解的次优性。总的来说，生产调度问题的研究方法主要有精确算法和近似算法。前者只能解决小规模的车间调度问题，虽然已有不少的改进，但是距离实用还有一段较大的距离。近似算法由于能在合理的时间产生比较满意的解，而被广泛应用于实际调度中，但是往往对解的次优性不能评估，所以解的次优性的保障及定量评估问题也是下一步要解决的问题。

第三，探索新的调度算法。针对现有生产调度算法所存在的局限性，应与生物工程及应用数学等学科相结合，探索新的实用算法。系统、全面、合理的生产调度方法，已经成为先进制造技术实践的基础和关键。

5. 不确定条件下的生产调度策略及评价指标

5.1 不确定条件下的生产调度策略

针对不确定条件下的生产调度策略问题，近年来出现了一些新方法，目前已经形成以下策略。

第一，并行或分布策略。为适合不同车间控制结构与高度复杂问题的需要，不少学者利用并行或分布策略来解决车间调度问题，如用多智能体结构的分布式决策方法对柔性加工系统（FMS）进行动态调度。

第二，分解与成组策略。利用分解生产计划或成组技术的调度策略，可以大大降低问题的计算复杂性和规模，求得调度问题的较优解，同时优化系统的一些性能指标。

第三，人机交互策略。大量的研究成果表明：人机协同交互的策略可以减少系统的搜索空间，可在有限时间、背景知识条件下解决困难的问题。交互反应式调度的主要优点是：在交互反应排产之前，通过智能算法（如 GA、PSO 和 ANN 等）得到最优调度计划；一旦最优排产计划出现紊乱和扰动时，可通过交互反应，进行快速修复，使得调度方案能够快速适应变化。采用基于多智能体系统（MAS）的混合方法是解决模型的准确性、实用性和求解可行性的有效途径。

第四，动态重调度策略。预测控制是 20 世纪 70 年代后期产生的一类新型的计算机控制算法，其基础是 3 个基本原理：预测模型、滚动优化和反馈校正。其与其他传统最优控制的根本区别在于，在预测控制中优化不是一次离线进行的，而是反复在线进行的；不是用一个对全局相同的优化性能指标，而是在每一时刻有一个相对于该时刻的优化性能指标。它放弃了全局最优的概念，在优化每个滚动区间，使系统达到最优，通过滚动而得到较为满意的控制结果。这使预测控制在工业过程控制中取得了广泛的应用。这一思想同样可以用于生产调度系统中。方剑等针对 Job Shop 调度问题，提出了基于工件的滚动调度的方法。① 张纯刚等运用基于预测控制的滚动优化的思想，对机器人路径进行规划。② 把这种思想用于生产调度，主要的研究内容在于怎样确定滚动窗口，以及怎样进行再调度以保证生产的连续性。车间制造过程的随时性和不确定性需要不断地进行重调度，以处理突发的事件。基于目前的研究，对于动态调度的具体策略有：周期调度、连续调度、事件驱动调度、周期与事件驱动混合调度、周期与连续混合调度等。③因此发展重调度和在线调度系统，建立具有鲁棒性的动态集成模型有现实意义。

第五，生产计划、调度与监控集成策略。生产计划、调度与监控的集成研究具有全局优化的特征，也符合先进制造模式的思想，同时提高了生产系统的柔性。全局调度与局部控制相结合，生产调度管理系统必须在宏观上把握生产的全过程，又必须对每一个车间和装置的具体生产作出指导，以保证生产的优质高效。传统生产作业计划、调度和控制三者是相互独立的，将三者结合的集成研究，是目前研究领域中的热点问题。

第六，异地生产调度策略。作为敏捷制造模式的关键技术之一，异地生产调度策略也成为近期的研究热点，具有比较广阔的应用前景。

第七，生产调度工作要以预防为主、以生产进度计划为依据，这是生产调度工作的基本原则。生产调度工作的灵活性必须服从计划的原则性，要围绕完成计划任务来开展调度业务。贯彻以预防为主的原则，就是要抓好生产前的准备工作，避免各种不协调的现象产生。在组织生产过程中，不仅要抓配套保证需要，还要抓原辅料保证需要，防止只抓出产不抓投入、抓后不抓前的做法。通过对生产系统内、外部条件的观察、调查、预测和分析，预测生产系统可能出现的结果，将预测结果与期望结果进行比较，对可能存在的偏差或隐患提前采取处理措施，以获得预期的生产结果。生产调度工作要从实际出发，要经常深入生产第一线，掌握第一手资料，及时了解和准确地掌握生产活动中千变万化的情况，摸清客观规律，深入细致地分析研究问题。把调度的生产指令规范化、具体化，使调度工作有计划性、合理性、预见性，保证生产调度的各环节紧密衔接。加强生产调度管理，建立上下贯通、左右协调、集中统一、灵活高效的生产调度系统，及时了解、掌握生产进度，研究分析影响生产的各种因素，采取相应对策，是保证企业安全稳定生产的关键。因此，生产调度就要及时了解掌握各类影响因素，组织有关部门、有关人员处理解决这些不平衡因素，消除隐患，从而保证生产长周期安全运行，保证生产计划按要求实现。

第八，完善成本预算。企业成本控制的一个重要方面就是全面实行成本预算管理，包括预算编制、预算实施、预算差异分析、事后对标管理、经济活动分析等。实践中的预算可以时刻与生产进行差异分析，有效地加强对管理薄弱环节的控制，充分地提高生产设备的利用率及减少变动成本的浪费，从总体上降低生产成本。建立健全专门的预算管理机构，加强企业各部门间的信息沟通和相互约束，加强对预

---

① 方剑. 进化算法及其在 Job Shop 调度中的应用[D]. 上海交通大学自动化研究所，1996：9-15.
② 张纯刚，席裕庚. 动态未知环境中移动机器人的滚动路径规划[J]. 机器人，2002，1：71-75.
③ 何霆. 车间生产调度问题研究[J]. 机械工程学报，2000，36(5)：97-102.

算执行情况的监督与考核，并对预算中不合理的地方做出调整，根据部门对预算的执行情况，把成本管理的责、权、利落实到每个职工，将成本指标与工作绩效挂钩，严格考核、奖罚，通过预算管理的全过程来激发员工的积极性。

5.2 生产调度系统评价指标

企业生产调度方案评估系统，是面向制造企业，结合企业的生产特点、生产订单、生产工艺和基础数据等信息构建的智能决策系统。计划实施评价是计划目标与其实现情况的检查、对比和分析。实际生产往往对一个调度问题有多个方面的优化目标，在生产过程中这些目标之间可能发生冲突，导致调度方案无法产生符合预期的优化效果。多个目标常常交织在一起，需要用一种优化算法来找到几个目标的平衡点，这样就更增加了调度算法的复杂性，也增加了生产调度评估的难度。企业的实际生产环境差异性很大，基于不同的考虑，对于不同的生产方式，企业生产调度评估的侧重点不同。比如有的侧重于效率，有的侧重于客户的满意度。因此程序不应该一成不变地设定评定指标，而应根据实际情况的需要，由专家灵活地选择。不同企业的制造执行系统是不同的，实际的生产过程千差万别，系统中机器配置和资源、调度目标、调度策略均多种多样，一个企业在不同市场形势下的调度问题也可能大相径庭。计划实施过程中的所有不确定因素，会使计划的实际执行情况与预期的目标相偏离。而提高对环境的响应能力最根本的是制造系统要将自身的资源进行合理快速的重构，通过内部变化来适应外部环境的变化。实施评价是一种反馈行为，它可以为计划的调整或者新计划的编制提供依据和经验。有必要定期把计划的实际执行结果与原始目标比较，作出系统、客观的评价。计划实施的评价可以在计划的过去、现在和将来之间建立起认识的桥梁，增强制造系统适应市场的变化能力。

表1   常用的生产调度评价指标

类别	评价指标
基于交货期（服务能力）	交货的准时率、交付方式、平均延迟时间、最大延迟时间、未完成生产任务数等
基于加工时间	总通过时间、平均完成时间、平均通过时间、最大等待时间等
基于在制品	平均等待加工零部件数、平均在制品、超过一定时间的等待生产任务数等
基于生产设备	生产设备利用率、平均空闲时间、可加工时间、最大产能等
基于生产成本	存储费用、机械制造费用、废次品费用、人工费用、原材料耗用、延期惩罚、生产设备维修成本等
基于生产指标	生产任务不合格率、返工率等
基于质量控制	产品的性能、产品的废次品率等
基于生产柔性	机器效率、生产类型多样性、先进的生产方式等

生产调度系统评价指标体系如表1所示。每方面又各自包含多项评估指标，较为全面地概括了生产调度方案评估的内容。每项核心能力下属的指标是该项能力的不同程度反映，在实际操作中，企业就可以根据自身的需求和基础数据的特点灵活地选用评估指标。这些指标在进行调度评估时可以作为确定性因素考虑。而对于设备故障、原料供应变化、生产任务变化等非正常情况都是事先不能预见的，在进行调度评估时作为非确定性因素考虑。对于当今大多数的制造企业，生产策略评估的基本准则仍是安全、质量、成本、交付与服务并重的原则。这要求企业运用先进的理论、科学的工具和与时俱进的创新思维，构建一套实用的生产调度管理系统，通过有效的企业基础数据采集、存储、处理、传递、算法分析、评价与改进，充分发挥信息的作用，把生产线上反映生产状态的数据信息集中于实时关系型数据库，再利

用各种数据挖掘手段和工具进行开发，使之变为管理决策信息，为生产调度决策提供依据，及时反馈，以实现生产管理水平的持续改进。生产调度系统评估的目标主要有：

第一，验证先进合理的生产调度算法，通过优化调度算法，优化生产指标参数。

第二，为生产决策提供重要依据。生产调度系统可以为相关生产部门提供基本数据，这些数据是进行生产决策的基础。良好的生产作业排序方案是编制生产作业计划的重要依据。同时，生产调度方案的顺利实施要靠生产、供应、工艺等部门的密切协作来完成。

第三，提高生产管理水平。生产调度系统中数据库及其管理模块的建立，促进了相关生产数据的规范化，对生产设备、产品、零件、加工工艺等实行有效管理，为整个生产管理系统的建立与运行提供条件。

6. 结论及展望

为适应市场的变化，制造业需要向多品种、小批量的生产模式转变，在这种模式下车间级的组织与控制方式对其生产调度要求更高，因此需要一个先进适用的调度系统，通过计算机进行准确的数据处理，对于下达的生产任务进行一定程度的智能优化调度，最大限度地减少生产过程中的非增值时间。车间生产调度系统已经成为提高车间生产效率、提高企业竞争力的关键技术。其发展趋势主要表现在以下几个方面：

第一，集成化。车间生产调度系统与工艺系统等其他系统的集成是车间生产发展的必然结果，发展方向是计划调度控制一体化集成。只有将调度和控制综合考虑，实现信息与功能的集成，才能形成一个适应生产环境不确定性和市场需求多变性的全局优化的高质量、高柔性、高效益的智能生产系统。因此，调度系统应能与现有企业的信息基础结构进行通信和信息交换，并作为信息基础结构的一部分，这也是生产调度理论和方法的研究方向之一。信息化可以在很大程度上使现有管理方式规范化，增加管理的透明度，增强各部门之间的沟通，使企业信息流、资金流、物流畅通无阻。

第二，动态化。在加工过程遇到扰动和故障时，调度方法能根据系统的状态修改原定的加工顺序和调度系统的所有资源，使系统持续地、优化地运行；生产计划的安排基于实时能力信息和生产资源，能获取实时生产和调度信息，企业资源利用得到优化。对生产异常进行动态调度，系统每发一组指令，都要在当前的模型环境下运行这些调度指令，预测其后果，只有在不发生冲突并有利于调度目标的情况下，才能执行调度指令，保证生产在异常情况下也能够正常地进行。如果动态调度结果影响到下游分厂的生产，应及时将本分厂的调度结果通知给下游分厂，下游分厂即可对本厂的作业计划进行调整，保证生产的顺畅进行。动态调度要在原有模型环境的基础上进行，减少大范围调整造成的生产混乱的局面。将动态多变的复杂生产调度与控制问题，转化为分散到各个决策节点上的局部决策问题，由于局部决策相对于全局决策规模小，借助于节点间的协调、合作可实现制造系统的整体调度与控制功能。

第三，高效智能化。寻找新的调度算法，该算法应能快速、高效地找到大规模调度问题的最优或次优解，并能对找到的解进行评估。其中，混合车间调度算法是当前和未来的研究热点之一。车间生产调度系统的算法正在朝着人工智能技术方向发展，如遗传算法、蚁群算法及模拟退火算法等。智能化的计算机具有学习功能，可以从旧有调度案例中获取调度规则用于指导工作，从而避开无法综合考虑所有影响因素的难题。

第四，柔性化。在传统的车间调度问题的研究中，仅考虑每一工件具有唯一确定加工工艺路线的情况。随着加工技术、自动化技术的发展，工件加工工艺路线必须唯一确定的传统限制已被突破，工件具有多个可选择的加工路线，即路径柔性已成为生产的实际需求。车间生产调度系统正在由单目标优化向多目标优化发展，使车间调度更贴近实际车间的情况。

第五，排程可视化、最优化、精准化。在生产能力负荷范围内避免拖期及无辜等待时间，对计划变化能做出快速的响应。排程系统为柔性的，满足生产组织的灵活性，支持插单功能，同时也支持数据的自动调整与修正等。提升计划的精确度及效率，建立高精度的生产计划，实现可视化和目标管理。

随着生产调度研究的深入及调度算法与生产实践的进一步相结合，生产调度研究已经从理论探索转到实际应用阶段。目前，在基础数据的制定和规范方面做了大量的工作，如物料的编码管理等，为企业进一步的信息化集成奠定了良好的规范化基础，促进企业向现代企业模式的转变，为企业的可持续发展提供动力。将信息技术与现代管理技术、工业过程控制技术等相结合，通过信息化带动工业化进而取得企业的进步和发展将是企业发展的必由之路。大规模动态复杂生产调度系统是未来研究的一个热点与难点，对于生产调度问题的研究，随着应用数学方法的发展，必然朝着集成化、动态实用化、多目标化、高度优化方向深入。

（作者电子信箱：xidadongpeng@ gmail. com）

参考文献

[1] 成浩. 求解作业车间调度问题的禁忌演化算法[D]. 武汉理工大学博士论文，2006.

[2] 方剑. 进化算法及其在 Job Shop 调度中的应用[D]. 上海交通大学自动化研究所，1996.

[3] 何霆. 车间生产调度问题研究[J]. 机械工程学报，2000，36(5).

[4] 沈福金. 缩短节拍时间与柔性实用相结合[J]. 世界制造技术与装备市场，2005，2.

[5] 夏锐. 基于约束理论的生产作业计划模型研究[D]. 五邑大学博士论文，2006.

[6] 袁刚. 多品种小批量机械制造企业生产管理流程优化研究[D]. 天津大学研究院博士论文，2005.

[7] 朱剑英. 现代制造系统模式、建模方法及关键技术的新发展[J]. 机械工程学报，2000，8.

[8] 张纯刚，席裕庚. 动态未知环境中移动机器人的滚动路径规划[J]. 机器人，2002，1.

[9] Brian Slack, and James J. Wang. The challenge of peripheral ports: All Asian perspective[J]. *Geo Journal*, 2002, 56(2).

[10] John, R. M., Gordon, Pui-Mun Lee, Henry, C., and Lucas Jr. A resource-based view of competitive advantage at the port of Singapore[J]. *Journal of Strategic Information Systems*, 2005, 14(1).

[11] Jose Tongzon, and Wu Heng. Port privatization, efficiency and competitiveness: Some empirical evidence from container ports(terminals)[J]. *Transportation Research Part A: Policy and Practice*, 2005, 39(5).

[12] Raymond, K., Cheung, Judy H. Tong, and Brian Slack. The transition from freight consolidation to logistics: The case of Hong Kong[J]. *Journal of Transport Geography*, 2003, 11(4).

The Globalization of Manufacturing Production Scheduling System

Dong Peng[1] Yu Changli[2] Dong Yinhong[3] Cui Chunsheng[4] Dong Naiquan[5] Zhao Lianghui[6]

(1. Carlisle(Meizhou) Rubber Manufacturing Co., Ltd. Meizhou 514759;

2. Naval Architecture School of Harbin Institute of Technology Weihai 264209;

3. Management School of Zhongnan Nationalities University Wuhan 430074;

4. Computer School of Henan University of Economics and Law Zhengzhou 450046;

5. Tianjin Electronic Information Career College Tianjin 300132;

6. Management School of Wuyi University Jiangmen 529020)

Abstract: Facing the customers' demand, the manufacturing production scheduling system shall promote the production's efficiency, dynamics and agility. The manufacturing production scheduling system as the research object, this paper surveys the production workshop scheduling's objectives, methods, means and resources, then summarizes the practical problems of traditional production scheduling system, and generalizes the perspective of system integration of production scheduling method and the improvement measures. This paper also introduces production scheduling strategy and evaluation indexes under uncertainty. Using the idea of system integration, this paper probes into the manufacturing production scheduling system in the environment of supply chain, puts forward the development direction of the production scheduling system which is integrated, dynamic, efficient, intelligent, flexible and scheduling visualization.

Key words: Production scheduling system; System integration; Production uncertainty

开发中国青年"蚁族"人力资源的调研报告*

● 刘洪辞

（武汉大学经济与管理学院 武汉 430072）

【摘 要】本文通过"蚁族"调研数据来分析中国目前青年"蚁族"的教育和就业状况，探讨了青年"蚁族"人力资源开发的问题所在，同时指出开发青年"蚁族"人力资源是中国目前解决人力资源短缺问题的关键所在，最后论文通过借鉴国际经验提出了四个开发中国青年"蚁族"人力资源的路径。

【关键词】青年"蚁族" 人力资源开发 国际经验 对策与建议

1. 引言

人力资源是指能够推动整个经济和社会发展、具有劳动能力的人口总和。人力资源的最基本方面包括体力和智力。如果从现实的应用形态来看，则包括体力、智力、知识和技能。人力资源具有一定的时效性、能动性、两重性（既是生产者也是消费者）、智力性、再生性、连续性（使用后还能继续开发）、时代性、社会性和消耗性。

目前在我国，"蚁族"是指"大学毕业生低收入聚居群体"，即毕业后无法找到工作或工作收入很低而聚居在城乡结合部的大学生。"蚁族"的基本特点是高智、弱小、群居。随着中国社会城市化、人口结构转变、劳动力市场转型、高等教育体制改革等一系列的结构性因素的变化，越来越多的大学毕业生选择在大城市就业。再加上国际金融危机的冲击，"蚁族"数量在未来一段时间必将急剧增加。"蚁族"作为一种新生的群体，是城市特有的人力资本。

由武汉大学经济研究所"蚁族"研究课题组设计、组织部分博士研究生以及南京当地相关专业的大学生于 2010 年 8 月在南京市的 11 个区对青年"蚁族"（年龄在 40 岁以下）进行了抽样调查。① 本次调查人群涵盖了准"蚁族"（2011 年毕业的大学生）、"蚁族"人群及转型后的"蚁族"，通过对不同阶段"蚁族"人群的不同状况和需求，青年"蚁族"群体目前的就业状况、收入状况、职业特点、受教育状况以及将来的创业构想等方面的调查，就如何开发城市"蚁族"群体人力资源提出了自己的对策与建议。

---

* 本论文是武汉大学经济研究所"蚁族"研究课题组的课题"'蚁族人才创业园'理论研究及商业策划思路"的阶段性成果。

① 本课题在南京市的 11 个区针对青年"蚁族"（年龄在 40 岁以下）进行了抽样调查，采用面对面的结构性问卷访谈法，调查的抽样框采用分块和分类的方法确定，根据南京市大学生就业情况分布，走访调查了南京市的不同区域及不同行业的"蚁族"人口，共随机抽取了 827 名"蚁族"人口作为调查对象，通过调查后资料整理问卷审核，回收有效问卷 800 份，问卷有效率达到 96.7%。因此，此次研究的数据具有科学依据和有效性。

2. 中国"蚁族"人群的教育状况及就业特点

本次调研 800 份样本中，男性占 50.3%，女性占 49.7%，性别比为 1.01∶1。在被调查的"蚁族"中，年龄最小为 18 岁，最大为 38 岁，30 岁以下的占调查对象的 95.4%。调查对象的平均年龄为 24.1 岁，其中男性的平均年龄为 24.2 岁，女性的平均年龄为 23.9 岁。在婚姻状况方面，未婚者占 86.25%，同居者占 2.125%，已婚者占 11.375%，离婚者占 0.25%。从中可以看出，"蚁族"以 30 岁以下的未婚青年为主，男性女性比例相当，没有明显的性别偏好特征，"蚁族"人群在性别结构上男女比例基本平衡。

2.1 受教育情况

第一，"蚁族"自身受教育情况。本次调研有关"蚁族"的受教育情况，我们主要从学习年限、最高学位、最高学历性质、最高学历专业等方面进行：调查的"蚁族"平均受教育年限为 15.4 年，其中最低为 11 年，最高为 22 年。从最高学历毕业院校类型上看，毕业于 211 院校的仅占到 13%，非重点院校的毕业生比例达到 86.5%。从最高学位来看，硕士及硕士以上不到本次调查的 4%，其他均为本科和大专水平。在最高学历性质方面，省/市属高校比例达到 53.5%，其次是独立/民办院校，为 19.75%，部属高校只占 13.625%。在最高学历专业类别方面，理工农医类的比例最大，占到 38.125%；其次是经管法类，比例为 35.625%；其他人文社科类比例最小，只占到总数的 26.25%。

总体上看，本次调查的"蚁族"人群中，以本科生和大专生为主，硕士及硕士以上不到 4%，48.25% 毕业于二本以下的院校。在专业方面，理工科最多，其次是经管法类，其他人文社科类专业只占到总数的 26.25%，表明理工科和经管法类仍然是"蚁族"毕业生集中的专业，选择文科专业的"蚁族"比较少，这也和文科的社会就业率高有很大关系。

第二，代际文化的影响。在父母的职业方面，"蚁族"青年的父母有将近 1/3 是从事农业的，接近 20% 是工人，17% 左右是商业工作人员（见图 1）。此外，有 14% 的母亲是在家料理家务的家庭妇女，而父母职业对子女就业有帮助的如单位负责人，不到总比例的 10%。

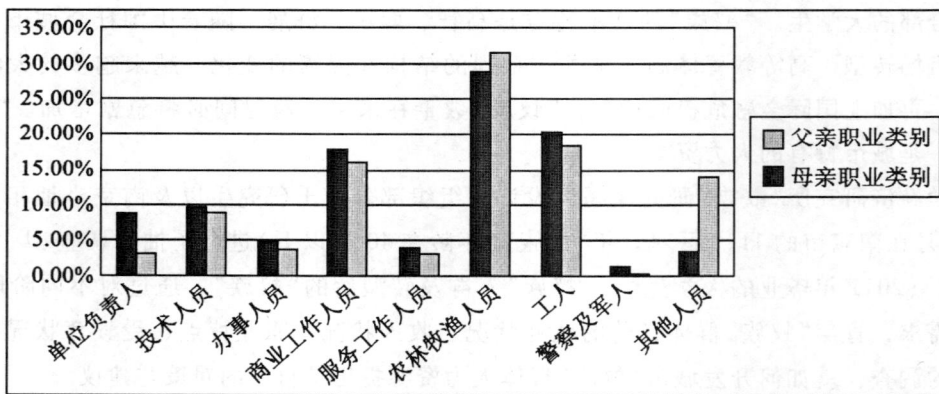

图 1　父母职业类别

2.2 就业状况

第一，工作性质。本次调查的对象涵盖了三大部分："蚁族"、准"蚁族"（2011 年毕业的大学生）和转型后的"蚁族"。在工作性质上，大部分是全职人员，其比例为73.5%；其次是在校生，比例为15.63%，见表1。本文的统计分析主要针对非在校生的"蚁族"人群。

表1   工作性质

编号	性质	频数	比例
1	全职	588	73.50%
2	兼职	19	2.37%
3	自由职业	39	4.88%
4	失业	29	3.62%
5	实习（在校生）	52	6.50%
6	待就业（在校生）	73	9.13%

第二，工作份数。在675名调查的"蚁族"中，目前的这份工作平均是毕业后的第2.1份工作。目前这份工作是毕业后的第一份工作的比例仅占到34.4%，是第二份工作的比例最大，达到34.5%，为第三份工作的比例为20.4%。

第三，毕业后就业时间。毕业后找到第一份工作的平均时间为2.6个月。毕业至今的时间，平均为2.47年，其中毕业时间不到1年的比例达到41.8%，91.6%的人的毕业时间在5年内，见表2。

表2   毕业至今时间

毕业时间	≤1年	≤2年	≤3年	≤5年	5年以上
频数	282	432	529	618	57
比例	41.8%	64%	78.4%	91.6%	8.4%

第四，行业与单位性质。本次调查的"蚁族"全职人员（588人）就业分布在20个行业大类的19个行业（无就业于国际组织的），表3列出了就业比例较大的前7类。从事行业比例最高的前四位分别是批发和零售业、金融业、制造业和计算机服务业，和"蚁族"的大学专业比例中理工科、经管类比例最大相符。

在单位性质上，私/民营企业比例最高，达到52.04%；其次是国有企事业单位，为22.96%；个体经营的比例达到12.24%；在党政机关就业的比例仅有1.53%，见表4。

第五，求职方式。在求职方式上，85%的人通过自己应聘找到工作，通过父母亲友帮助的占6.5%，自己创业的占5.3%，政府职介只占到1%。由此可以看出，"蚁族"大部分是通过自己应聘的方式找到工作的，政府部门在大学生就业介绍上投入不够。

表3   全职人员从事行业分布

1	批发和零售业	95	16.16%
2	金融业	83	14.12%
3	制造业	77	13.10%
4	计算机服务业	64	10.88%
5	居民服务业	37	6.29%
6	商务服务业	37	6.29%
7	住宿和餐饮业	31	5.27%

表4　　　　　　　　　　　　　　　　　　　全职人员单位性质

1	个体经营单位	72	12.24%
2	私/民营企业	306	52.04%
3	三资企业	48	8.16%
4	国有企事业单位	135	22.96%
5	党政机关	9	1.53%
6	其他	18	3.07%

第六，就业待遇。本次调查的"蚁族"全职人员(588人)税前月平均收入为2447元，中值为2000元。税前月收入主要集中在1001～3000元，其中1001～1500元占24.15%，1501～2000元占28.74%，2001～3000元占26.87%，3000元以上仅占15.47%，见图2。如果将税前月收入高于5000元的25位受访对象的数据剔除，则其他563位全职"蚁族"的税前月平均收入下降到2270元。

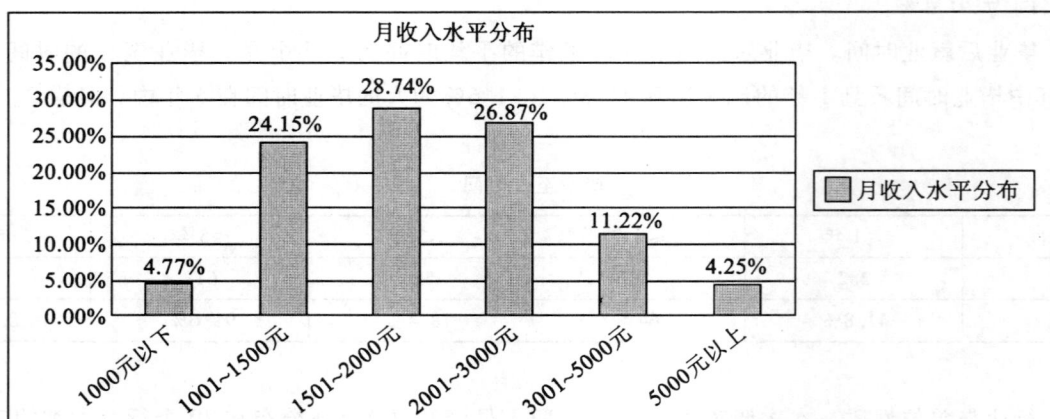

图2　月收入水平

2.3　就业与创业意愿

首先，就业意愿。调研表明，对于继续在南京(大都市)工作和生活的意愿，50.48%的受访"蚁族"愿意一直在南京待下去，26.27%的人目前还没有具体的计划。另外，23.25%的人打算在南京生活和工作一段时间，平均期限为3.6年。整体来看，南京市对于"蚁族"青年在此工作生活的吸引力不错。

其次，创业意愿。在创业经验方面，13.5%的"蚁族"正在进行创业，15.5%的人曾经有过创业的经验。总体上看，有过创业行为的"蚁族"比例高达29%。

在目前没有创业的人群中，34%的人比较想创业，18%的人更是表达了非常想创业的态度，即超过一半的人有创业想法，只是因为目前的条件限制而没有进行创业，如果有各种配套条件支持和良好的创业环境，这部分"蚁族"青年很愿意尝试去实现自己的创业梦。

3. 中国"蚁族"人群人力资源开发中存在的主要问题

由于历史和现实等诸多因素的影响，中国"蚁族"群体人力资源尚未得到有效的开发甚至是未开发，人力资源浪费和劳动生产效率低下的问题依然比较严重。当前，中国"蚁族"群体人力资源开发中存在的主要问题如下：

3.1 "蚁族"群体未充分享受公平的国民待遇，劳动权益不容乐观

"蚁族"群体在中国作为弱势群体，其人力资源开发乃至自身权益的保障和维护尚未得到一些部门或组织思想上和行动上的足够重视。在"蚁族"人群中，大部分目前有工作（包括全职、兼职、实习、自由职业等各种形式），少部分人处于暂时失业状态。就工作种类来看，主要集中在专业技术人员、商业服务人员、办事人员、技术工人及普通工人五大类。据调查，有相当一部分的"蚁族"人群并没有与用人单位签订正式的劳动协议。在社会保障方面，有超过一半的受访者用人单位为其上过"三险"（医疗、养老和失业保险），有三分之一的人没有上过"三险"，还有一小部分没有上全保险。

因此，一方面，"蚁族"群体在专业培训等方面所享受到的资源、机会和权益相对欠缺；另一方面，"蚁族"群体在养老、医疗、工伤、失业等社会劳动保障方面遭受歧视并缺乏应有公平对待的现象仍然存在。

3.2 职业技能培训缺乏，人力资源开发未得到充足重视

影响"蚁族"就业的因素主要是人际沟通能力差、学历不高、英语能力差、电脑操作熟练度不高，等等。据调查，"蚁族"人群在择业时最看重的两个因素是收入待遇和个人发展。谈及就业压力来源，"生存压力"被认为是主要压力。此外，在求职与高等教育的对应分析中我们发现，"蚁族"认为其高等教育主要缺失在专业技能方面，体现在工作方面即个人业务能力，而这也正体现了高等教育中职业教育这一部分的缺失。

"蚁族"群体对实用化教育的需求非常强烈。该群体虽然拥有本、专科学历，但是，在文凭"水涨船高"的今天，这是远远不够的，此外，其所学专业与社会需求是否一致，以及是否拥有一技之长也成为该群体在求职过程中的重要因素。因此，作为开发"蚁族"群体人力资源又一个重要途径——职业技能培训并未得到充分的重视和普及，这严重制约该群体进行自身素质提高和能力建设的可能性和实效性。

3.3 部分用人单位缺乏社会责任感，对"蚁族"群体进行人力资源开发的意愿偏低

现如今，有不少的企业雇用大学生从事一些极其简单和笨重的体力工作，这不仅对"蚁族"大学生本人的自尊心造成了伤害，而且极大地浪费了高智的人力资源。一些用人单位对"蚁族"群体抱有歧视，在工资、福利等待遇及权益方面不给予他们公平对待；还有一些企业急功近利、唯利是图，缺乏社会责任感，以种种借口和托词逃避对"蚁族"群体实施教育培训的责任。这就使得一些"蚁族"群体只能长期从事低水平的体力劳动，而在职业技能方面无法得到更高层次的提升，最终导致他们的素质和能力与现代科技和生产水平的发展要求愈发不相适应。

3.4 "蚁族"群体的低收入限制了自我开发需求，人力资源开发陷入低投入—低收益的怪圈

我们在前面提到，"蚁族"群体的工资水平远远低于城镇职工。"蚁族"群体微薄的收入在维持自身及家庭生活基本开销之外，能用于投入教育与培训以提高自身素质和能力的资金非常有限，这在很大程度上限制了该群体自我开发潜力的需求，由此也导致"蚁族"群体人力资源开发陷入了低投入—低收益的恶性循环。

3.5　自主创业困难

调研数据表明，在有创业想法的"蚁族"青年中，因为各种条件限制，能够完全把创业想法付诸实践的只占10%。19.25%的人，基本上不可能实现创业想法；28.68%的人，实现创业想法的可能性不高，23.21%的人，如果条件允许、外部环境不错，可能实现创业想法；18.86%的人，有可能实现创业想法。

在创业可能面临的各种困难中，82.53%的人认为是创业资金不足阻碍了创业想法付诸实践；超过70%的人，认为缺乏经营管理经验、没有核心技术是创业中面临的大困难；超过60%的人，认为他们的社会关系不足、身边缺乏良好的创业伙伴和团队是创业中面临的很大困难；57.96%的人，认为社会配套服务不足，政府对"蚁族"青年、大学毕业生创业的各项扶持缺乏，阻碍他们实现创业的想法；仅有33.85%的人认为他们的心理承受能力不足，不能承受创业带来的风险和困难。

4. 中国开发"蚁族"群体的人力资源的重要意义

4.1　开发"蚁族"群体市场的潜力和潜在效益巨大

首先，"蚁族"群体是一个巨大的群体。人的因素是经济发展和社会进步的第一要素，现代社会的竞争，已经由过去资本、资源、科技的竞争，转向了以人力资本为主的竞争，一个国家的人力资源发展水平已经成为核心竞争力的重要指标之一。据《中国人才发展报告（2010）》统计，目前，仅北京地区保守估计"蚁族"就有10万人以上，此外，上海、武汉、广州、西安、重庆、太原、郑州、南京等大城市也都大规模存在这一群体。据初步分析，全国"蚁族"人数将在百万人以上。

其次，"蚁族"是一个有文化的群体。"蚁族"群体接受过高等教育，文化程度较高，思想上较为开放，大多属于"80后"。因此，与农民和农民工相比，该群体的人力资源开发就相对容易些，但是他们尚未受到有关部门和就职企业的重视，人力资源开发非常滞后，加上"蚁族"群体的"充电"意识和自主创业意识较强，因此"蚁族"群体市场的开发潜力和潜在效益巨大。

4.2　开发"蚁族"人力资源有利于社会的和谐与稳定

首先，"蚁族"群体不安定，社会就多了一个不安定的因素。"蚁族"主要是那些刚刚毕业的大学生，他们是有理想、有抱负的知识青年，他们想要实现自己的社会价值和个人价值，他们肯吃苦，愿意为了以后的幸福生活暂时牺牲现在的幸福。他们的出发点很好，想为国家做点事情，尽点微薄之力。然而，现实社会给他们的压力很大，如在工作、买房、结婚等方面。这需要很多的资金，暂时自行解决不了。如果这些困难积压很久，他们就会产生一种厌世情绪，就可能成为一种不安定的群体。

其次，"蚁族"群体的人力资源不开发，社会就少了一支建设力量。"蚁族"人员众多，分布广泛，如果不能对其进行正确的引导和开发，这些人可能就缺乏建设社会主义的热情和方向，社会就少了一支年轻且高智的建设力量。

最后，"蚁族"群体不和谐，社会就无法称为和谐社会。和谐社会是让全社会的群体达到"民主法治、公平正义、诚信友爱、充满活力、安定有序、人与自然和谐相处"状态，这样的社会才可称为和谐社会。随着高校的扩招，该群体的规模正处于迅速扩张的趋势，因此，政府和企业都有责任来引导和开发该群体，使之和谐。而当前，对"蚁族"群体进行人力资源开发便是一个很好的途径。

4.3 开发"蚁族"人力资源有利于提升经济发展的活力

第一,"蚁族"人力资源对于经济发展的重要性是由其自身的特点决定的。首先,"蚁族"人力资源的"高智商"为其创业创新活动提供了充分条件;其次,"高智商"的"蚁族"人群往往聚居在一起,为他们共同的创新创业提供了可能性;再者,"蚁族"巨大的生存压力又为他们提供了无限的创新渴望。因此,"蚁族"人力资源的属性决定了其对于创新经济的重要意义。

第二,"蚁族"群体普遍就业于中小民营企业,通过"蚁族"人力资源的开发,有助于现有中小民营企业转变经营思维,创新经营模式,提升企业经营水平。

第三,"蚁族"群体的创业活动,一方面壮大了中国民营企业的力量,增加中小企业的活力;另一方面"蚁族企业"更加倾向于吸收"蚁族"人力资源,由此极易形成"蚁族"消失的良性循环,成为解决社会就业问题的重要途径。

5. 开发"蚁族"群体人力资源的国际经验借鉴

5.1 建立专门针对青年"蚁族"就业的法律法规体系

(1)美国。除了制定《均等就业法》等消除歧视性就业的措施之外,还专门制定了《青年就业与规范项目法》,特别加强就业的培训、辅导和咨询等,以弥补诸多就业法案中对青年人这一重要群体的忽视。

(2)法国。法国制定并实施了《青年就业法案》,重点安排青年失业者到第三产业工作;通过《安置就业合同法》,对企业吸纳失业人员和大学生提供巨额补贴等。

(3)日本。第二次世界大战后,日本政府先后制定了《日本国宪法》、《职业安定法》、《职业训练法》、《最低工资法》、《就业对策法》等就业保障法规,这些法律法规有效保障并促进了大学生的就业。

5.2 促进经济发展和调整经济结构以促进青年"蚁族"就业

(1)德国。德国不断调整和优化产业结构,随着制造业和一般服务业领域工作岗位不断减少,研发、咨询、管理等职位不断增加,从而有效吸纳了大学毕业生进入这些新兴岗位工作。

(2)法国。法国推出促进经济发展措施,如通过增强与发展中国家的贸易合作,为外贸企业开拓空间,以扩大出口。

(3)印度。印度大力发展信息、软件等高科技产业,该领域为青年人提供了大量的工作岗位。

5.3 制定鼓励创业的政策

(1)法国。法国通过税收、贷款等政策上的优惠鼓励青年创业。法国政府部长理事会在1986年发起青年挑战计划,目标是建立一个帮助青年创业的支持机制。

(2)美国。美国是世界上创业投资最发达的国家,资本市场成熟,风险投资资金充足,各种咨询服务机构更是一应俱全,因而增加了美国大学生的创业计划的可行性。通过大学生的自我创业,带动解决部分大学生就业问题。

(3)印度。印度政府自1993年10月起实施了针对18~35岁城市青年就业计划,建立大学生就业资助体系,政府资助7500卢比帮助青年创业,青年也可向商业银行申请一定数额的低息无担保贷款。

（1）美国。为了鼓励大学生创业，或到特定地区从事特定的职业，美国政府制定了一系列相关的鼓励政策和激励措施，其中最为常见的做法是免除学生的贷款义务。

（2）日本。日本实行有选择性的投资方案，通过刺激投资地区经济的发展来吸引大学生到该地区就业，从而减轻大城市大学毕业生过度聚集的压力。

（3）韩国。韩国通过加强农村社会发展，在农村大力发展基础设施和社会服务，尽量缩小城乡差别来吸引大学毕业生来此就业。与此同时韩国也在大都市周围建立很多新型卫星城镇，刺激经济并鼓励厂商在卫星城镇设立工厂和产业基地以吸引大学生来此就业。

6. 建立和完善中国"蚁族"群体人力资源开发机制的对策与建议

6.1　制度性开发

制度性开发是借助制度途径，通过制度建设形成对"蚁族"人力资源有组织、有计划、有目的的长效开发机制。它需要政府、企业和个人的全面参与和积极配合。

中国需要积极推进和谐社会建设，逐步提高"蚁族"群体的各项国民福利和待遇。各级政府都应积极制定和出台相关政策措施去维护和保障"蚁族"群体在就业、教育、医疗、养老等方面的合法权益。特别是各级政府部门应把"蚁族"人力资源开发工作纳入政府工作的重大议事日程之中，并将其作为衡量工作业绩的标准之一，从而真正将"蚁族"人力资源开发工作落到实处。

6.2　使用性开发

使用性开发是指用人单位在实践活动中通过具体岗位和工作规定的工作任务来锻炼"蚁族"，以提高素质、培养能力、增长才干为目的的开发形式。作为知识和技能的实践和运用，"蚁族"人力资源的使用性开发能够发挥实效的关键在于用人单位能够合理地使用"蚁族"人力资源，做到人尽其才。

采取激励措施鼓励企业加大对"蚁族"群体的人力资源开发。企业是吸纳"蚁族"就业的主体，也理应成为开发"蚁族"人力资源的主力军。因此，政府相关部门应千方百计地采取有效激励措施去调动企业开发"蚁族"人力资源的主动性和积极性，对"蚁族"人力资源开发工作取得显著实效的企业给予表彰和奖励，并给予其政策和资金等方面的优惠和扶持。

6.3　培养性开发

培养性开发是通过对"蚁族"人力资源进行基础教育和职业技能培训来充分挖掘"蚁族"自身的潜能、提高素质和能力、激发活力和积极性并实现其更大社会价值的开发形式。培养性开发是开发"蚁族"人力资源的前期必要准备，是进行其他开发的基础性条件。

我国应加大"蚁族"群体职业技能培训的力度。立足"蚁族"的现实需要，开展形式多样的职业技能培训，推动培训内容和方式的不断改革与创新，加强就业及创业指导与服务，积极探索和积累职业培训方面的成功经验，并予以推广普及。

6.4　自我性开发

自我性开发是指以"蚁族"个人为主体，通过充分发挥其主观能动性，积极地进行自我开发，不断提高自身素质和能力来适应经济社会发展需要的开发方式。

青年"蚁族"自身的积累非常有限，他们如果单靠自身储蓄来实现创业的可能性非常低。建议政府和社会有关部门能够给大学毕业生、"蚁族"青年提供良好的创业扶持条件和一些资金资助，"蚁族"青年实现创业的可能性将会有很大程度的提高，也会给社会就业水平带来很大幅度的提高。

建立和完善公平竞争的劳动力市场，实行人人平等的就业制度，不断改善和提高"蚁族"的工资待遇水平，增强其自我发展投资的支付能力。同时，加强"蚁族"社会救助保障体系的建设，切实满足"蚁族"的实际需要，解除"蚁族"的后顾之忧。另外，建立"蚁族"教育培训专项基金，对接受教育的"蚁族"给予培训补助，激发"蚁族"主动接受培训的积极性。

（作者电子信箱：lhc_5811@126.com；windyfeng333@yahoo.com.cn）

参考文献

[1]刘传江，程建林，董延芳. 中国第二代农民工研究[M]. 济南：山东人民出版社，2009.

[2]李文政. 浅析农村人力资源开发的现实条件构建路径[J]. 安徽农业科学，2009，3.

[3]廉思. 蚁族[M]. 南宁：广西大学出版社，2009.

[4]苗冠军. 农民工人力资源开发的若干思考[J]. 经济研究导刊，2010，11.

[5]吴雁昭. 区域经济视角中的农民工人力资源开发问题[J]. 中国市场，2010，22.

[6]Lee, E. S.. A theory of migration[J]. *Demography*, 1966, 3.

[7]Rains, G., and F. Stewart. V-goods and the role of the urban informal sector in development[J]. *Economic Development and Cultural Change*, 1999, 47(2).

[8]Schuler, R. S., and Jackson, S.. Linking competitive strategies with human resource management practice [J]. *The Academy of Management Executive*, 1987, 1(3).

Survey Report on the Development of Chinese Youth "Ant Race" Human Resources

Liu   Hongci

(Economics and Management School of Wuhan University   Wuhan   430072)

Abstract：Through the "ant race" investigation, this article analyzed China's education and youth "ant race" employment condition and discussed the problem of youth "ant race" human resources development. It also pointed out that the development of youth "ant race" human resources was the key to solve the shortage of talents. Finally, this paper put forward four paths of developing Chinese youth "ant race" human resources through the international experience.

Key words：Development of Chinese youth "ant race" human resources；International experience；Countermeasures and suggestions

基于信息瀑布的股权拍卖逆向选择研究[*]

● 郑君君[1] 张 平[2]

（1，2 武汉大学经济与管理学院　武汉　430072）

【摘　要】股权拍卖市场中的信息不对称易导致逆向选择问题。在高质量风险企业即将进行股权拍卖信息公示的一段时间之内，风险企业家可以通过传递有利于风险企业的信号，使得最初做出投资决策的外部投资者发出的好信号个数远多于坏信号个数，从而诱导出对风险企业利好的信息瀑布，在规避逆向选择问题的同时，还可以通过调整外部投资者的锚定价格提高整个行业的效益。

【关键词】逆向选择　信息瀑布　锚定价格　股权拍卖

1. 引言

由于信息不对称的存在，股权拍卖市场中普遍存在逆向选择问题。在风险投资退出市场中，风险项目的质量有层次差异，其质量类型为风险企业家的私有信息，外部投资者难以进行甄别，而在无法分离风险项目质量高低的混合股权拍卖市场中，外部投资者为了降低投资失误造成的损失，会在行业的平均估价水平上压低报价，即风险厌恶或者风险中性的外部投资者不会以高于市场平均价格的出价购买此类股权。行业内的风险项目股权均以较低的价格售出，导致高质量项目的风险企业家无利可图而退出市场，风险投资退出市场上实现的主要是低质量项目股权的交易，造成市场的萎缩；另一方面，外部投资者竞买得到的均为低质量项目股权，因此股权拍卖市场上外部投资者的投资是低效的，从而降低了市场交易效率，逆向选择问题由此产生。

在风险投资退出市场中，进行股权拍卖的风险企业公示信息的一段时间之内，外部投资者决定是否参与股权竞买可视为一个序贯过程，前人的信息对于后续外部投资者的判断会产生影响，Celen 的研究表明，若最初做出投资决策的外部投资者显示的均为对风险企业利好的信号，后续投资者普遍会较少考虑自身的私人信息，转而遵循已形成的行为模式去模仿前者，竞买信念的增强使得信息瀑布得以形成。[①] 李建标提出只有真正高价值的商品才能保证信息瀑布的稳定性和收益性，低质量风险项目的风险企业家诱

　＊ 本文是国家自然科学基金项目"基于演化博弈与多主体仿真的风险投资股权拍卖机制研究"（项目批准号：71071120）的阶段性成果。

① Celen, B., and Kariv, S.. Distinguishing information cascades from herd behavior in the laboratory［J］. *The American Economic Review*, 2004, 99(3): 484-498.

导信息瀑布的动机和效果会大大降低①，故本文仅从高质量风险项目来考虑信息瀑布，认为通过传递有利于风险企业的信号诱导出对风险企业利好的信息瀑布，变市场"异象"为发展"机会"，能够为风险企业的发展提供一个优良的契机，在规避逆向选择问题的同时，还可以通过调整外部投资者的锚定价格提高整个风险投资退出市场的效益。

2. 文献综述

逆向选择问题最初产生于 Akerlof 的旧车市场模型，随后国内外学者从各个领域和视角对逆向选择问题进行了广泛的研究，其中对拍卖的研究取得了丰富的成果。孙树垒等学者通过拓展经典的垄断限价模型，对信号传递和信息甄别同时存在的双边逆向选择问题进行了探讨②；Esponda 认为解决逆向选择问题可以通过有效甄别代理人的信息来实现③；朱阁更加关注在线多属性拍卖中的逆向选择，并提出了分两阶段实行拍卖采购的委托代理设想④；Hasija 描述了信息不对称条件下委托方和代理方之间逆向选择问题的形成过程⑤。以上研究多集中在用委托代理理论探讨拍卖市场中逆向选择问题的形成机理和解决机制，但委托代理理论本身存在着割裂两个行为主体的重大缺陷，使得上述方法在实践中的运用均有一定的局限性。

行为经济学和心理学的迅速发展对此问题提供了新的研究思路，其中信息瀑布得到了业内学者的关注，主要用以解释和描述风险投资退出市场中外部投资者的从众现象。Amihuda 等（2003）分析了以色列股票市场的 IPO 数据，得到一级市场上存在信息瀑布的结论；应尚君（2003）通过建立投资者从众行为的仿真过程，发现这一过程中投资者的心理变化对股票市场复杂性特征会产生显著的影响；Goeree（2007）实验证明了连续的信息瀑布可能导致市场状态反转，通过引导市场信号自我修正为正确的状态，可以正确地调控投资。信息瀑布对于高低质量风险项目的作用效果明显不同，故笔者认为信息瀑布可以为优秀的风险企业家善加利用，变市场从众"异象"为企业发展机会。鉴于此，本文尝试通过诱导对风险企业利好的信息瀑布对股权拍卖市场中的逆向选择问题提供一个新的解决思路，为相关部门及相关机构的决策提供借鉴和参考意见。

3. 基于信息瀑布的逆向选择规避模型

3.1 假设条件

如上文所述，风险投资退出市场中，风险项目的质量层次是风险企业的私有信息，外部投资者无法知晓，信息不对称易导致股权拍卖市场中的逆向选择，对于此类问题风险企业家可以利用信息瀑布的原理来有效地规避。为了研究的简便，我们给出如下假设：

---

① 李建标，巨龙，任广乾. 钝化信念的信息瀑布及其应用[J]. 经济评论，2011，3：30-35.
② 孙树垒，韩伯棠，孙建全. 双方逆向选择问题的四类均衡分析[J]. 中国管理科学，2006，14(z1)：165-168.
③ Esponda, I.. Behavioral equilibrium in economies with adverse selection[J]. *American Economic Review*, 2008, 98(4): 1269-1291.
④ 朱阁，吕廷杰，付瑞雪，Sunanda Sangwan. 基于多 Agent 的在线多属性采购拍卖的机制设计[J]. 管理科学，2009，22(1)：78-85.
⑤ Hasija, S., Pinker, E. J., and Shumsky, R. A.. Call center out souring contracts under information asymmetry[J]. *Management Science*, 2008, 54(4): 793-807.

假设1：股权拍卖市场中的风险项目仅有低(L)、高(H)两种质量类型，所占的市场份额分别为λ_1和λ_2($\lambda_1+\lambda_2=1$)。

假设2：外部投资者无法区分风险企业项目的质量类型，但对于两种质量的风险企业项目股权有着同样的价值认定v_i($i=L$，H)。

假设3：风险投资家拥有自己欲出售股权的私有信息，认为低质量和高质量股权的价值分别为s_L和s_H，且满足$s_H>s_L>0$，$v_H>s_H$，$v_L>s_L$。

风险企业家若想避免由逆向选择造成的损失，需满足如下条件：

$$s_H \leq \lambda_1 v_L + \lambda_2 v_H \tag{1}$$

此时股权拍卖可以实现最优配置效率，风险投资退出市场上的单一价格模式被打破，不同质量的股权最终以不同的价格卖出，一般情况下外部投资者需要支付较高的调查费用以甄别风险项目类型。风险项目成熟退出时，率先做出购买股权决策的外部投资者所发出的信号作为新信息进入市场，对后续外部投资者的投资决策产生重要影响。若风险投资家能持续引导市场发出对风险项目利好的信号以形成有利的信息瀑布，则可以规避逆向选择问题。

假设4：市场对风险企业家欲出售的股权只发出两种信号：好信号g和坏信号b。

假设5：外部投资者i通过观测市场总体对风险项目的反应或情绪，结合自身的私有信息做出投资决策。其自身的私有信息为$s_i \in \{g，b\}$，同时可观测到其他潜在竞买者的信号，表示为信号集H_i。

3.2 信息瀑布形成流程

信息瀑布作用的演化见图1。

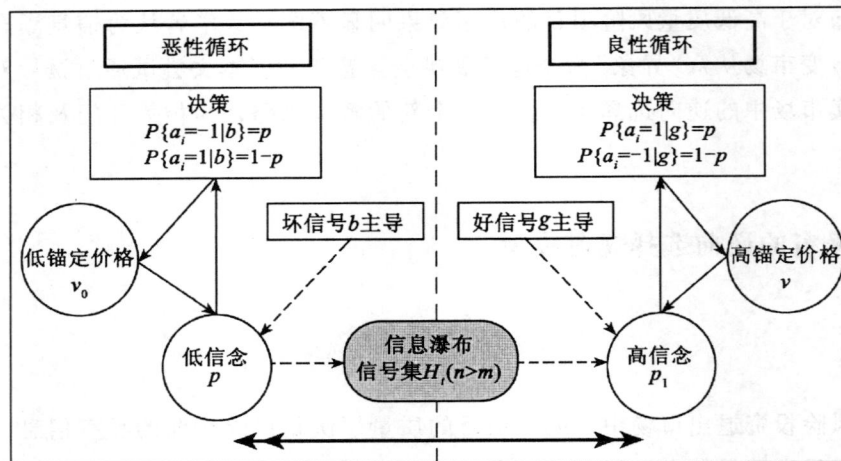

图1　信息瀑布作用的演化示意图

假设一个风险企业家欲出售高质量项目的股权，风险投资退出市场上对该类股权发出的反应信号有两种：好信号g和坏信号b。外部投资者i通过观测投资者总体对风险项目的反应或情绪，结合自身的私有信息做出投资决策。其自身的私有信息为$s_i \in \{g，b\}$，同时可观测到其他潜在竞买者的信号，表示为信号集H_i。因此，外部投资者i根据s_i和H_i做出决策a_i，其中$a_i \in A=\{1，-1\}$，$a_i=1$表示购买股权，$a_i=-1$表示不购买股权。外部投资者在未了解该风险项目时，购买股权和不购买股权的概率受λ_1和λ_2大小的影响，代表对此类项目股权的信念，而风险投资家所运行的风险项目作为行业内的一员，获得行业平均水平的待遇，所以也代表着外部投资者对项目股权的信念，可以得到：

120

$$p\{a_i=1\}=\lambda_2 \qquad\qquad p\{a_i=-1\}=\lambda_1 \qquad\qquad (2)$$

并假设当外部投资者接收到好信号进行投资的概率和接收到坏信号不进行投资的概率均为 p，相对应的，收到好信号不进行投资和收到坏信号进行投资的概率为 $1-p$，$0.5<p<1$，可以得到：

$$p\{a_i=1\mid g\}=p\{a_i=-1\mid b\}=p \qquad\qquad (3)$$

$$p\{a_i=1\mid b\}=p\{a_i=-1\mid g\}=1-p \qquad\qquad (4)$$

市场经过一段时间的信号传递后，产生信号集 H_t，包括 n 个好信号和 m 个坏信号。此时，风险投资者 i 可得到后验概率 p_1，代表了经过观测后外部投资者对项目股权的信念：

$$p\{a_i\mid H_t, s_i\}=p_1=p\{a_i=1\mid n, m\}$$

$$=\frac{p\{n, m\mid a_i=1\}p\{a_i=1\}}{p\{n, m\mid a_i=1\}p\{a_i=1\}+p\{n, m\mid a_i=-1\}p\{a_i=-1\}}$$

$$=\frac{[p\{a_i=1\mid g\}]^n[p\{a_i=-1\mid g\}]^m p\{a_i=1\}}{[p\{a_i=1\mid g\}]^n[p\{a_i=-1\mid g\}]^m p\{a_i=1\}+[p\{a_i=1\mid b\}]^n[p\{a_i=-1\mid b\}]^m p\{a_i=-1\}}$$

$$=\frac{p^n(1-p)^m\lambda_2}{p^n(1-p)^m\lambda_2+p^m(1-p)^n\lambda_1}$$

$$(5)$$

经过推导得出，当 $n>m$ 时，具有正反馈作用的信息瀑布能够增强外部投资者对股权的信念，即此时 $p_1>p$，成功地诱导了投资者的投资欲望。由此可见，拥有高质量风险项目股权的风险企业家通过揭示自己部分的私有信息、打广告、交流等形式诱导有利于风险项目的信号，使得外部投资者得到的好信号个数 n 相对于坏信号个数 m 尽量大，从而形成对风险项目利好的信息瀑布，便能规避逆向选择的产生。

3.3 信息瀑布下的逆向选择规避模型

设风险企业家传递信息所付出的成本为 c，则可以根据以上分析得到模型：

$$\max(1-p_1)v_L+p_1v_H-c \qquad\qquad (6)$$

$$\bar{v}=(1-p_1)v_L+p_1v_H\geq s_H \qquad\qquad (7)$$

$$0.5<p<1 \qquad 0<\lambda_1, \lambda_2<1 \qquad \lambda_1+\lambda_2=1 \qquad (8)$$

$$v_L<s_H<v_H \qquad\qquad (9)$$

对于风险企业家来说，s_H 为私人信息，p、v_L、v_H 均可以从现有市场中调查得到，只有 m、n 和 c 是未知变量，其中 c 由 m 和 n 来体现，即传递信息的成本是由取得的效果来决定的。由式(7)可得如下 m 和 n 之间的关系。

$$(1-p_1)v_L+p_1v_H\geq s_H\Rightarrow\frac{p^m(1-p)^n\lambda_1 v_L+p^n(1-p)^m\lambda_2 v_H}{p^n(1-p)^m\lambda_2+p^m(1-p)^n\lambda_1}\geq s_H$$

$$\Rightarrow p^n(1-p)^m\lambda_2(v_H-s_H)\geq p^m(1-p)^n\lambda_1(s_H-v_L)$$

$$\Rightarrow\left(\frac{p}{1-p}\right)^{n-m}\geq\frac{\lambda_1}{\lambda_2}\cdot\frac{s_H-v_L}{v_H-s_H}$$

$$\Rightarrow n-m\geq\log_{\frac{p}{1-p}}\left[\frac{\lambda_1}{\lambda_2}\cdot\frac{s_H-v_L}{v_H-s_H}\right] \qquad\qquad (10)$$

对于行业效益来说，进行信号传递之前不同质量层次的价值认定 v_i 经过加权平均得到的价值即为行业的锚定价格，设为 v_0，可以得到 $v_0=pv_H+(1-p)v_L$，v_0 受现有市场同类项目的质量层次和价格水平影响，p 代表对项目股权的信念。若风险投资退出市场中充斥着较大比例的低质量项目，较低的 v_0 就会形成，投资者对于此类项目会更加失望，低廉股权价格迫使高质量项目无法售出而渐渐退出市场，进一步促使风险投资退出市场的平均质量水平降低，质量和价格相互影响形成交互下降的恶性循环。风险企业家若能从外部投资者这个根源提高整个行业的信念和锚定价格，则可以有效缓解上述情况，从而提高整个行业的效益。用整个行业的平均价格来代表锚定价格，假设经过信息瀑布作用的风险项目的后验概率代表了外部投资者对整个行业的信念，可以得到新的锚定价格 $\bar{v}=(1-p_1)v_L+p_1v_H$，则行业效益改善程度可表示为：

$$\rho=\frac{\bar{v}-v_0}{v_0}=\frac{(1-p_1)v_L+p_1v_H-\lambda_2v_H-\lambda_1v_L}{\lambda_2v_H+\lambda_1v_L}=\frac{(p_1-\lambda_2)(v_H-v_L)}{\lambda_2v_H+\lambda_1v_L} \tag{11}$$

4. 算例

在风险投资退出市场中存在着高质量项目和低质量项目之分，两者所占的市场份额分别为 $\lambda_1=0.4$ 和 $\lambda_2=0.6$，外部投资者决定是否参与风险项目股权拍卖时会观测其他投资者的竞买信号，为投资决策提供参考，当接收到好信号时竞买股权的概率为 $p=0.6$，相对应的，接收到坏信号时竞买股权的概率为 $1-p=0.4$。现在假设风险投资退出市场中所有项目股权除质量和价格之外的其他属性均相同，寻找投资机会的外部投资者对于每份高、低质量项目股权的认定价格分别为 $v_H=9$（万元），$v_L=2$（万元）。现运营高质量项目的风险企业家对每份股权的估价为 $s_H=7$（万元），同时认识到低质量项目充斥市场的现状，迫切需要规避可能出现的逆向选择问题。在此情况下，本文运用 MATLAB 软件进行分析，从风险企业家的角度来看，若要规避逆向选择，经过信息瀑布诱导之后需要达到的效果为：

$$p_1=\frac{0.6^n\times0.4^m\times0.6}{0.6^n\times0.4^m\times0.6+0.4^n\times0.6^m\times0.4}=\frac{1}{1+\left(\frac{2}{3}\right)^{n-m+1}} \tag{12}$$

$$n-m\geq\log_{\frac{p}{1-p}}\left[\frac{\lambda_1}{\lambda_2}\cdot\frac{s_H-v_L}{v_H-s_H}\right]=\log_{\frac{3}{2}}\frac{5}{3}\approx1.26 \tag{13}$$

图 2 和图 3 分别显示了 n 和 m 的二维平面关系和三维空间关系，若要达到信息瀑布的效果，n 须大于 m，且两者差值越大，信息瀑布的效果越好。

从整个行业的角度来看，最初的锚定价格为 $v_0=0.6\times9+0.4\times2=6.2$（万元），经过持续的信息瀑布作用锚定价格将上升为 $\bar{v}$，那么整个行业的效益改善程度为：

$$r=\frac{\bar{v}-v_0}{v_0}=\frac{(p_1-0.6)\times7}{6.2} \tag{14}$$

经过信息瀑布诱导之后的信念（见图 4）和市场效益改善程度（见图 5）受到 n 和 m 的直接影响，n 越大、m 越小，外部投资者对风险项目的信念越强，规避逆向选择的概率越高，最终风险投资退出市场效益将得到越大的改善。

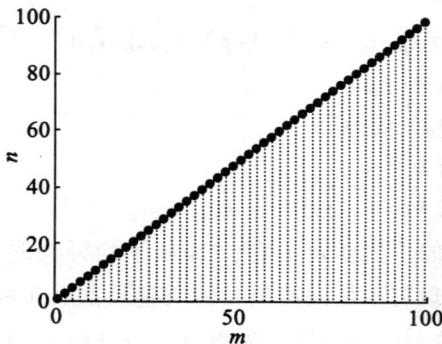

图 2　n 和 m 二维关系示意图

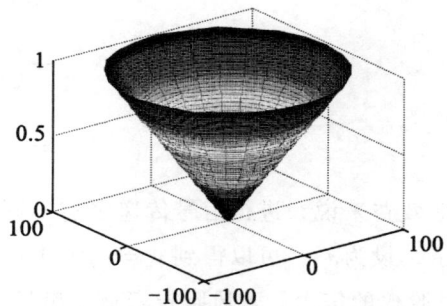

图 3　n 和 m 三维关系示意图

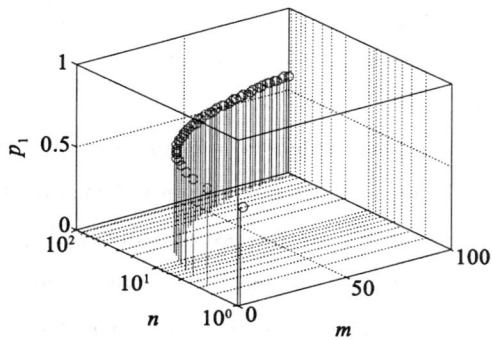

图 4 信念增强示意图

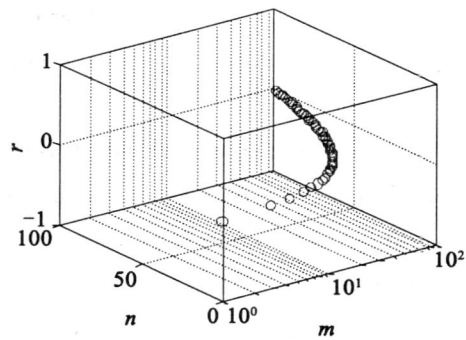

图 5 效益改善图

5. 总结

本文结合行为经济学和心理学中的信息瀑布和锚定价格等理论，提出了规避股权拍卖市场中逆向选择的作用机理，并由此对市场效益改善程度给予了量化的描述。研究得出，在股权拍卖市场中，对于充斥大量低质量风险项目而导致的逆向选择问题，风险企业家可以通过传递对风险企业利好的信号形成信息瀑布来应对，同时，也可以通过锚定价格的调整使得整个行业的效率得到提高。

参考文献

[1]李建标，巨龙，任广乾. 钝化信念的信息瀑布及其应用[J]. 经济评论，2011，3.

[2]孙树垒，韩伯棠，孙建全. 双方逆向选择问题的四类均衡分析[J]. 中国管理科学，2006，14(z1).

[3]应尚军，魏一鸣，范英，汪秉宏. 基于元胞自动机的股票市场复杂性研究，投资者心理与市场行为[J]. 系统工程理论与实践，2003，23(12).

[4]朱阁，吕廷杰，付瑞雪，Sunanda Sangwan. 基于多 Agent 的在线多属性采购拍卖的机制设计[J]. 管理科学，2009，22(1).

[5] Amihuda, Y., Hauser, S., and Kirsh, A.. Allocation, Adverse selection, and cascades in IPOs: Evidence from the Tel Aviv stock exchange[J]. *Journal of Financial Economics*, 2003, 68(1).

[6] Alevy, J. E., Haigh, M. S., and John, A. L.. Information cascades: Evidence from a field experiment with financial market professional[J]. *Journal of Finance*, 2007, 62(1).

[7] Celen, B., and Kariv, S.. Distinguishing information cascades from herd behavior in the laboratory [J]. *The American Economic Review*, 2004, 99(3).

[8] Esponda, I.. Behavioral equilibrium in economies with adverse selection [J]. *The American Economic Review*, 2008, 98(4).

[9] Goeree, J., Palfrey, T., Rogers, B., and Mckelvey. Self-correcting information cascades [J]. *Review of Economic Studies*, 2007, 74.

[10] Hasija, S., Pinker, E. J., and Shumsky, R. A.. Call center outsouring contracts under information asymmetry[J]. *Management Science*, 2008, 54(4).

Study on Adverse Selection in Equity Auction Based on Information Falls

Zheng Junjun[1] Zhang Ping[2]

(1, 2 Economics and Management School of Wuhan University Wuhan 430072)

Abstract: Equity auction market information asymmetry easily leads to adverse selection problem. On the eve of IPO, risk entrepreneurs can help by spreading business signals in favor of venture business, making the initial investment decisions issued by the external investors purchase the equity, also the issued number of good signals far more than the number of bad ones, thus inducing a information falls that favored the venture business to avoid adverse selection problems. At the same time, it can also adjust the anchoring price of the outside investors that benefits of the industry effectiveness.

Key words: Adverse selection; Information falls; Anchoring price; Stock auction

中国上市公司规模的分布规律研究：
基于 2000—2011 年的数据[*]

● 高宝俊[1]　毛宏业[2]

（1，2 武汉大学经济与管理学院　武汉　430072）

【摘　要】公司规模究竟服从什么概率分布是一个有争议的问题。以 Gibrat 法则为代表的传统经济理论认为公司规模服从对数正态分布，而后来大量的实证研究的结果却表明其可能服从幂律分布。本文以中国 2000—2011 年中国的上市公司为对象，利用 Clauset 等提出的新的幂律分布拟合与检验方法，发现中国上市公司的规模服从幂律分布，但与其他国家的研究结果不同的是：中国上市公司的幂指数呈现出单调下降的趋势。同时，本文的研究也证明了对于幂律分布的拟合，极大似然估计是一种比最小二乘法更好的方法。

【关键词】幂律分布　最小二乘法　极大似然估计法　K-S 检验　尾部

1. 引言

企业规模作为实体经济运行规律、产业运动力以及宏观经济增长的重要指标，近几十年成为经济学界的一个重要研究课题。1931 年，Gibrat 基于多随机过程理论的假设提出了公司规模的对数正态分布。然而事实研究证明公司规模数据的对数正态拟合是高度倾斜的，这就意味着大量小公司和少量大公司共存，这个倾斜度随着时间的改变日趋稳定，并且不随日常环境、银行破产等改变。这个研究结果表明了实际上公司规模分布可能随着时间改变而不符合对数正态分布。后来的一些研究者发现了公司规模分布的尾部符合幂律分布。

所谓的幂律分布描述的是事件规模和其出现频率之间的关系：设 r 表示某一事件的规模，而 $P(r)$ 表示该规模事件出现的概率，若该事件服从幂律分布，则 $P(r)$ 跟 r 的常数次幂 $r^{(-\alpha)}$（α 为常数）存在简单的反比关系，即 $P(r) \sim r^{(-\alpha)}$。它所揭示的共性是：绝大多数事件的规模很小，而只有少数事件的规模相当大。幂律分布普遍存在于自然界与社会生活。1932 年，哈佛大学的语言学专家 Zipf 发现每个单词出现的频率与它的名次的常数次幂存在简单的反比关系。19 世纪，意大利经济学家 Pareto 研究了个人收入的统计分布，发现 20% 的人口占据了 80% 的社会财富。实际上，幂律分布广泛存在于物理学、生物学、人口统计学与社会科学、经济与金融学等众多领域中，且表现形式多种多样。

在研究美国公司的过程中，Robert L. Axtell 在 *Science* 上发表论文，指出美国公司资产服从幂律分布

---

* 本文是 2009 年度教育部人文社科青年项目"基于 Agent 的金融市场交易机制评价与设计（项目批准号：09YJC630176）"的阶段性成果。

$S(r) \sim 1/r$，$S(r)$是排在第 r 位的公司总资产，即表明了公司规模的幂律分布——公司规模从大到小排列，其出现的频率与公司规模的常数次幂存在简单的反比关系，说明大公司出现的概率小而小公司出现的概率大。[1] 这个研究结果在别的国家也纷纷被证明：日本的 Okuyama 在研究中确认了日本公司规模服从幂律分布。[2] 之后 Gaffeo 对 G7 的几个国家 13 年的公司规模分布进行了统计拟合，发现实际数据服从幂律分布，并且参数各异。[3] Fujiwara et al. 从总资产、销售额和员工人数三个角度，对 1992—2001 年欧洲 45 个国家的 26 万家大公司的规模分布规律进行了研究，发现其尾部同样遵循幂律分布。[4]

然而这些研究大多基于发达国家，同时在幂律分布的拟合检验上每个学者的方法不一，有的学者采用传统的最小二乘法，而另外一些学者提出了极大似然估计法更适合幂律分布的拟合[5]。那么我们可能会提出疑问：作为发展中国家的中国是否也符合幂律分布？如果服从幂律分布那么参数 α 又是多少？参数 α 的值是否稳定？不稳定又代表了什么？同时对于不同拟合方法的提出，到底哪种方法能得到更精确的值？哪种方法又是最适合的？

本文就以上疑问做了以下工作：第一，以中国的上市公司为代表，探讨中国公司规模是否符合幂律分布；第二，对于规模分布的数据 X_{min} 尾部对比使用了两种拟合方法——最小二乘法和极大似然估计法，通过对比 p 值来寻找拟合度最好的 α 值和方法。

2. 数据及其描述性统计

本文数据来源于国泰安 2000—2011 年的上市公司资产负债表。关于企业规模的度量指标有很多种，取决于研究者的研究目的和数据的可获得性。经验研究中主要有销售额、员工人数、总资产、净资产、股票和债券的市场价值、销售成本等几种度量企业规模的指标，但使用最多的是销售额、员工人数和总资产三个指标。Hart 和 Outon(1996)分析了各自的局限性。总资产在一定程度上能够揭示出公司的收益及规模变化。[6] 因此，本文以总资产作为度量企业规模的主要指标。

表 1 是 2000—2011 年在中国上市的公司的数据描述性统计，可以看出上市公司的数量呈逐年增加的趋势，均值和最大值亦是如此。基于 Gibrat 法则，即公司规模遵循对数正态分布的这一结论对 12 年来的数据进行对数正态的拟合，图 1 则分别给出了 2000 年、2004 年、2008 年、2011 年基于双对数坐标下的总资产分布图。四个不同时期的拟合图形表明：如果公司规模符合对数正态分布，那么拟合数据应该为对数分布的。然而从图像来看，公司规模分布(柱状图)与理论正态分布(曲线)明显不同，实际分布向右倾斜，并呈现出实际分布(柱状图)的值多集中在理论正态分布(曲线)左侧的现象，同时这个现象是趋于稳定的。这就表明了实际的公司规模分布并不符合对数正态分布的假设。同样从本文图 2 至图 5(左图)可以看出，公司规模分布的尾部在双对数坐标下呈直线分布，可以判断基于总资产的公司规模分布在尾部是符合幂律分布的。

①　Axtell, R. L.. Zipf distribution of US firm sizes [J]. *Science*, 2001, 293(5536)：1818-1820.

②　Okuyama, K.. Zipf 's law in income distribution of companies [J]. *Physica A.*, 1999, 269：125-131.

③　Gaffeo, E., Gallegati, M.. On the size distribution of firms [J]. *Physica A.*, 2002, 324：117-123.

④　Yoshi Fujiwara, Corrado Di Guilmi, and Hideaki Aoyama. Do Pareto-Zipf and Gibrat laws hold true? An analysis with European firms[J]. *Physica A.*, 2004, 335：197-216.

⑤　Michel, L. Goldstein, Steven A. Morris, and Gary G. Yen. Problems with fitting to the power-law distributions[J]. *The European Physical Journal B—Condensed Matter and Complex Systems*, 2004, 2(41)：255-258.

⑥　方明华，聂辉华. 中国工业企业规模分布的特征事实：齐夫定律的视角[J]. 产业经济评论，2010, 9(2)：1-17.

表1　　　　　　　　　　　　　　上市公司总资产数据描述性统计（2000—2011年）

年份	数量	均值	最大值
2000	1172	1694193146	1016428 5072.81
2001	1252	2277664202	340918000000
2002	1315	2876313928	360294000000
2003	1377	3437380733	371659 12000
2004	1466	3918881867	503892 10000
2005	1460	4585797419	586574233000
2006	1544	13242594051	6457239000000
2007	1658	20813631443	7509489000000
2008	1711	25119180150	8684288000000
2009	1860	27154526999	9757654000000
2010	2214	33306462007	11785053000000
2011	2249	412542080831	14389996000000

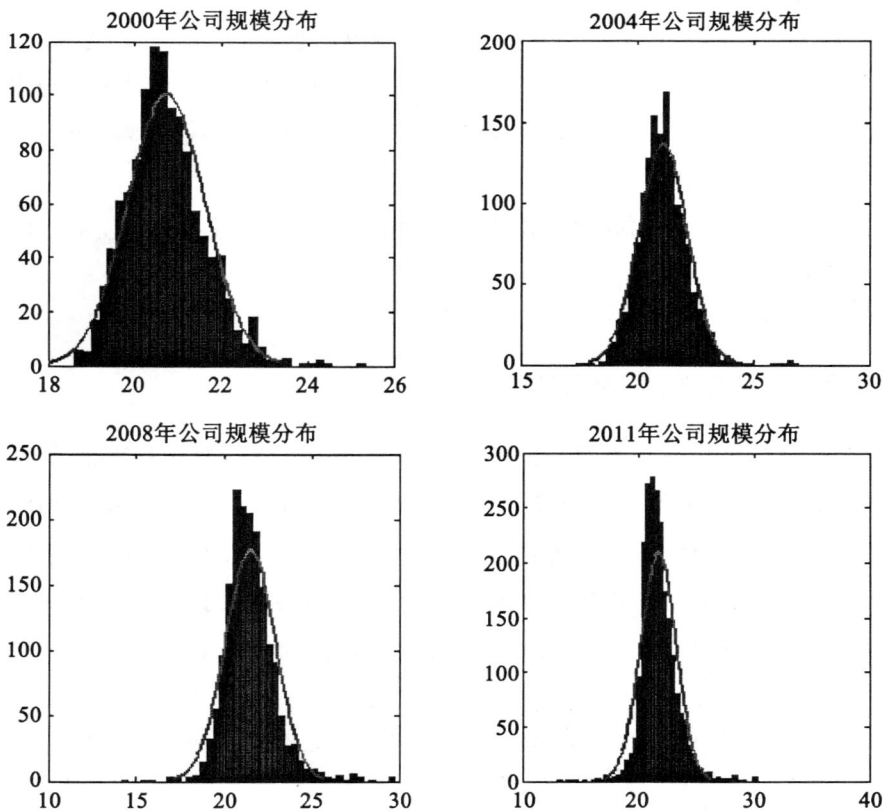

图1　基于双对数坐标下的对数正态拟合

3. 拟合与检验方法

对于幂律分布 $P(x) = Cx^{\wedge}(-\alpha)$ 的拟合的问题一直以来都存在着很多不同的方法，方法的不一使得拟合出来的 α 值存在差异。同时，在拟合过程中分组区间的大小会直接影响最后结果，并且个体所携带的信息会有不同程度的丢失。有的研究者将分组区间按指数大小递增，目的是减少图形尾部的波动，然而仍然存在信息缺失的问题。最好的解决办法是采用累计概率分布，这样每个数据的信息都包含在统计之内，而且曲线的形状不会改变。① Aaron、Cosma 等人证明了幂律分布的累计概率密度函数在双对数坐标下仍为直线，由于累计概率分布不用分组且能包含每一个样本的统计信息，是一个重大改进。② 采用累计概率分布，在双对数坐标下拟合直线的斜率由 α 变为 $\alpha-1$，尾部的累计概率分布 $P(x) = \Pr(X>x)$。

3.1 选择尾部

在统计分析中，极少有完全符合幂律分布的数据，通常都是大于某一个数值时才表现出幂律分布的特征，即需要寻找一个 $X_{\min}$。以往我们会假定其为已知的值，比如假设其为 x 序列的最小值，或者从图上获取信息，方法包括：根据累积概率或非累积概率和度值的相关关系图确定 $X_{\min}$；根据 $X_{\min}$ 和 α 的相关关系图来确定 $X_{\min}$ 等。这些方法在确定 $X_{\min}$ 值时显得粗糙且准确率不高。

Clauset 等提出了一个估计 $X_{\min}$ 的方法：选取使得实际分布和拟合分布偏差最小、拟合最好的 $X_{\min}$。③ 实际上，如果分布中 $X_{\min}$ 值过大，说明幂律分布并不能很好地契合尾部，我们拒绝假设。相反，如果 $X_{\min}$ 选择得太小，分布就会偏差太大。那么如何确定 $X_{\min}$ 呢？Clauset 等通过 K-S 统计量来进行判断。K-S 检验基于分布距离，即 $D = \max | S(x) - P(x) |$，其中 $S(x)$ 是观察的累积分布，$P(x)$ 是 $x>X_{\min}$ 拟合分布。假设 H(0)：累积分布 $S(x)$ 服从幂律分布 $P(x)$。假设 H(1)：累积分布 $S(x)$ 不服从幂律分布 $P(x)$。根据柯尔莫哥洛夫定理，样本 n 越大 D 越小，在一定的显著性水平下，比较 D 的值和临界值 D_n。当 $D<D_n$ 时接受原假设 H(0)，否则拒绝原假设 H(0)。

我们可以利用 MATLAB 穷举来选取使得 D 值最小的 $X_{\min}$。使用修正过的 $X_{\min}$ 后，K-S 检验的 D 值为：

$$D = \max_{x>\hat{x}_{\min}} \frac{| S(x) - P(x) |}{\sqrt{P(x)(1-P(x))}} 。$$

3.2 数据拟合方法：采用 $X_{\min}$ 的极大似然估计

由于幂律分布在双对数坐标下呈直线，此前有很多学者采用双对数坐标下的直线去拟合幂律分布，并用最小二乘法估计幂指数 α。对幂律分布等式两边取对数得到 $\ln P(x) = \ln C - \alpha x$，利用一元线性回归模型和最小二乘法，可得 $\ln y$ 对 $\ln x$ 的经验回归直线方程，从而得到 y 与 x 之间的幂律关系式。在双对数坐标下的图形，由于某些因素的影响，前半部分的线性特性并不是很强，而后半部分则近乎一条直线，其斜率的负数就是幂指数。利用 MATLAB 穷举 $X_{\min}$ 后，利用新的最小值 $X_{\min}$ 进行线性回归和最小二乘法拟合，

---

① 方爱丽，高齐圣，张嗣瀛. 引文网络的幂律分布检验研究[J]. 理论新探，2007，7：1-3.

② Clauset, A., Shalizi, C. R., and Newman, M. E. J.. Power-law distributions in empirical data [EB/OL]. http://tuvalu. santafe. edu/~aaronc/powerlaws/.

③ Clauset, A., Shalizi, C. R., and Newman, M. E. J.. Power-law distributions in empirical data [EB/OL]. http://tuvalu. santafe. edu/~aaronc/powerlaws/.

重新计算 p 值。最小二乘法基于残差服从正态分布的假设，因而可能在幂律分布的拟合过程中产生较大误差。为了规避这种误差，我们同时采用另一种常用的方法——极大似然估计法，步骤如下：

利用 MATLAB 程序穷举 $X_{\min}$ 后，对于已得到的观测样本 $X_{\min}/X_1$，X_2，…，X_n，首先求得样本的联合概率密度函数为：

$$p(x, \alpha) = \prod_{i=1}^{n} p(x_i) = \prod_{i=1}^{n} \frac{\alpha - 1}{x_{\min}} \left(\frac{x}{x_{\min}} \right)^{-\alpha} \tag{1}$$

对式（1）两边取对数：

$$L = \ln p(x, \alpha) = \sum_{i=1}^{n} \left[\ln(\alpha - 1) - \ln x_{\min} - \alpha \ln \frac{x_i}{x_{\min}} \right]$$
$$= n \ln(\alpha - 1) - n \ln x_{\min} - \alpha \sum_{i=1}^{n} \ln \frac{x_i}{x_{\min}} \tag{2}$$

令 $\partial L / \partial \theta = 0$，得到 α 的极大似然估计：

$$\alpha = 1 + n \left(\sum_{i=1}^{n} \ln \frac{x_i}{x_{\min}} \right)^{-1} \tag{3}$$

同时参数估计值的标准差为：

$$\sigma = \sqrt{n} \left(\sum_{i=1}^{n} \ln \frac{x_i}{x_{\min}} \right)^{-1} \tag{4}$$

为了说明得到更好的拟合效果，我们将采用两种方法——极大似然估计法和最小二乘法来分别拟合公司规模的尾部数据，并通过检验值来比较两种方法的拟合效果。

3.3 拟合检验

检验拟合分布是否与实际分布契合，就要进行拟合度检验——生成 p 值（当原假设为真时所得到的样本观察结果或更极端结果出现的概率）来量化这个假设。因此如果 p 值接近 1，那么拟合分布和实际分布的差异可能是因为统计波动。相反，如果 p 值太小，那么说明拟合模型无法通过检验。一旦我们计算出了 p 值，我们需要判断 p 值是小到足够拒绝这个检验，或者是否该拟合的最好选择。因此我们在计算中保守地规定：如果 $p<0.1$，即拟合分布很好拟合实际分布的概率为 10% 或者更小，我们将拒绝这个假设（有些人取拒绝域为 0.05，但是这会让我们接受一些并不能用幂律分布拟合的数据）。

当然，p 值很大也不代表拟合度很好，它可能还有两个原因：第一，在超过 x 范围外有更好的拟合；第二，如果我们检验的分布数据很少，那么它就会很接近幂律分布而造成 p 值很大。由于此次公司分布数据 $n>1000$，所以我们可以排除第二种情况。同时，由于尾部拟合检验数值本来就不是很大，倘若 $X_{\min}^{*}$ 选取大于原有 $X_{\min}$，那么我们得到的数据将很少，也就没有拟合的意义了，所以规定 $p>0.1$ 时，我们接受原假设。

4. 结果与分析

通过尾部计算、方法拟合和检验之后，分别得出了 2000—2011 年的公司规模数据拟合结果（见表 2）。由于图样较多，这里我们只列出了 2000 年、2004 年、2008 年、2011 年 4 年的数据在双对数坐标下的拟合结果对比图（见图 2 至图 5，其中左图采用了极大似然估计法，右图采用的是最小二乘法）。

表2   **总资产拟合结果**

年度	X_{min}	尾部比例	极大似然估计法 α 值	p	最小二乘法 α 值	p
2000	705513685	63.40%	2.75	0.3070	1.73	0.0573*
2001	674593200	73.30%	2.66	0.2390	1.56	0.0070*
2002	517608796	62.73%	2.57	0.6270	1.34	0.0024*
2003	247095250	60.78%	2.41	0.1800	1.15	0.0061*
2004	679381169	68.04%	2.41	0.4390	1.30	0.0073*
2005	634351958	74.16%	2.33	0.7800	1.23	0.0049*
2006	779372403	63.21%	2.24	0.5780	1.11	0.0050*
2007	417706961	71.90%	1.95	0.0130*	0.89	0.0039*
2008	616766574	67.21%	1.89	0.2500	0.87	0.0070*
2009	708837777	67.10%	1.84	0.3790	0.85	0.0043*
2010	2566613680	51.52%	1.82	0.1320	0.85	0.0080*
2011	1480139782	63.18%	1.79	0.1120	0.84	0.0079*

注:*表示拟合优度不够理想,因本文所采用的 p 值检验条件比较严格。

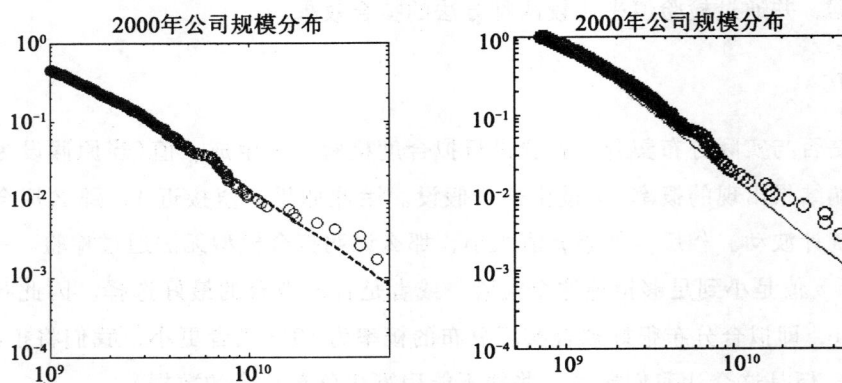

图2   2000 年公司规模(极大似然估计法,最小二乘法)

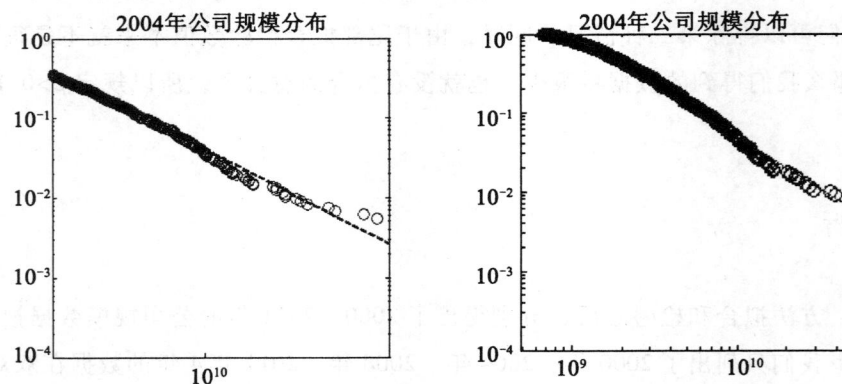

图3   2004 年公司规模(极大似然估计法,最小二乘法)

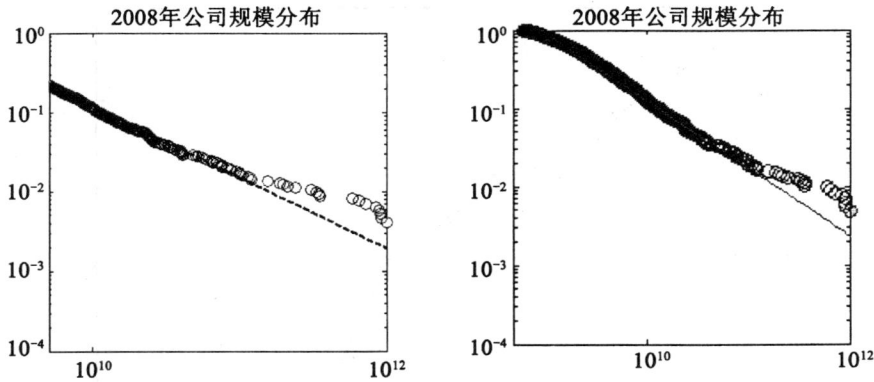

图 4 2008 年公司规模（极大似然估计法，最小二乘法）

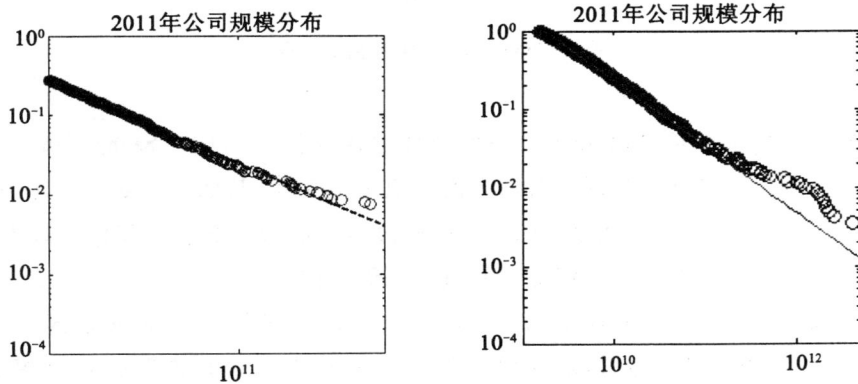

图 5 2011 年公司规模（极大似然估计法，最小二乘法）

基于 2000—2011 年的公司规模分布，我们得到了这 12 年的幂律分布参数，表 2 列出了这 12 年拟合出来的 α 值，图 6 为 2000—2011 年 α 值的变化，由此我们得到以下结论：

第一，基于 X_{min} 的公司规模数据拟合的 p 值检验发现：极大似然估计法拟合尾部数据是可以通过的，总体上的 p 值检验已通过。2007 年的 p 值未通过，这可能与 2007 年的美国次贷危机引发的全球金融危机有关，使得分布不符合幂律分布。因此可以得出结论：中国的公司规模分布同样符合幂律分布。

第二，基于 X_{min} 的最小二乘法拟合数据得出的参数并不理想，p 值检验大多无法通过，这可能由于：一是最小二乘法基于残差服从正态分布的假设，因而在幂律分布拟合会产生较大误差。二是受限于样本数量，在计算样本的概率时不得不采用分组的方法，而分组会损失原有样本所携带的统计信息。相反幂律分布并不要求残差服从正态分布，而是通过度量不同似然函数所遵循的参数的概率来获得适合的参数值。因此，极大似然估计法在拟合幂律分布中更为适合。

第三，拟合检验结果显示 α 值仍然高于 1.5。R. Hernandez-Perez 等认为一个国家公司规模的 α 值越高，则经济体制越坚固，很难发生转变，这样很难适应灵活的市场经济环境。① 发达国家的一般系数值较小，更适应经济环境的变化，如 Gabaix 和 Landier(2008)以总资产作为公司规模的度量指标，验证了 2004

---

① Hernandez-Perez, R., Angulo-Brown, F., and DionisioTun. Company size distribution for developing countries [J]. *Physica A*, 2006, 1(359)：607-618.

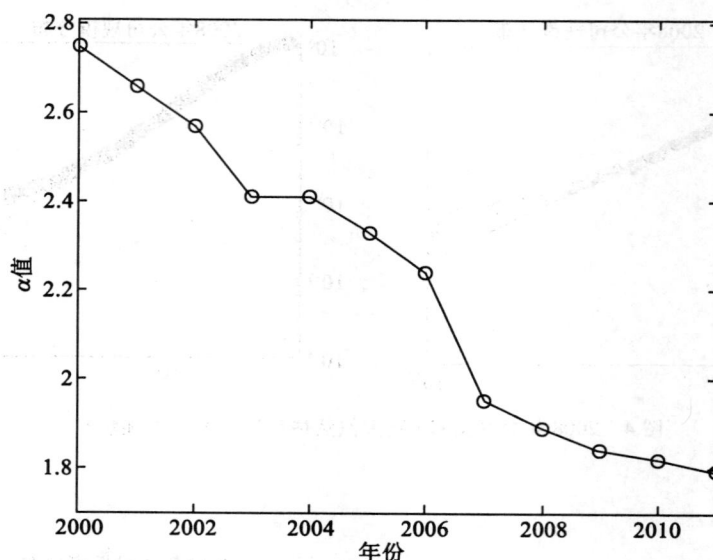

图 6 2000—2011 年 α 值的变化

年美国 500 强企业的规模分布服从 Zipf 分布，并得到幂指数 α 值为 1.01。Seong-Min Yoon (2010) 以总资产、公司人数等指标来度量，得到了韩国的公司规模 α 值为 1.3。[1] 其他一些欧洲发达国家的 α 值也均小于 1.5。[2] 而发展中国家的 α 值则大多数大于 1.5。[3] 通过本文的拟合数据，我们可以发现中国虽然在加速发展，但是其指数仍然很大，对经济环境变化的适应性仍然较差。

第四，拟合结果显示 α 值是逐年减少的。Sang Hoon Kang 等学者认为 α 值越大，则说明公司规模的分层越严重、不公平度越大。但如果 α 值是随着时间减少的，则说明公司规模分布逐年趋于公平化。由 2000—2011 年的 α 值分布可以看出 α 值 12 年来从 2.8 变化到 1.8，逐年变小，说明了中国的经济是越来越趋向自由的，从计划经济到市场经济的转型是成功的。同时 α 值的变化是越来越趋于平缓的，这种变化也体现了中国市场是有控制的改变，而不是突进式的迅猛发展。中国市场的调控是很合理的。

5. 结论

本文以 2001—2011 年上市公司总资产为度量指标，研究中国公司规模的分布问题，通过科学的计算、比较和推理，得出了以下结论：第一，中国上市公司的规模分布在尾部整体上服从幂律分布；第二，尾部 X_{min} 加上极大似然估计的新方法很好地拟合数据并计算出了参数值，而极大似然估计法比最小二乘法这一传统方法更适合幂律分布的拟合；第三，中国目前的经济越来越灵活，并且在动荡的经济环境中更适宜生存，中国的经济发展越来越趋向自由化。

[1] Sang Hoon Kang, Zhuhua Jiang, Chongcheul Cheong, and Seong-Min Yoon. Changes of firm size distribution：The case of Korea [J]. *Physica A*, 2011, 390：319-327.

[2] Corrado Di Guilmi, Mauro Gallegati, and Paul Ormerod. Scaling invariant distribution of firms' size in OECD countries[J]. *Physica A*, 2004, 334：267-273.

[3] Ramsden, J. J., and Gy. Kiss-Haypal. Company size distribution in different countries[J]. *Physica A*, 2000, 277：220-227.

然而本文仍有不足之处，文中收集的数据为在中国内地上市的公司。近几年来，中国内地大多公司选择了在香港、国外等地注册，因此上市公司的数据并不完整。同时，由于我们只能搜集到上市公司的资产负债情况，对于占有中国市场一大部分的中小企业和私营个体，我们不能作出判断和评价估计。

（作者电子信箱：gaobj@whu. edu. cn）

参考文献

[1]方爱丽，高齐圣，张嗣瀛. 引文网络的幂律分布检验研究[A]. 理论新探，2007，7.

[2]方明华，聂辉华. 中国工业企业规模分布的特征事实：齐夫定律的视角[J]. 产业经济评论，2010，9（2）.

[3]Clauset, A., Shalizi, C. R., and Newman, M. E. J.. Power-law distributions in empirical data [EB/OL]. http：//tuvalu. santafe. edu/ ~ aaronc/powerlaws/.

[4]Corrado Di Guilmi, Mauro Gallegati, and Paul Ormerod. Scaling invariant distribution of firms' size in OECD countries[J]. *Physica A.*, 2004, 334.

[5]Gaffeo, E., and Gallegati, M.. On the size distribution of firms [J]. *Physica A.*, 2002, 324.

[6]Ramsden, J. J., and Kiss-Haypal, G. Y.. Company size distribution in different countries[J]. *Physica A.*, 2000, 277.

[7]Okuyama, K.. Zipf's law in income distribution of companies [J]. *Physica A.*, 1999, 269.

[8]Michel L. Goldstein, Steven A. Morris, and Gary G. Yen. Problems with fitting to the power-law distributions[J]. *The European Physical Journal B—Condensed Matter and Complex Systems*, 2004, 2(41).

[9]Axtell, R. L.. Zipf distribution of US firm sizes [J]. *Science*, 2001, 293(5536).

[10]Hernandez-Perez, R., Angulo-Brown, F., and DionisioTun. Company size distribution for developing countries[J]. *Physica A.*, 2006, 1(359).

[11]Sang Hoon Kang, Zhuhua Jiang, Chongcheul Cheong, and Seong-Min Yoon. Changes of firm size distribution：The case of Korea [J]. *Physica A.*, 2011, 390.

[12]Yoshi Fujiwara, Corrado Di Guilmi, and Hideaki Aoyama. Do Pareto-Zipf and Gibrat laws hold true? An analysis with European firms[J]. *Physica A.*, 2004, 335.

Size Distribution of Chinese Listed Companies

—Based on the data of 2000-2011

Gao Baojun[1] Mao Hongye[2]

(1, 2 Economics and Management School of Wuhan University Wuhan 430072)

Abstract：Firm size has been a very important issue in economic field. But what distribution firm size follows is a controversial problem. Traditionally, it assumes that firm size will follow lognormal distribution with the representative of Gibrat's law. However, a large number of empirical studies suggest that firm size is supposed to follow the power-law distribution. Based on the data of the listed companies from 2000 to 2011 and the new fitting and testing method proposed by Clauset, this paper is aimed at studying firm size distribution of listed companies in China. But the difference from foreign study is that the annual index is monotonically decreasing rather than fixed.

Meanwhile, this paper also proved that maximum likelihood estimates is a better way to fit the power-law distribution than least squares method.

Key words: Power-law distribution; Least squares method; Maximum likelihood estimates; K-S test; Tail

不对称信息下团体贷款对信贷市场
效率改进的研究

● 周月梅[1]　　何媛媛[2]

（1，2 中南财经政法大学统计与数学学院　武汉　430074）

【摘　要】如何有效解决中小企业融资难问题，提高信贷市场效率，其核心就是要有效防范因信息不对称所导致的逆向选择和道德风险。团体贷款作为一种新型融资模式，因其在还款率上的惊人表现赢得了企业、银行以及政府的青睐。从信贷市场效率的角度，团体贷款可以有效缓解不对称信息下的逆向选择和道德风险问题，进而缓解信贷配给，提高了信贷市场效率，增进社会福利。

【关键词】团体贷款　逆向选择　道德风险　动态激励机制

1. 引言

资金短缺已经成为制约中小企业发展的"瓶颈"和难以化解的坚冰，近来爆发的由温州民间借贷资金链断裂引起的信贷危机更是凸显了我国经济迅速发展过程中极不协调的经济结构和落后的融资结构之间的矛盾。

如何有效解决中小企业融资难问题，提高信贷市场效率，其核心就是要有效防范因信息不对称所导致的逆向选择和道德风险。由于借贷双方在信息上的不对称，银行在短视化行为下，不愿花费长时间来积累中小企业信息，而偏向于将资金投向具有信息优势的大型企业。现阶段商业银行普遍实行的"抵押担保"的防范风险措施也只是把信息不对称转移到企业和担保机构之间，难以实质地解决信息不对称问题，进而中小企业融资难的问题也未得到有效解决。与此相反的是，1976 年 Yunus 教授开创的名为"团体贷款"的新型融资方式①由于还款率方面的惊人表现（高达 95% 以上甚至 100%）②，引起了学术界对该问题的关注和研究。

团体贷款是指信贷需求主体在自愿的基础上组合成贷款团体，由团体向其成员提供担保而获得的贷款。团体贷款遵循"多户联保"的信贷原则，其区别于传统贷款的显著特征是联保小组成员之间的连带责任，即只要联保小组一个成员违约，联保团体所有成员都被视为违约，都将遭到贷款机构的惩罚。由此，联保小组内每个成员的预期收益不仅取决于自己的行为，还与联保小组其他成员行为相关。在"自愿和双

---

① Besley Timothy, and Steven Coate. Group lending, Repayment incentives and social collateral[J]. *Journal of Development Economics*, 1995, 46: 1-18.

② 汤敏，姚先斌. 孟加拉"乡村银行"的小额信贷扶贫模式[J]. 改革，1996，4：18.

向选择"原则下，各成员出于最大化自己的预期收益，联保小组的组建将实现成员自动聚类，实现客户自动筛选的目的。通过这样的机制，放贷机构实际上把个体贷款模式下本应由自己承担的风险识别责任的绝大部分转嫁给了互相之间更加了解的潜在客户群体。这种团体贷款机制的信用发现功能，有利于克服信息不对称造成的逆向选择和道德风险问题，也有助于减轻贷款机构承担的高昂的交易成本，对改善低端信贷市场信贷配给现状、提高低端信贷市场效率以及增进社会福利等方面具有积极意义。

我国的团体贷款实践刚刚起步，如何有效开展及推广团体贷款，需要深入分析团体贷款对信贷市场效率改进的内在机理，进而更大程度发挥团体贷款的内在优势，提高信贷市场效率，以满足我国中小企业庞大的信贷需求。

2. 文献综述

在力图解释为什么团体贷款能够获得普遍成功时，国外研究者的研究角度大体上可以分为如下几类：第一，从逆向选择视角对团体贷款展开研究，例如 Ghatak(2000)、Armendariz de Aghson 和 Gollier(2000) 等；第二，从有限执行的视角对团体贷款展开研究，例如 Besley 和 Coate(1995)等；第三，从道德风险视角对团体贷款展开研究，例如 Stiglitz(1990)、Varian(1990) 和 Guinnane(1994)等。国内在解释为什么团体贷款能够获得普遍成功方面，最具有代表性的是章元(2005)在"为什么团体贷款能够在世界范围获得普遍成功"的研究基础上对我国农户团体贷款进行的深入研究。[1] 此外，江能(2008)以信贷契约理论为基础，以贵州农户联保贷款实践为样本，对联保贷款客户筛选机制、道德风险防范机制与履约激励机制进行理论研究与实证分析。

3. 不对称信息下信贷市场的效率缺失

研究信贷市场效率，首先要确定"效率"的标准。经济学所说的效率，一般是指帕累托最优。所谓帕累托最优，是指这样一种可行的资源配置方式，如果这种方式不可能在损害某些人利益的前提下使另一些人严格最优，则该配置就是一种帕累托最优。福利经济学第二定理认为，在初始禀赋既定的前提下，任何帕累托最优配置都可通过竞争性市场来获得；而福利经济学第一定理说明，任何瓦尔拉斯一般均衡都必然是一种帕累托最优配置。Arrow 和 Debreu(1954)证明了竞争性市场中一般均衡总是存在的。

在完全竞争的信贷市场中，借贷双方不受干扰、自愿达成的信贷合同才符合帕累托最优。但是现实的信贷市场中信息不对称的存在，使得信贷市场远远不是完全竞争的，不对称信息下的信贷市场是低效率的。

以信贷合同签订的时间为标准，可以将信贷市场中的不对称信息划分为合同签订前的不对称信息和合同签订后的不对称信息。

信贷合同签订前的不对称信息主要是指借贷双方本身所具有的特征、性质、状态和分布状况等信息在借贷双方分布不对称，特别是指借款企业的资质、信誉和风险类型以及投资项目的质量、预期收益和风险程度等。一般来说，当存在事前的不对称信息时，会产生不利于贷款人的逆向选择：风险低、质量高的"好"借款企业会被风险高、质量差的"坏"借款企业挤出信贷市场，使贷款人面临的风险增加。

信贷合同签订后的不对称信息是指合同签订后贷款人无法观察到或无法监察到借款企业的行为所导致的不对称信息。在信贷合同签订后，借款企业可能违反信贷合同，私自改变信贷资金的用途；或是在

---

① 章元．非对称信息下的团体贷款研究[M]．上海：上海人民出版社，2005：133-135.

贷款项目实施过程中不努力，造成项目的预期收益不能实现；也可能是在项目完成后隐瞒投资收益，不按时归还贷款本息。合同执行过程中借款企业的这些机会主义行为使贷款人的利益受损，这称为道德风险。

信贷市场的信息不对称引起的逆向选择和道德风险问题进而导致了信贷配给。所谓信贷配给，是指在固定利率条件下，面对超额的资金需求，贷款机构因无法或不愿提高利率，而采取一些非利率的贷款条件，使部分资金需求者退出借款市场，以消除超额需求而达到平衡。

团体贷款的巨大成功引起国内外经济学家的高度关注，其通过连带责任机制和信息优势在贷前甄别、贷中监督和贷后执行三个环节中，大大提高了团体贷款的还款率，取得了引人注目的成绩。① 下面从还款率角度来分析团体贷款对现行不对称信息下信贷市场的逆向选择和道德风险问题的解决，进而分析团体贷款对信贷市场的效率改进。

4. 不对称信息下团体贷款对逆向选择问题的改进

在借贷合约签订以前，概括来说，在团体贷款制度下，那些相互之间比较了解且风险水平相近的借款企业将会自动组成联保小组，并把风险较高的潜在借款企业排除在小组之外。通过这样的机制，放贷机构实际上把个体贷款模式下本应由自己承担的风险识别责任的绝大部分，转嫁给了相互之间更加了解的潜在客户群体。这种联保小组机制的信用发现功能有利于克服信息不对称造成的逆向选择问题，也有助于减轻贷款机构承担的高昂的交易成本。

团体贷款在贷前的筛选机制和动态匹配功能有助于降低信贷市场的利率，进而解决逆向选择困境。② 我们通过一个简单的模型来说明上述筛选机制和动态匹配功能。

4.1 模型假设

假设1：信贷市场内存在一个进行团体贷款的联保小组和一个贷款机构。贷款者和借款者之间信息不对称，即贷款者不了解借款者的信息。借款者之间是信息对称的，即每个借款企业的投资风险是它们的共同知识。

假设2：联保小组内所有借款企业的投资项目所需资金均为1个货币单位，且都需要通过贷款获得。我们按照企业潜在投资项目的风险程度，把企业分为低风险类型和高风险类型。假定低风险类型企业投资成功概率为 p_L，成功时项目收益为 Y_L，失败时项目收益为0。假定高风险类型企业投资成功概率为 p_H（$p_H < p_L$），成功时项目收益为 Y_H，失败时项目收益为0。低风险类型企业（L）和高风险类型企业（H）项目投资的预期收益相等，即 $p_L Y_L = p_H Y_H = R$，即 $Y_L < Y_H$（高风险高收益）。

假设3：借款企业是理性经济人，且是风险中性的，即可以简单地以预期收益代替效用来优化企业的投资行为。

假设4：贷款机构出于盈利与其他动机连续向市场提供信贷产品，信贷产品合约用向量 (r, σ) 来描述，r 为信贷配给均衡利率下的贷款本息，且 $r \geq 1$。σ 为连带责任参数，即同一联保小组中投资项目成功成员对失败成员应还贷款需承担的份额为 σ，且 $\sigma \in (0, r]$。③

① 彭文平. 信贷市场结构与效率：一个信息经济学视角的研究[M]. 北京：经济科学出版社，2009：133-135.

② Ghatak Maitreesh. Group lending, Local information and peer selection[J]. *Journal of Development Economics*, 1999, 60：27-50.

③ Ghatak（1999）证实如果连带责任的比例或者额度设置合理，那么自动筛选机制将成为一种有效的价格歧视手段，可以帮助贷款机构对不同风险类别的借款企业征收不同的费用，尽管合同上的名义利率都是相等的。

4.2 模型建立

我们这里考虑联保小组内只有 2 个成员的最简单团体贷款的情况。① 基于上述假设，在忽略贷款机构其他操作费用的情况下，当满足 $r \geqslant 1$ 且 $\sigma \in [0, r]$ 条件时，贷款机构具有连续向市场提供信贷合约的内在激励。定义所有满足上述条件的信贷合约 (r, σ) 所组成的集合为 C，C 为欧式空间，贷款机构出于自身利益向市场提供信贷产品系列 C，借款者根据预期收益大小选择相应的信贷产品，进而申请贷款。

基于上述分析，借款企业 i 选择行为函数为 $\max\limits_{i \in \{L, H\}} E^i(r, \sigma)$，$E^i(r, \sigma)$ 为企业 i 的预期收益，其大小取决于借款者类型、借款利率和连带责任参数。在信息不对称且借款者缺乏有效抵押或抵押物变现能力较差的情况下，传统客户筛选机制（即利率的高低）无效，逆向选择产生，导致信贷配给。而当借款者之间信息分布对称时，即借款者所投资项目的风险高低为每个借款者的共同知识时，借款者通过比较不同类型组合的预期收益来决定是否申请团体贷款，从而实现团体贷款客户筛选目的。

由于信贷配给的均衡利率高于信息对称条件下的市场均衡利率，则贷款机构可以通过提高联保贷款的连带责任和降低联保贷款应还本息来实现对贷款客户进行筛选的目的。由此，可令团体贷款应还本息为 $\bar{r} = r - (1 - p_H)\sigma + \varepsilon\sigma$，且 $\varepsilon \in (0, p_L - p_H)$。

由于借款者被划分为低风险类型（L）和高风险类型（H），在团体贷成员为 2 人的情况下，联保小组存在 3 种组合，即 L&L、L&H 和 H&H，下面对这三种情况逐一考虑。

（1）L&L，即两个低风险类型的借款企业组成借款团体，它们将获得相等的预期收益：

$$E_{LL} = p_L p_L (Y_L - \bar{r}) + p_L (1 - p_L)(Y_L - \bar{r} - \sigma) \tag{1}$$

（2）L&H，即一个低风险类型的借款企业和一个高风险类型的借款企业组成借款团体。

低风险类型借款企业 L 的预期收益为：

$$E_{LH} = p_L p_H (Y_L - \bar{r}) + p_L (1 - p_H)(Y_L - \bar{r} - \sigma) \tag{2}$$

高风险类型借款企业 H 的预期收益为：

$$E_{HL} = p_H p_L (Y_H - \bar{r}) + p_H (1 - p_L)(Y_H - \bar{r} - \sigma) \tag{3}$$

（3）H&H，即两个高风险类型的借款企业组成借款团体，它们也将获得相等的预期收益：

$$E_{HH} = p_H p_H (Y_H - \bar{r}) + p_H (1 - p_H)(Y_H - \bar{r} - \sigma) \tag{4}$$

对式（1）至式（4）求关于连带责任参数 σ 的偏导数得：

$$\frac{\partial E_{LL}}{\partial \sigma} = p_L (p_L - p_H - \varepsilon) \qquad\qquad \frac{\partial E_{HL}}{\partial \sigma} = p_H (p_L - p_H - \varepsilon)$$

$$\frac{\partial E_{LH}}{\partial \sigma} = p_L (-\varepsilon) \qquad\qquad\qquad \frac{\partial E_{HH}}{\partial \sigma} = p_H (-\varepsilon)$$

由 $\varepsilon \in (0, p_L - p_H)$，可得：

$\frac{\partial E_{LL}}{\partial \sigma} = p_L (p_L - p_H - \varepsilon) > 0$，即在由低风险借款者组成的联保小组中，低风险借款者的预期收益是连带责任参数 σ 的增函数，通过提高连带责任，将提高低风险借款者的预期收益。

$\frac{\partial E_{LH}}{\partial \sigma} = p_L (-\varepsilon) < 0$，即在由低风险借款者和高风险借款者组成的联保小组中，低风险借款者的预期收益是连带责任参数 σ 的减函数，通过提高连带责任，将降低低风险借款者的预期收益。

---

① 这一简化不会影响分析结果，因为联保小组的组建具有过程性，如果把已加入联保小组的所有成员看成一个整体，则拟加入的新成员与联保小组之间的选择仍可以看成是 2 人之间进行的双向选择。

$\dfrac{\partial E_{HL}}{\partial \sigma}=p_H(p_L-p_H-\varepsilon)>0$，即在由高风险借款者和低风险借款者组成的联保小组中，高风险借款者的预期收益是连带责任参数 σ 的增函数，通过提高连带责任，将提高高风险借款者的预期收益。

$\dfrac{\partial E_{HH}}{\partial \sigma}=p_H(-\varepsilon)<0$，即在由高风险借款者组成的联保小组中，高风险借款者的预期收益是连带责任参数 σ 的减函数，通过提高连带责任，将降低高风险借款者的预期收益。

作为理性的经济人，借款者将通过最大化自己的预期收益来选择信贷产品和联保伙伴。因为 $p_H<p_L$，则 $E_{HL}-E_{HH}=p_H(p_L-p_H)\sigma>0$，$E_{LL}-E_{LH}=p_L(p_L-p_H)\sigma>0$，即在贷款机构与借款者信息不对称、借款者之间信息对称的情况下，无论对低风险借款者还是高风险借款者来说，都愿意选择低风险的伙伴来申请团体贷款，以提高自己的预期收益。但是在联保小组建立的"自愿"和"双向选择"原则下，低风险借款者肯定拒绝与高风险借款者组建联保小组。

还需要考虑的一种情况是，高风险借款企业和低风险借款企业组成借款团体的时候，高风险借款企业可以考虑用其收益的增加值 $E_{HL}-E_{HH}$ 来补贴低风险借款企业收益的减少值 $E_{LL}-E_{LH}$，但是由于 $E_{HL}-E_{HH}=p_H(p_L-p_H)\sigma<p_L(p_L-p_H)\sigma=E_{LL}-E_{LH}$，所以，这种补贴是不可行的，就是说高风险借款企业和低风险借款企业组建联保小组 L&R 是不可行的。我们已经证明，在模型假定的条件之下，由于低风险借款企业只愿意与低风险借款企业组合，那么高风险借款企业只有和高风险借款企业组合了，即只存在 L&L 和 H&H。再者，由于低风险类型借款企业发生违约的概率会很小，所以一般会选择利率较低、连带责任较大的信贷产品；而高风险类型借款企业由于发生违约的概率会很大，所以一般会选择利率较高、连带责任较小的信贷产品，贷款机构可以根据借款团体风险产品的不同，将不同风险类别的借款团体区别开来。所以说具有连带责任的团体贷款必然导致潜在借款企业按照其风险类别自动分类匹配。这对于贷款机构减少与客户信用发现过程相关的交易成本，以及缓解逆向选择问题具有重要意义。

我们还需要关注一点，假设借款企业进行借贷从而进行独立投资的机会成本为 w，可以理解为借款企业选择进行其他生产活动可以获得的市场平均收益水平。由于 $E_{LL}-E_{HH}=[p_L(Y_L-\bar{r}-\sigma)+p_L p_L \sigma]-[p_H(Y_H-\bar{r}-\sigma)+p_H p_H \sigma]=(p_L-p_H)[\sigma(p_L+p_H)+\bar{r}+\sigma]>0$，即 $E_{LL}>E_{HH}$，当 $E_{LL}>w$，$E_{HH}>w$ 时，低风险类型借款企业和高风险类型借款企业将同时留在信贷市场中；而如果 $E_{LL}>w$，$E_{HH}<w$，则高风险类型借款企业将发现取得借款进行投资的预期收益低于进行其他生产活动的平均收益水平，会选择退出市场，市场上就剩下低风险类型借款企业，从而进一步改进逆向选择问题。

5. 不对称信息下团体贷款对道德风险问题的改进

在借贷合约签署后，贷款机构实际上面临两类道德风险：一是借款企业也许并不十分努力地进行投资，或者将资金投到那些具有更高风险的项目上去，这都使得投资项目失败的概率变大；二是即使借款企业投资成功，却隐瞒获得利润的事实而赖账。下面我们对两种道德风险分别进行讨论。

5.1 不对称信息下团体贷款对第一类道德风险问题的改进

我们以一个简单的模型框架来证实，团体贷款中的连带责任条款促使同一团体内的借款企业互相监督，保证团体内其他成员不进行具有更高风险的冒险投资。

我们只需对前文中关于团体贷款缓解逆向选择的模型框架进行简单的修改，就可以很容易地做到这一点。

考虑借贷合同签署以后一个 2 人团体的情况。按照前文的结论，这两个成员就其风险类别而言是同质的，但是合同既然已经签署，借款企业就有偏离合同从事更高风险投资的动机，如果投资高风险项目可以获得更高的预期收益的话。假定借款者投资低风险项目（L）成功概率为 p_L，成功时项目收益为 Y_L，失败时项目收益为 0；投资高风险项目（H）成功概率为 $p_H(p_H<p_L)$，成功时项目收益为 Y_H，失败时项目收益为 0。高风险项目的预期收益大于低风险项目的预期收益，即 $p_LY_L<p_HY_H$，即 $Y_L<Y_H$（高风险高收益）。其他假定与上面逆向选择模型的假设相同。

因为联保小组成员之间是信息对称的，联保小组成员在投资过程中面临一个简单的完全信息静态博弈，博弈结构如表 1 所示。

表1   2 人联保小组对投资过程的监督博弈分析

		小组成员 1	
		高风险项目	低风险项目
小组成员 2	高风险项目	E_{HH}, E_{HH}	E_{HL}, E_{LH}
	低风险项目	E_{LH}, E_{HL}	E_{LL}, E_{LL}

$$E_{HH}-E_{LH}=[p_H(Y_H-\bar{r}-\sigma)+p_Hp_H\sigma]-[p_L(Y_L-\bar{r}-\sigma)+p_Lp_H\sigma]$$
$$>(-\bar{r}-\sigma)(p_H-p_L)+p_H\sigma(p_H-p_L)=(p_L-p_H)(\bar{r}+\sigma-p_H\sigma)$$
$$=(p_L-p_H)[r-(1-p_H)\sigma+\varepsilon\sigma+\sigma-p_H\sigma]=(p_L-p_H)[r+(\varepsilon-1)\sigma]$$

因为 $p_L>p_H\varepsilon\in(0,p_L-p_H)$，$\sigma\in(0,r]$，所以 $(p_L-p_H)[r+(\varepsilon-1)\sigma]>0$，即 $E_{HH}>E_{LH}$。同理可得，$E_{LL}>E_{HL}$。

因此，在完全信息和共同知识的假定下，容易发现表 1 所示的一次性完全信息静态博弈存在两个纳什均衡，即 (E_{HH},E_{HH}) 和 (E_{LL},E_{LL})，也就是说，联保小组内的两个人将选择一致的行为，即"你进行高风险投资我也进行高风险投资，你进行低风险投资我也进行低风险投资"。但是这两个均衡解本身存在差别，即 $(E_{LL},E_{LL})>(E_{HH},E_{HH})$，就是说双方都进行低风险投资将是更好的选择。一旦一方采取了高风险投资行为，那么对方也将随之采取高风险投资行为，均衡就由 (E_{LL},E_{LL}) 转为 (E_{HH},E_{HH})，而这会使双方的预期收益都遭受损失。

这样，我们就证明了团体贷款成员之间的相互监督和仅仅采取不合作态度的惩罚手段，就可以保证团体内的借款企业具有足够激励从事安全投资而避免采取冒险行为（或者怠工行为）。

5.2 不对称信息下团体贷款对第二类道德风险问题的改进

如果在借贷合约签订以前，团体贷款成员之间进行"合谋"，约定项目结束时一起向贷款机构隐瞒收益情况，这将使得他们当期的收益最大化。当项目结束时，如果小组成员的项目都成功，就都有遵守"合谋"协议的动力；如果有的成功有的失败，成功者必然有遵守"合谋"协议的动力，失败者也没有违背"合谋"协议而选择告密的动力，因为那是损人不利己的事情。由此，可以看出上面的"一期静态博弈"下的团体贷款无法解决第二种道德风险，即无法防范团体贷款成员在还款阶段采取隐瞒信息的机会主义行为。然而团体贷款内置的动态激励机制将很好地解决这个问题。

动态激励机制是指在多期重复博弈的环境中，将借贷双方对未来的预期和历史记录的考察纳入契约框架，设计的能够促进借款企业改善还款行为的机制。在小额信贷领域，动态激励机制已经被证明是行之有效的风险管理手段，无论在我国的农户团体贷款中还是在企业小额信贷中，动态激励机制都得到贷款机构的广泛采用。

就动态激励机制在小额信贷领域的实践而言，可以分为两类：第一类是简单的重复博弈，即如果借款企业在借款后续的还款过程中表现良好，那么它就有望反复得到相同额度的信贷服务；而如果借款企业发生拖欠或者未能偿还贷款，它再次获得贷款的可能性就随之降低，甚至再也不能获得任何贷款。第二类是在第一类的基础上，还款表现良好的借款企业将有望在后续合作中获得更高额度的贷款，即贷款额度的累进制度。①

基于现存团体贷款中贷款额度递增机制的存在，我们研究贷款额度递增机制下的动态激励模型。

5.2.1 模型假设

为了便于理论分析，本文作如下假设：

假设1：设在某一地域人际关系网络中存在一个贷款团体，该团体由2个同质的会员组成。只存在一个贷款机构，且借款企业相信该贷款机构将会无限期存在（$t \to \infty$）。

假设2：贷款人的贷款政策是：第一期给予贷款团体中每位成员数量 k 的贷款。如果此团体没有违约，那么下一期贷款额度在上一期基础上增加 $n(n>1)$ 倍，称 n 为"激励系数"。如果贷款团体违约，那么贷款机构永远拒绝再贷款给该团体。这样，贷款人和借款企业之间构成无限期重复博弈，设时间贴现因子为 $\beta \subset (0, 1)$，贷款利率为 i。

假设3：设借款企业项目成功的概率为 $p(0<p \leqslant 1)$，投资额为无限可分。当投资额为 k 时，团体贷款成员项目成功时收益为 y，$y>k$，失败时收益为0。

假设4：项目生产函数是规模报酬不变的，即每期的产出会随着每期贷款额从而投资额的变化发生等比例的提高。也就是说，如果到第 t 期该团体没有出现违约的情况，项目产出为 $y^t = n^{t-1}y$。设第一期贷款额为 k，因而 $y^1 = y$。在这里贷款额逐期递增是一个特殊机制，它可以强化借款企业对声誉的关心。

假设5：设在无限次重复博弈中，团体中每一个成员都采取"冷酷战略"：如果团体其他成员在之前不违约，则他合作，即选择不违约；一旦团体其他成员违约，则他将报复，永远违约。只要团体有一个成员不违约，则团体贷款仍能继续下去，否则团体贷款终止。一次团体贷款就构成该重复博弈的一个阶段。

5.2.2 团体贷款动态激励模型

基于上述假设，我们分析第 $t+1$ 期的情况。

如果两个成员 h 和 j 都不违约，则各自收益为 $n^t[py-(1+i)k]$。

如果 h 违约，j 不违约，此时 j 要承担连带责任，替 h 偿还贷款本利。团体贷款成员一般都处于同一地域人际关系网络中，h 对贷款人的债务转化为对 j 的债务。设逃债成功率为 α，h 违约后要承担社会成本 l，搜寻加入下一个团体进行团体贷款的搜寻成本 c。这样，成员 j 的收益为：

$$n^t[py-2(1+i)k+(1-\alpha)(1+i)k] = n^t[py-(1+\alpha)(1+i)k]$$

成员 h 的收益为：

$$n^t[py-(1-\alpha)(1+i)k]-l-c$$

如果两个成员都违约，由于贷款人即贷款机构不在团体贷款成员的地域性人际关系网络中，它和团体贷款成员的债权债务关系是有限责任的，在第 $t+1$ 期博弈中，h 和 j 的收益都是 $n^t py$。团体贷款成员之间的博弈如表2所示。

第 $t+1$ 期一次性博弈的解和团体贷款信贷效率的高低取决于逃债成功率 α 和社会成本 l 以及搜寻成本 c 的大小。逃债成功率 α 越高，社会成本 l 以及搜寻成本 c 越小，则团体贷款成员越可能违约，团体贷款信贷效率就越低。相反，逃债成功率 α 越低，社会成本 l 及搜寻成本 c 越大，则团体贷款成员越可能不违约，团体贷款信贷效率就越高。而逃债成功率 α、社会成本 l 及搜寻成本 c 又取决于地域性人际关系网络

---

① 焦瑾璞，杨俊. 小额贷款与农村金融[M]. 北京：中国金融出版社，2006：141-145.

表2   团体贷款成员之间的博弈

		团体成员 h	
		不违约	违约
团体成员 j	不违约	$n'[py-(1+i)k]$ $n'[py-(1+i)k]$	$n'[py-(1+\alpha)(1+i)k]$ $n'[py-(1-\alpha)(1+i)k]-l-c$
	违约	$n'[py-(1-\alpha)(1+i)k]-l-c$ $n'[py-(1+\alpha)(1+i)k]$	$n'py$ $n'py$

的开放度。网络开放度越低，逃债成功率 α 越低，社会成本 l 及搜寻成本 c 越大，团体贷款效率才能得到一定程度的提高。所以现有的团体贷款一般在传统的封闭性的农村实行。

与贷款人没有实施递增贷款的情况比较，由于 $n'\alpha(1+i)k>\alpha(1+i)k$，在第 $t+1$ 期，团体贷款成员违约的收益增加，团体贷款成员选择违约的概率会增大。

现在将基本博弈扩展到动态情况下，分析无限期重复博弈的结果。

根据贷款人的策略，贷款人在第一阶段放款。如果团体贷款成员 j 在第一阶段采取违约策略，成员 h 的收益是 $py-(1-\alpha)(1+i)k-l-c$。但以后成员 j 会遭到成员 h 采取违约策略的报复，在此情况下，他只能一直采取违约的策略。根据贷款人的策略，在第一阶段和第二阶段，贷款人都会放款。第一阶段、第二阶段贷款人、团体贷款成员 j 和 h 的策略依次是（放款，违约，不违约）、（放款，违约，违约）。由于在第二阶段贷款团体整体违约，在第三阶段贷款人就不再放款。团体贷款成员 j 的第二阶段收益为 npy。从第三阶段起，其收益永远是 0。这样，其总收益的现值是：

$$Y=(1+n)py-(1-\alpha)(1+i)k-l-c$$

如果团体贷款成员 j 在第一阶段的策略是不违约，由于成员 h 在第一阶段采取不违约的策略，成员 j 在第一阶段的收益为 $py-(1+i)k$。贷款人在第二阶段继续放款，成员 h 继续选择不违约的策略，因而在第二阶段成员 j 又面临和第一阶段相同的选择，不过其收益和贷款额比第一阶段增加了 n 倍。第三，第四，…，第 $t+1$ 阶段博弈的结构也与第一阶段的结构相似，不过收益和贷款额也比第一阶段增加了 n^2，n^3，…，n' 倍。记 V 为成员 j 在该重复博弈中每阶段都采取最佳策略的总收益的现值。那么，由于从第二阶段开始的无限次重复博弈与从第一阶段开始的无限次重复博弈只差一个阶段，在结构上是相同的，所以，从第二阶段开始的无限次重复博弈的总收益的现值为 βy。这样，在整个无限次重复博弈中成员 j 的总收益的现值是 $n\beta y$。这样，在整个无限次重复博弈中成员 j 的总收益的现值是：

$$V=py-(1+i)k+\beta n'V$$

解得：

$$V=\frac{py-(1+i)k}{1-n'\beta}$$

因此，当 $Y=(1+n)py-(1-\alpha)(1+i)k-l-c<V=\frac{py-(1+i)k}{1-n'\beta}$，即 $\beta>\frac{npy-l-c+\alpha(1+i)k}{n'[(1+n)py-(1-\alpha)(1+i)k-l-c]}$ 时，团体贷款成员会在第一阶段选择不违约。从第二，第三，…，第 t 阶段开始的无限次重复博弈与从第一阶段开始的无限次重复博弈在结构上是完全相同的，因而团体贷款成员会在第二，第三，…，第 t 阶段也选择不违约，即永远选择不违约。由于团体贷款成员 j 和 h 是信息对称的，所以也会在重复博弈的每个阶段都选择不违约。

类似的，如果没有实施递增贷款，相应的团体贷款成员不违约的时间贴现因子为 $\beta > \frac{py+\alpha(1+i)k}{2py-(1-\alpha)(1+i)k} \equiv \beta^*$。由于 $\beta < \beta^*$，所以当贷款人实施递增贷款时，团体贷款成员不违约的长期收益增加了，不违约建立的声誉就更加有价值，从而使得小额贷款的违约率进一步降低，对道德风险的缓解效果更加显著，从而提高信贷市场效率。

6. 结论和建议

综合上述分析可知，团体贷款通过连带责任机制和信息优势可以有效缓解不对称信息下信贷市场的逆向选择和道德风险，进而缓解信贷配给，提高信贷市场效率，增进社会福利。基于团体贷款效率发挥的作用机理，为有效解决中小企业融资难问题，在我国中小企业中推广团体贷款模式过程中需要注意以下几方面：

第一，联保小组的组建必须坚持"自愿与双向选择"原则。

首先，"自愿与双向选择"原则是保证团体贷款客户筛选机制高效运行的前提；其次，"自愿与双向选择"原则是保证联保小组成员之间信息相对对称的条件，是团体贷款借款人投资行为规范机制高效运行的基础；最后，"自愿与双向选择"原则是确保联保小组成员之间社会惩罚有效性的条件，是团体贷款履约激励机制高效运行的前提。

第二，增进团体贷款成员的相互了解与信任，强化其利益协同性。

强化团体贷款成员之间的利益协同，增加博弈次数，是团体贷款模式顺利推广的关键。目前正兴起的产业集群、产业基地、产业园区等产业组织形式为中小企业之间建立密切联系以及合作关系提供了条件。通过经济利益关系强化企业之间的网络关系，建立起外部经济内在化的机制，对于促进团体贷款融资方式的发展将起到很大的促进作用。但是，这个过程仅仅依靠企业自发形成是远远不够的，需要政府、企业、银行三方的通力合作。政府应努力改善信贷融资环境，宣传团体贷款，严惩骗贷企业，治理信息失真。同时由行业协会或政府牵头，由联保小组组织实施对企业的全面调查，了解企业的经营状况、资金需求，为企业之间建立联保关系牵线搭桥，并为银行提供企业信息。在团体贷款交易流程中应成立联保小组，并委托行业协会来协调。企业向行业协会提出联保申请，由行业协会或中小企业管理局牵头成立联保小组，审批联保团体成员组成的合规性，核定团体最高贷款限额，三方共同制定团体贷款的实施细则，建立联保小组档案并管理，成为联保企业之间以及企业与银行之间的桥梁。

第三，增强银行动态激励机制，促进博弈机制的重复运行。

团体贷款博弈机制重复运行的条件是联保成员企业确认它们在按时还款以后，能够在需要贷款时获得新的贷款、获得更高额度的贷款以及获得比原来利息更低的贷款。由于银行与企业签订团体贷款合同时并没有明确有关规定，或者只对贷款逾期企业施加惩罚，而对借款企业提前还贷没有激励，导致借款企业选择违约策略，以实现其利益最大化。因此，为了使企业与银行的博弈能够重复进行，银行应该强化按时还贷的激励机制，要在贷款发放初期，即向团体贷款成员声明守信的优势，并向其承诺，只要结成团体贷款联盟，将所得贷款按照事先合约要求使用，并按时还本付息，就可以再次申请贷款，并且在贷款额度和利率上给予优惠，优惠的幅度取决于其守信的程度。同时，鼓励贷款联盟成员提前揭露其他成员的风险行为，减少这部分企业的连带责任。

（作者电子邮箱：ymzhou@263.com）

参考文献

[1]焦瑾璞，杨俊. 小额贷款与农村金融[M]. 北京：中国金融出版社，2006.

[2]江能，邹平. 团体贷款团体小组规模研究[J]. 企业经济，2007，10.

[3]彭文平. 信贷市场结构与效率：一个信息经济学视角的研究[M]. 北京：经济科学出版社，2009.

[4]汤敏，姚先斌. 孟加拉"乡村银行"的小额信贷扶贫模式[J]. 改革，1996，4.

[5]谭文柱，陈光. 联合贷款担保：解决小企业融资难的新途径[J]. 天府新论，2003，2.

[6]章元. 非对称信息下的团体贷款研究[M]. 上海：上海人民出版社，2005.

[7] Armendariz de Aghion, Beatriz, and Christian Goller. Peer group formation in an adverse selection model [J]. *The Economic Journal*, 2000, 110.

[8] Arrow, W., and Debreu, G.. Existence of equilibrium for a competitive economy [J]. *Econometrica*, 1954, 22.

[9] Banerjee, Abhijit, Timothy Besley, and Tim Guinnane. The neighbor's keeper：The design of a credit cooperative with theory and a test [J]. *Quarterly Journal of Economics*, 1994, 109.

[10] Besley, Timothy, and Steven Coate. Group lending, Repayment incentives and social collateral [J]. *Journal of Development Economics*, 1995, 46.

[11] Ghatak Maitreesh. Group lending, Local information and peer selection [J]. *Journal of Development Economics*, 1999, 60.

[12] Varian, Halr. Monitoring agents with other agents [J]. *Journal of Institutional and Theoretical Economics*, 1995, 46.

[13] Stiglitz, J., and Weiss, A.. Credit rationing in markets[J]. *World Bank Economic Review*, 1981, 3.

A Study on Enhancing Credit Market Efficiency of Group-lending Based on Asymmetric Information

Zhou Yuemei[1]   He Yuanyuan[2]

(1, 2 Statistics and Mathematics School of Zhongnan University of Economics and Law   Wuhan   430073)

Abstract：How to solve the financing difficulties of small and medium-size enterprises effectively and improve the credit market's efficiency? The key is to solve the problem of the adverse selection and moral hazard caused by asymmetric information. As a new financing mode, group-lending won the enterprise, the bank and the government's favor because of it's impressive repayment rates. From the credit market efficiency angle, due to the joint liability and complete information, group-lending could remit adverse selection and moral hazard, and remit credit rationing, further enhancing credit market's efficiency.

Key words：Asymmetric information；Group-lending；Credit rationing；Adverse selection；Moral hazard；Dynamic incentives mechanism

中小投资者法律保护变迁、并购行为与财富效应[*]

——来自中国上市公司的经验证据

● 陈　冬[1]　唐建新[2]

（1，2 武汉大学经济与管理学院会计系　武汉　430072）

【摘　要】本文采用历史研究视角，研究了中小投资者法律保护程度的动态变迁与非关联并购、关联并购财富效应的关系。研究发现：随着中小投资者法律保护程度的提高，收购方可从非关联并购中获得更大的财富效应，但会从保配和掠夺型的关联并购中遭受更多财富效应的损失，支持本文提出的中小投资者保护变迁的并购鼓励效应和惩罚效应。同时发现，随着中小投资者法律保护程度的提高，非利益侵占型的关联并购仍可使收购方的财富效应增加，但保壳型关联并购的财富效应不随中小投资者法律保护程度的提高发生显著变化。本文丰富和拓展了"法与财务"在公司并购问题中的研究。

【关键词】投资者保护　并购行为　财富效应

1. 引言

由 LaPorta、Lopez-de-Silanes、Shleifer 和 Vishny 四位学者提出的"法与财务"研究范式被运用于研究并购问题（如 Dahlquist et al.，2003；Rossi 和 Volpin，2004；Moeller 和 Schlingemann，2005；Bris 和 Carbolis，2002；Starks 和 Wei，2004；Kuipers，2008；Chari 等，2004；Martynova 和 Renneboog，2008），但是，已有研究只是横向比较了国家、地区之间法律的差异及法律差异对并购收益的影响。一个国家和地区的投资者保护本身是一个历史的发展过程。[①] 不同的投资者法律保护阶段，公司的财务行为可能存在显著的差异。所以，中小投资者法律保护程度的纵向演变对并购行为的影响是需要关注的。

作为转型经济国家，我国的证券市场在短短十几年间从无到有，迅速发展，我国保护中小投资者的法律也经历了一个从弱到强、逐步健全的历史实践过程。与此同时，企业并购活动日益活跃。已有文献表明，一方面，上市公司并购是资源配置手段；另一方面，关联并购在某种程度上成为上市公司保壳保配或者实施掏空的手段（陈信元等，2003；李增泉等，2005）。那么，中小投资者法律保护程度的提高如何影响我国上市公司不同并购行为（关联并购和非关联并购）的财富效应？具体而言，本文采用历史研究的视角，使用实证研究的方法研究以下问题：第一，中小投资者法律保护程度的提高是否提高非关联并

* 本研究得到国家自然科学基金（项目批准号：71102159、70672066）、武汉大学人文社会科学"70 后"学者学术团队建设计划、武汉大学人文社科一般项目（项目批准号：20110352）、湖北省会计学会会计科研课题项目（项目批准号：HBKJ201101）资助。

① 沈艺峰，许年行，杨熠. 我国中小投资者法律保护历史实践的实证检验［J］. 经济研究，2004，9：10.

购的财富效应；第二，中小投资者法律保护程度的提高是否影响关联并购的财富效应，这种影响在不同类型的关联并购中是否存在差异。研究发现：随着中小投资者法律保护程度的提高，收购方可从非关联并购中获得更大的财富效应，但会从保配和掠夺型的关联并购中遭受更多财富效应的损失，支持本文提出的中小投资者法律保护变迁的并购鼓励效应和惩罚效应。同时发现，随着中小投资者法律保护程度的提高，非利益侵占型的关联并购仍可使收购方的财富效应增加，但保壳型关联并购的财富效应不随中小投资者法律保护程度的提高发生显著变化。

本文的贡献可能在于：第一，丰富和拓展了中小投资者法律保护变迁与公司财务的研究文献。沈艺峰等(2004)借鉴 La Porta 等(1998)的量化方法，开创性地分析了我国证券市场1992—2003年中小投资者法律保护的历史实践。本文将这种动态研究视角应用于并购财富效应研究。第二，拓展了基于"法与财务"分析框架的制度视角的并购财富效应研究。李善民和张媛春(2008)、唐建新和陈冬(2010)从静态横向视角分别研究了地区制度环境对并购效率、地区投资者保护对并购协同效应的影响。本文从动态纵向视角研究投资者保护对并购财富效应的影响。第三，对关联并购和非关联并购进行对比分析，深化中小投资者法律保护变迁对并购财富效应影响的机理分析。

本文后续结构如下：第二部分为制度背景分析，第三部分进行理论分析并提出研究假设，第四部分为研究设计，第五部分分别对非关联并购样本和关联并购样本进行实证检验，第六部分为结论和启示。

2. 制度背景分析：1998—2008 年中小投资者法律保护变迁①

纵览 1998—2008 年，我国中小投资者法律保护逐步向前发展，可划分为如下三个阶段：

(1)1998—2000 年：注重信息披露制度建设，公司治理制度建设初步展开。

第一，对前一时期制定的信息披露制度根据新的情况进行补充和修订，例如《中期报告的内容与格式》(第二次修订)(1998 年)、《年度报告的内容与格式》(第二次修订)(1998 年)和《配股说明书的内容与格式》(第一次修订)(1998 年)。

第二，继 1994 年的《公司法》后，1999 年实施的《证券法》是中国第一部调整证券发生与交易行为的法律，它为规范证券市场各方当事人行为、保护投资者合法权益提供了法律基础。

第三，《证券法》对内幕交易、操纵证券价格以及欺诈投资者等行为及法律责任都作出了较为明确的规定。随后颁布的《上市公司股东大会规范意见》(2000 年)作出了股东大会召集、提案和通知、召开的相关规定，保障投资者行使股东权利。

(2)2001—2005 年：强化信息披露制度建设，公司治理制度建设全面铺开。

第一，信息披露制度渐成体系。2001 年财政部颁布了《企业会计准则》和《企业会计制度》，为上市公司会计信息披露提供了操作性的规范。在强化财务信息披露的同时，重要事项等信息披露也有制度可循。例如，2001 年 8 月 2 日、2003 年 12 月 22 日中国证监会先后发布了通知，要求上市公司披露实际控制人及其大致控股结构的信息；2004 年 12 月 13 日中国证监会下达了关于修订《公开发行证券的公司信息披露内容与格式准则第 2 号》的通知，要求上市公司披露公司的实际控制人情况，并以方框图的形式披露公司与实际控制人之间的产权和控制关系。《上市公司收购管理办法》自 2002 年 12 月 1 日起施行，并购事件信息的披露得到规范。

---

① 由于上市公司并购活动在 1998 年后逐渐增多，相关数据才逐渐可得，所以本文实证分析的并购样本期间为1998—2008 年。本文主要关注这一时期我国中小投资者法律保护的变迁。沈艺峰等(2004)开创性地分析了我国证券市场1992—2003年中小投资者法律保护的历史实践。本文对1998—2000年中小投资者法律保护的分析部分援引了他们的研究。

146

第二，重点建立公司治理的法律法规。20世纪90年代全球范围内掀起的公司治理运动，其核心就是通过修改《公司法》、《破产法》和《证券法》，并推出公司治理准则等来完善投资者保护的法律体系，以提高公司治理水平，建立高效的资本市场。2002年是我国的"公司治理年"，前后出台数部公司治理法规。2001年出台的《关于在上市公司建立独立董事制度的指导意见》规定，上市公司董事会至少包括三分之一的独立董事。同时，通过在董事会下设立战略、审计和薪酬等多个专业委员会，独立行使董事会的专业职能。《上市公司治理准则》(2002年)对控股股东的行为规范作了详细的规定。

(3)2006—2008年：中小投资者保护的相关法律法规建设向纵深发展，相关法律和配套法规、规章逐步健全和完善。

2006年是我国资本市场中小投资者保护法律、法规和制度建设的一个分水岭(中国证券业监督管理委员会，2008)，具体表现在：

第一，颁布和实施新会计准则。财政部2006年2月5日正式对外发布了包括1项基本准则和38项具体准则在内的企业会计准则体系，2007年1月1日在上市公司全面实施，标志着我国已初步完成企业会计准则体系的制定(葛家澍，2006)。

第二，《公司法》和《证券法》经修订后出台。《公司法》和《证券法》是规范资本市场的两部重要法律。随着经济和金融体制改革的不断深入以及市场经济的持续发展，市场各方面发生了很大变化，《公司法》和《证券法》作为资本市场的两部基础法律，已不能完全适应新形势发展的客观需要，2005年10月全国人大修订了《公司法》和《证券法》，并于2006年1月1日开始实施。

第三，配套法律法规的修订。与《公司法》、《证券法》的修订相适应，全国人大、国务院各部委对相关法律法规和规章进行了梳理和调整。《刑法修正案(六)》进一步明确了上市公司、证券期货经营机构严重违法行为的刑事责任，加大了对市场操纵行为的惩处力度；同时，对《破产法》进行了修订，规范企业的破产行为，全面保护各方当事人利益。中国证监会推进了与《公司法》、《证券法》相衔接的行政法规的起草和制定工作，梳理和整理了相关规章、规范性文件和自律规则，颁布了《中国证券监督管理委员会冻结、查封实施办法》、《证券公司董事、监事和高级管理人员任职资格监管办法》、《证券结算风险基金管理办法》等一批规章和规范性文件，基本形成了与《公司法》、《证券法》配套的规章体系。2006年新的《上市公司收购管理办法》颁布实施。2006年8月，为规范外资对国内上市公司的并购行为，商务部颁布实施了《外国投资者对上市公司战略投资管理办法》和《关于外国投资者并购中国境内企业的规定》。这些新政策、新法规的颁布和实施，对我国企业并购特别是上市公司并购市场产生重大影响。2007年颁布《物权法》，关注了证券投资及其收益的确认和保护。与此同时，随着股权分置改革的推进和完成，有关证券发行上市、证券监管的多部法规又被重新修订，市场日渐规范。

1998—2008年，对中小投资者的法律保护主要沿着信息披露制度和成文法的建设两条主线演进，中小投资者法律保护程度得到明显提高。

3. 理论分析与研究假设

3.1 中小投资者法律保护变迁与非关联并购

中小投资者法律保护程度的提高降低并购的交易成本，为并购的不确定事项提供更多的保障和缓解机制。并购是实现资源有效配置的手段，市场摩擦会阻碍有效并购的发生，降低并购的效率，阻碍企业边界的扩张(科斯等，2003；唐建新和陈冬，2010)。中小投资者法律保护程度的提高通过缓解资本市场摩擦、改变并购的相对成本来影响并购行为。

不同的投资者保护阶段，收购方实施并购的交易成本不同。在投资者保护程度低的时期，收购方可能面临更大的市场摩擦，招致更高的交易成本，产权受到侵害的潜在危险更大，这些都影响到企业边界扩张的可能性、可行性和效率。交换资产权利时，有关并购契约所确定的各种维度范围取决于边际成本和收益。如果订立并购契约的成本很高，则有一些维度就可能被排除在并购契约之外，但往往这些被排除的维度最终可能成为发生纠纷的根源，加大并购契约的执行难度或监督成本。随着投资者保护程度的提高，并购交易的结果就更具有系统性和可预测性，并购契约内容的特定性较小。因此，对投资者的保护降低了并购的交易成本。

如果实施并购的交易成本较大，一些价值创造型的并购可能未能付诸实施，潜在的并购收益不能实现。随着投资者保护程度的提高，一方面，并购交易成本的下降使并购的边际收益上升，收购方股东获得更大的财富效应；另一方面，更多创造价值的潜在并购付诸实施，收购方股东获得的财富效应增加。我们称之为中小投资者保护变迁的并购鼓励效应。所以，我们提出如下研究假设：

假设1：在其他条件相同的情况下，随着中小投资者法律保护程度的提高，收购方实施非关联并购的财富效应上升。

3.2 中小投资者法律保护变迁与关联并购

关联并购为上市公司与其关联方实施的并购。关联并购具有双重性，即一方面，上市公司利用关联并购节约市场交易成本；另一方面，控股股东利用关联并购直接或间接侵害中小股东利益，甚至掏空上市公司。

第一，中小投资者保护变迁与利益侵占型关联并购。

中小投资者保护程度的提高使大股东通过关联并购实施利益侵占的成本上升。投资者保护针对的是损害投资者利益的行为。在公司财务理论中，损害投资者利益的行为多指公司控股股东或内部管理层对外部投资者（中小股东）利益的侵害行为。La Porta 等（1997、2000a、2002）主张通过法律来实现对投资者利益的保护。法律对投资者保护程度的差别，最终影响财务决策及其经济后果。中小投资者法律保护作为使外部投资者免受公司内部人（包括管理者、大股东）剥削的制度安排，是缓解代理问题的重要途径（La Porta et al.，2000a）。因为对中小投资者保护的程度越高，管理者损害股东利益或者大股东实施掠夺和利益侵害的成本就越高，从而限制了各种掠夺和利益侵占行为。所以，投资者保护程度越高，资本市场越发达（La Porter et al.，1997），对企业的估价也更高（La Porter et al.，2002），公司会发放更多的股利（La Porter et al.，2000b），公司股权集中度更低（La Porter et al.，1999），公司会进行更少的盈余管理活动（Leuz et al.，2003），进行更多的有效投资（Wurgler，2000）。

股权高度集中的结构下，大股东凭借自身的控制权侵害和掠夺小股东的利益，可以通过各种手段以较小的成本获得很大的控制权私利，关联并购是大股东实施掏空的手段之一。[1] 同时，在我国资本市场监管的压力下，并购重组甚至成为机会主义驱动下上市公司达到保配目的的手段。[2] 中小投资者保护的外部制度安排，加大了大股东利用关联并购损害中小股东利益的成本。当大股东损害中小股东利益涉及法律诉讼时，法律执行效率越高，作出的处罚可能越严厉。出于对后果的预期，大股东利用关联并购实施掠夺和利益侵占的行为可能有所收敛。中小投资者保护程度越高，收购方实施破坏价值的关联并购行为的成本越高，中小投资者保护抑制利益侵占型的关联并购行为。而且，中小投资者保护程度的提高使公司治理环境改善，公司面临的治理要求越来越严格，也抑制其实施价值破坏型关联并购的动机。

投资者保护程度的提高增加利益侵占的成本，降低收购方从利益侵占的关联并购中获得的边际收益。

---

① 李增泉，余谦，王晓坤．掏空、支持与并购重组[J]．经济研究，2005，1：15．
② 陈信元，叶鹏飞，陈冬华．机会主义资产重组与刚性管制[J]．经济研究，2003，5：42．

中小投资者可依赖的法律保护加强后，遭受控股股东掠夺时提起诉讼的可能性增加，事后诉讼赔偿也相应提高，管理者损害股东利益或者大股东实施掠夺和利益侵害的成本上升，获取的潜在收益相应下降。随着中小投资者保护程度的提高，市场对利益侵占的关联并购可能作出更低的评价。我们称之为中小投资者保护变迁的并购惩罚效应。

所以，本文提出如下研究假设：

假设 2a：在其他条件相同的情况下，随着中小投资者保护程度的提高，收购方实施利益侵占的关联并购获得的财富效应下降。

第二，中小投资者保护变迁与非利益侵占型关联并购。

企业运营方式及其交易行为与企业组织形式紧密相连。关联并购是企业组织形式变迁到企业集团阶段出现的经济行为。根据新制度经济学的理论，企业的边界决定于交易成本，当通过企业内部市场交易获得的收益大于企业运行的官僚成本，企业边界就会扩张。企业是资源配置的替代机制。企业实施关联并购能够节约交易成本，关联方之间具有较少的信息不对称，内部资本市场能够部分替代外部市场利于并购融资来源。所以，我们提出研究假设如下：

假设 2b：在其他条件相同的情况下，中小投资者保护程度的提高可能不会对收购方实施非利益侵占的关联并购产生惩罚效应。

4. 研究设计

4.1 样本选择和数据来源

4.1.1 样本的建立

我们以 CSMAR"中国上市公司并购重组研究数据库"中 1998—2008 年发生的上市公司作为收购方公司的股权标的并购事件作为初选样本，按以下标准进行筛选：第一，由于财务指标不可比，剔除收购方公司或目标公司为金融行业的并购事件。第二，前后两次并购至少间隔 6 个月。第三，当同一家上市公司在同一天宣告两笔或两笔以上的并购交易时，如果目标公司不是同一家公司，为避免目标公司异质性对并购的超常累积收益率产生噪音，对这样的并购事件给予剔除；如果是与同一目标公司的不同股东进行并购交易，则将这些交易合并为一个事件。第四，剔除上市当年发生的并购事件。第五，为避免同时披露季报、中报或年报等重大公告可能会对并购的超常累积收益率产生噪音，剔除在并购首次公告日前后 5 个交易日同时进行其他重大公告的并购事件。第六，剔除财务指标存在缺失的并购事件。第七，由于对投资者保护的要求不同，剔除同时发行 B 股、H 股的上市公司。共得到样本观测点 1751 个，其中非关联并购样本观测点 646 个，关联并购样本观测点 1105 个。

为区分利益侵占与非利益侵占的关联并购，我们基于掏空支持理论对上述关联并购样本观测点作进一步筛选。掏空(tunneling)指控股股东侵占上市公司利益的行为(Johnson et al. , 2000)，支持(propping)指控股股东向上市公司输送利益的行为(Friedman et al. , 2003)。但是，支持并非完全有利于上市公司。控股股东的支持目的也许在于保持上市公司的存续，继续享有资本市场融资等便利，为控股股东聚集资源，以利于伺机实施掏空。我国上市公司与控股股东存在紧密关系，控股股东为了维持母公司的存续或当地的经济与社会发展，在上市公司无法保有上市资格或无法达到再融资监管要求的情况下，控股股东将不得不向上市公司输送利益进行支持。其中，关联并购就是控股股东支持上市公司的方式(李增泉等，2005)。本文将支持和掏空动机驱动的关联并购定义为利益侵占型，具体为上市公司为保住上市资格或未达到配股要求时进行的并购。支持动机下的关联并购又可分为保壳型关联并购和保配型关联并购。保壳型关联并购定义如下：如果上市公司在并购前出现了亏损，则目的很可能是通过并购来提高业绩，以保住壳资源，因此，将这类公司进行的并购定义为保壳型关联并购。具体来讲，这类公司是指在并购前两年的净资产收益率为负，并购当年末净资产收益率为正。保配型关联并购定义如下：如果上市公司在并购后三年内提出了配股申请，而且这些公司在并购前业绩未达到配股资格要求，其配股资格很可能就是通过并购来实现的，这些并购视为保配型关联并购（李增泉等，2005）。掠夺型关联并购定义为：并购前三年收购方连续盈利，但并购当年末亏损的关联并购。其余为非利益侵占型关联并购样本点。样本观测点年度分布见表1。

表1 样本观测点年度分布

年份	非关联并购		关联并购						非利益侵占型关联并购	
			利益侵占型关联并购							
			保壳		保配		掠夺			
	观测点	占比	观测点	占比	观测点	占比	观测点	占比	观测点	占比
1998	24	0.04	1	0.01	8	0.19	1	0.02	22	0.02
1999	26	0.04	3	0.03	12	0.29		0.00	42	0.05
2000	49	0.08	4	0.04	14	0.33	5	0.09	65	0.07
2001	56	0.09	10	0.11	2	0.05	6	0.11	89	0.10
2002	59	0.09	4	0.04	2	0.05	4	0.07	77	0.08
2003	65	0.10	10	0.11	3	0.07	10	0.19	88	0.10
2004	44	0.07	6	0.07		0.00	6	0.11	82	0.09
2005	35	0.05	6	0.07		0.00	7	0.13	64	0.07
2006	53	0.08	15	0.16		0.00	3	0.06	107	0.12
2007	114	0.18	24	0.26	1	0.02	3	0.06	148	0.16
2008	119	0.18	9	0.10		0.00	9	0.17	133	0.15
合计	646		92		42		54		917	

4.1.2 代理变量和数据来源

（1）中小投资者法律保护分值。沈艺峰等（2004）从股东权利制度和信息披露制度两个方面建立了1992—2003年的中小投资者法律保护分值。肖珉（2007）沿用沈艺峰等（2004）的研究思路和方法，建立了2004年的中小投资者法律保护分值。李善民等（2010）使用同样的方法建立了2000—2008年的中小投资者法律保护分值。本文使用这些分值作为度量我国中小投资者法律保护程度的指标，具体见表2。

表2 中小投资者法律保护年度分值

| 时间 | | 股东权利 | | | | | | | 其他制度与政策 | | | | | | | | 法律分值 | |
		1 临时股东大会召集权	2 代理表决权	3 通信表决权	4 一股一票	5 股东起诉权利	6 累积表决权	7 重大事项表决方式	8 上市公司信息披露	9 会计政策与审计制度	10 外部独立董事	11 送配股政策	12 内部人股权转让	13 管理层、董监事持股规定	14 内幕交易	15 关联交易	16 限制大股东行为的规定	新增法律保护条款赋值	累计分值
1997年	1月1日																▲	0.5	32.5
	1月6日								▲									0.5	33
	3月3日								▲							▲		1	34

150

时间	股东权利							其他制度与政策									法律分值	
	1 临时股东大会召集权	2 代理表决权	3 通信表决权	4 一股一票	5 股东起诉权利	6 累积表决权	7 重大事项表决方式	8 上市公司信息披露	9 会计政策与审计制度	10 外部独立董事	11 送配股政策	12 内部人股权转让	13 管理层、董监事持股规定	14 内幕交易	15 关联交易	16 限制大股东行为的规定	新增法律保护条款赋值	累计分值
4月1日								▲									0.5	34.5
10月1日								*						*			2	36.5
12月16日		▲			▲		▲	▲							▲	*	3.5	40
1998年 6月8日								▲									0.5	40.5
12月10日								▲									0.5	41
1999年 3月17日								▲									0.5	41.5
5月6日															▲		0.5	42
6月14日										▲							0.5	42.5
7月1日					*			*					*	*			4	46.5
12月8日								▲									0.5	47
2000年 5月18日	▲		◆		▲												0	47.0
6月6日															▲		0.5	47.5
6月15日								▲									0.5	48.0
7月1日									*								1	49.0
2001年 3月15日										▲							0.5	49.5
3月19日								▲						▲	▲		1.5	51.0
3月28日							▲			▲					▲		1.5	52.5
4月6日								▲									0.5	53.0
12月10日								▲									0.5	53.5
2002年 1月7日		*			▲	*		▲						▲	▲		4	57.5
1月15日			▲														0.5	58.0
6月22日								▲									0.5	58.5
6月30日										▲							0.5	59.0
2003年 2月1日								▲									0.5	59.5
8月28日															*		1	60.5
10月28日								▲						**			2.5	63.0
12月1日								▲									0.5	63.5
2004年 1月31日								▲		▲							1	64.5
2月5日																*	1	65.5
8月28日a	*	*			*			*	*	*		*	*				8	73.5
8月28日b								*					*	*	*		4	77.5
12月7日								▲	▲		▲	▲				▲	2.5	80.0

时间		股东权利							其他制度与政策									法律分值	
		1 临时股东大会召集权	2 代理表决权	3 通信表决权	4 一股一票	5 股东起诉权利	6 累积表决权	7 重大事项表决方式	8 上市公司信息披露	9 会计政策与审计制度	10 外部独立董事	11 送配股政策	12 内部人股权转让	13 管理层、董监事持股规定	14 内幕交易	15 关联交易	16 限制大股东行为的规定	新增法律保护条款赋值	累计分值
2005 年	10 月 19 日													▲			▲	1	82.0
	10 月 27 日 a	*	*		*	**	**	*	*	*	**	*	**	*		**	**	20	102.0
	10 月 27 日 b												*				**	3	105.0
2006 年	2 月 5 日									▲								0.5	105.5
	2 月 14 日															▲		0.5	106.0
	3 月 7 日															▲		0.5	106.5
	4 月 10 日								▲									0.5	107.0
	5 月 8 日 a								▲									0.5	107.5
	5 月 8 日 b								▲									0.5	108.0
	5 月 17 日								▲									0.5	108.5
	5 月 18 日 a								*									1	109.5
	5 月 18 日 b								▲									0.5	110.0
	5 月 26 日								▲									0.5	110.5
	6 月 5 日								▲							▲		1	111.5
	7 月 31 日								*							*		2	113.5
	8 月 4 日								▲									0.5	114.0
	9 月 28 日								▲							▲		1	115.0
	11 月 30 日								▲									0.5	115.5
	12 月 8 日								▲									0.5	116.0
2007 年	2 月 15 日								▲									0.5	116.5
	3 月 2 日															▲		0.5	117.0
	6 月 28 日												*					0.5	117.5
	8 月 15 日								▲									0.5	118.0
	8 月 28 日								▲									0.5	118.5
	12 月 17 日								▲▲									1.5	120.0
	12 月 27 日									▲								0.5	120.5
2008 年	8 月 27 日								▲						▲	▲	▲	2	122.5
	10 月 9 日								▲			*						1.5	124.0

注：当某项条款首次由法律或法规作相应规定时，分别加 2 分和 1 分。当某项条款已由法律或法规作了规定，而后出台的法律或法规又对相同条款作了规定，如果新规定比旧规定在相同条款上作了更强更具体规定，分别加 1 分和 0.5 分。凡对上述各条款作相反规定时，各条款则减去相应的分值。▲、*、◆分别表示加 0.5、1、–1 分。

资料来源：1997—1999 年的数据来自沈艺峰等（2004），2000—2008 年的数据来自李善民等（2010）。

（2）企业性质。由于中小投资者保护是本文重点关注的变量，所以还考虑企业性质。对于收购方公司和上市的目标公司，根据上市公司的实际控制人性质来判断上市公司是属于国有还是民营性质，实际控制人性质来自 CSMAR、CCER 和 Wind 数据库。对于不是上市公司的目标公司，通过逐一查阅并购公告，从中获取关于目标公司性质的信息，并购公告查自网易财经，并使用百度搜索引擎作为辅助查找工具。

（3）企业所处行业。对于收购方公司，直接使用 CSMAR 数据库中的行业分类数据。对于目标公司，通过逐一查阅并购公告中披露的目标公司经营范围，参照中国证监会的行业分类标准进行确定。

（4）其余财务数据和计算并购的累积超常收益率所使用的交易数据均来自 CSMAR 数据库。

4.2　回归模型与变量定义

根据前文的分析，本文构建如下模型并使用 OLS 回归方法检验本文的研究假设：

$$CAR_i = \beta_0 + \beta_1 \times Pro_i + \beta_2 \times Size_i + \beta_3 \times Lev_i + \beta_4 \times Grow_i + \beta_5 \times Cfo_i + \beta_6 \times Vol_i + \beta_7 \times Sind_i + \beta_8 \times Stat_i$$
$$+ \beta_9 \times Priv_i + \beta_{10} \times Spro_i + \beta_{11} \times Indb_i + \beta_{12} \times Ulti_i + \beta_{13} \times \sum YearD + \varepsilon$$

CAR 是被解释变量，表示收购方公司的并购财富效应，是并购首次公告日前后若干个交易日收购方公司的累积超常收益率，使用市场模型法来计算收购方公司的累积超常收益率。其中，两个参数的估计区间为并购首次公告日前 180 个交易日至公告日后 30 个交易日。

Pro 是测试变量，为中小投资者保护程度。由于中小投资者保护是本文重点关注的变量，所以使用多个方法进行衡量。其中，Pro_1 为并购前一年中小投资者法律保护分值（见本文表 2）；Pro_2 代表阶段中小投资者法律保护程度，如前所述，本文将 1997—2008 年划分为中小投资者法律保护的三个阶段，通过计算各阶段年度中小投资者法律保护分值的平均值得到阶段中小投资者法律保护程度。

根据已有文献，公司特征和并购交易特征影响并购收益，同时，结合我国上市公司并购活动的实际情况，我们使用如下控制变量：公司特征变量，包括企业规模 Size、负债水平 Lev、成长性 Grow、自由现金流量水平 Cfo；交易特征变量，包括交易规模 Vol、并购类型 Sind、国有化 Stat、民营化 Pri、是否异地并购 Spro。

在公司特征方面，公司规模越大，收购方公司越容易存在过度自信（Roll，1986），越易进行溢价收购（Moeller et al.，2004），收购方公司的并购收益可能较低。根据自由现金流量假说，收购方公司自由现金流大且负债率低时，更易进行无效并购（Jensen，1986）。企业成长性影响并购收益，追求企业成长驱动企业实施战略性并购，但盲目扩张会导致企业价值下降；收购方公司的治理状况越好，越会选择进行价值创造型的并购（Servaes，1991）。

在并购交易特征方面，不同的并购规模下收购方公司对目标公司产生影响的能力不同，进而影响到收购方公司能够获取的并购收益（Fuller et al.，2002）。一般认为，同行业并购带来正的收益，而非相关行业间的多元并购收益不显著为正，但在转型经济国家，企业通过多元构筑内部市场应对外部市场的制度缺失（Khanna 和 Palepu，1997；Akbulut 和 Matsusaka，2003），多元并购可以带来正的并购收益。异地并购可能通过改变并购双方的公司治理水平（Martynova 和 Renneboog，2008）或者减少并购交易面临的市场摩擦（唐建新和陈冬，2010），对并购收益产生影响。

我们研究的样本期间时逢国企通过并购重组进行改革，国有资本一定程度地进入民营企业，为控制并购中产权性质变化带来的影响，我们加入国有化 Stat、民营化 Pri 作为控制变量。如果收购方公司属于垄断行业，并购活动可能改变其市场势力和市场份额，对并购财富效应产生影响。所以，我们对收购方公司是否属于垄断行业进行了控制（罗党论和刘晓龙，2009）。

控制变量的定义如表 3 所示。

表3	控制变量定义
变量名	变量定义
Size	收购方公司的企业规模，用并购前一年总资产的自然对数衡量
Lev	收购方公司的负债水平，用并购前一年的资产负债率衡量
Grow	收购方公司的成长性，用并购前一年销售收入的增长率衡量
Cfo	收购方公司的自由现金流量水平，用并购前一年自由现金流量占总资产的比重衡量
Vol	并购交易规模，用并购的股份占目标公司的股权比例衡量
Sind	同行业并购哑变量，如果并购双方处于相同行业，则取值为1，否则为0(使用证监会的行业分类标准，以行业分类代码的第一位为准，第一位为C的以前两位为准)
Stat	国有化哑变量，如果收购方公司为国有性质，目标公司为民营性质，则取值为1，否则为0
Priv	民营化哑变量，如果收购方公司为民营性质，目标公司为国有性质，则取值为1，否则为0
Spro	异地并购哑变量，如果收购方公司和目标公司不属于同一省市，则视为异地并购，取值为1，否则为0
Indb	收购方行业哑变量，若收购方属垄断行业，则取值为1，否则为0
Ulti	收购方企业性质哑变量，若收购方实际控制人为民营性质，则取值为1，否则为0
YearD	年度哑变量

5. 实证结果分析

5.1 非关联并购实证结果分析

5.1.1 并购公告窗口期市场反应

在并购首次公告的若干窗口期中，收购方公司在并购首次公告日前后 10 个交易日的窗口期内均获得显著为正的累积超常收益率。其中，并购公告前 1 个交易日 CAR(-1，0)、并购公告前 1 个交易日到公告后 3 个交易日 CAR(-1，3)、并购公告前 3 个交易日到公告后 1 个交易日 CAR(-3，1)、并购公告前后 1 个交易日 CAR(-1，1)直至并购公告前后 7 个交易日 CAR(-7，7)的累积超常收益率为均在 1% 显著性水平下大于 0。并购公告前后 8、9、10 个交易日的累积超常收益率 CAR(-8，8)、CAR(-9，9)、CAR(-10，10)也均在 5% 显著性水平下大于 0。非关联并购收购方公司的股价反应显著为正，见表 4。

表4 非关联并购市场反应(N = 646)

	均值	T值	P值		均值	T值	P值
CAR(-1，0)	0.01	5.31***	0.00	CAR(-4，4)	0.02	3.43***	0.00
CAR(0，1)	0.01	3.73***	0.00	CAR(-5，5)	0.01	3.08***	0.00
CAR(-1，3)	0.01	3.21***	0.00	CAR(-6，6)	0.02	3.02***	0.00
CAR(-3，1)	0.02	5.09***	0.00	CAR(-7，7)	0.02	2.84***	0.00
CAR(-1，1)	0.01	4.79***	0.00	CAR(-8，8)	0.02	2.72**	0.01
CAR(-2，2)	0.02	4.72***	0.00	CAR(-9，9)	0.02	2.42**	0.02
CAR(-3，3)	0.01	3.80***	0.00	CAR(-10，10)	0.02	2.39**	0.02

注：***、**、*分别表示显著性水平高于 1%、5%、10%，下同。

本文对 1998—2008 年各年并购样本的累积超额收益率进行了方差分析，如表 5 所示，各年并购样本 CAR 存在差异，CAR(-1，0)、CAR(-3，1)、CAR(-1，1)、CAR(-2，2)、CAR(-3，3)、CAR(-6，6)分别在 10%、5%水平下存在显著差异。初步表明中小投资者保护程度不同的年份，并购公告窗口期的累积超额收益率不同。

表 5 非关联并购市场反应方差分析($N=646$)

	F 值	P 值		F 值	P 值
CAR(-1，0)	1.77*	0.06	CAR(-4，4)	1.49	0.14
CAR(0，1)	0.89	0.54	CAR(-5，5)	1.43	0.16
CAR(-1，3)	1.37	0.19	CAR(-6，6)	1.63*	0.09
CAR(-3，1)	2.10**	0.02	CAR(-7，7)	1.36	0.19
CAR(-1，1)	1.76*	0.06	CAR(-8，8)	1.23	0.27
CAR(-2，2)	1.82**	0.05	CAR(-9，9)	1.04	0.41
CAR(-3，3)	1.62*	0.10	CAR(-10，10)	0.96	0.47

5.1.2 多元回归分析

表 6 对中小投资者保护变迁与收购方公司非关联并购财富效应进行了多元回归分析。[①] 在 1998—2008 年，中小投资者保护程度的提高与收购方公司非关联并购财富效应正相关，Pro_1、Pro_2 均在 1%水平下显著为正。在表 2 中我们注意到，中小投资者保护程度的提高并不是均匀的，究竟哪个时期的投资者保护更有效？第一，为避免时间跨度不同的影响，我们将样本期间划分为 1998—2005 年、2001—2008 年两个时期，分别包含相同的年份数。回归结果显示 2001—2008 年中小投资者保护程度的提高与收购方公司非关联并购财富效应正相关，而 1998—2005 年中小投资者保护程度的提高与收购方公司非关联并购财富效应不存在显著相关关系。第二，我们注意到 2005 年后投资者保护分值增加更快，表明投资者保护程度比以往年度有了较大幅度的提升，所以将样本期间划分为 1998—2004 年、2005—2008 年两个阶段。在 2005—2008 年，中小投资者保护程度的提高与收购方公司非关联并购财富效应正相关，Pro_1、Pro_2 均在 1%或 5%水平下显著为正。而在 1998—2004 年，中小投资者保护程度的提高与收购方公司非关联并购财富效应不存在显著相关关系。[②] 这表明，主要是 2005 年后中小投资者法律保护程度的提高带来收购方并购财富效应的增加。

表 6 中小投资者保护变迁与非关联并购财富效应

	1998—2008 年		1998—2005 年		2001—2008 年		2005—2008 年
C	0.04*	0.04**	0.04	0.03	0.03	0.07***	0.10**
	(1.92)	(3.01)	(1.55)	(1.10)	(1.24)	(3.70)	(3.54)
	(0.08)	(0.01)	(0.16)	(0.30)	(0.25)	(0.00)	(0.02)

---

① Pearson 相关系数矩阵显示，中小投资者法律保护程度均与 CAR(-1，1)在 1%水平下正相关。限于篇幅未报告描述性统计和相关系数矩阵。

② 限于篇幅未报告。

	1998—2008 年		1998—2005 年		2001—2008 年		2005—2008 年
Pro$_1$	0.001*** (3.52) (0.00)		-0.00 (-1.33) (0.22)		0.001*** (5.34) (0.00)		
Pro$_2$		0.00*** (5.26) (0.00)		-0.00 (-0.64) (0.54)		0.001*** (6.28) (0.00)	0.001** (4.21) (0.01)
Size	-0.01*** (-4.15) (0.00)	-0.01*** (-4.74) (0.00)	-0.00 (-1.05) (0.32)	-0.00 (-1.08) (0.31)	-0.01*** (-6.09) (0.00)	-0.01*** (-6.45) (0.00)	-0.01*** (-8.46) (0.00)
Lev	0.04*** (6.17) (0.00)	0.04*** (6.18) (0.00)	0.04 (1.85) (0.10)	0.04 (1.88) (0.10)	0.04*** (5.62) (0.00)	0.04 (5.59) (0.00)	0.03 (8.85) (0.00)
Grow	0.002 (0.93) (0.37)	0.001 (0.81) (0.43)	-0.00 (-0.34) (0.74)	-0.00 (-0.12) (0.90)	0.00 (0.97) (0.36)	0.04 (0.84) (0.43)	0.003 (0.46) (0.67)
Cfo	0.004 (0.35) (0.73)	0.004 (0.32) (0.75)	0.01 (0.39) (0.70)	0.01 (0.48) (0.64)	0.00 (0.07) (0.94)	0.001 (0.06) (0.95)	-0.01 (-0.42) (0.69)
Vol	0.001** (2.27) (0.04)	0.00* (1.99) (0.07)	0.00 (1.11) (0.30)	0.00 (1.21) (0.26)	0.00** (2.55) (0.03)	0.00 (2.35) (0.05)	0.00 (1.88) (0.13)
Sind	-0.01 (-0.94) (0.37)	-0.01 (-1.02) (0.33)	0.00 (0.68) (0.51)	0.003 (0.68) (0.51)	-0.01 (-0.79) (0.45)	(-0.01) (-0.81) (0.44)	-0.01 (-1.02) (0.36)
Sta	-0.01 (-0.84) (0.42)	-0.01 (-0.90) (0.38)	-0.00 (-0.90) (0.39)	-0.004 (-0.90) (0.40)	-0.003 (-0.52) (0.61)	-0.003 (-0.52) (0.61)	-0.004 (-0.45) (0.67)
Priv	0.02 (1.09) (0.30)	0.02 (1.18) (0.26)	-0.01 (-1.52) (0.17)	-0.01 (-1.62) (0.14)	0.02 (1.07) (0.32)	0.02 (1.15) (0.28)	0.04 (2.34) (0.08)
Spro	-0.01 (-0.88) (0.39)	-0.01 (-0.85) (0.41)	-0.01 (-1.75) (0.12)	-0.01 (-1.80) (0.11)	-0.003 (-0.48) (0.64)	-0.00 (-0.49) (0.64)	-0.00 (-0.24) (0.82)
Indb	0.02* (1.94) (0.08)	0.02* (1.93) (0.08)	-0.00 (-0.40) (0.70)	-0.004 (-0.36) (0.72)	0.02 (2.38) (0.04)	0.02** (2.47) (0.04)	0.03* (2.32) (0.08)

	1998—2008 年		1998—2005 年		2001—2008 年		2005—2008 年
Ulti	−0.01	−0.01	−0.00	−0.001	−0.01	−0.01	−0.01*
	(−1.06)	(−1.36)	(−0.28)	(−0.23)	(−1.32)	(−1.51)	(−1.95)
	(0.31)	(0.20)	(0.78)	(0.82)	(0.23)	(0.17)	(0.12)
YearD	Y	Y	Y	Y	Y	Y	Y
N	646	646	361	361	547	547	323
R^2	0.06	0.07	0.06	0.06	0.08	0.08	0.07

注：回归结果中第一个括号内为 T 值，第二个括号内为 P 值。下同。本文采用 Petersen(2009)的方法从公司和年度两个维度来修正可能出现的异方差性、序列和截面相关性。后续的回归分析均使用该方法。

5.2 关联并购实证结果分析

5.2.1 并购公告日窗口期市场反应

在并购首次公告的若干窗口期中，利益侵占型并购在并购首次公告日前后 10 个交易日的窗口期内基本均无显著的累积超常收益率，收购方公司股价反应不显著。非利益侵占型关联并购在某些窗口期，仍可获得正的市场反应(见表 7)。

表 7　　　　　　　　　　　　　　　关联并购市场反应($N=1105$)

	利益侵占型关联并购						非利益侵占型关联并购	
	保壳		保配		掠夺			
	均值	P 值	均值	P 值	均值	P 值	均值	P 值
CAR(−1, 0)	1.18	0.24	2.04*	0.05	1.70	0.10	3.44***	0.00
CAR(0, 1)	0.28	0.78	−0.33	0.74	0.21	0.83	0.02	0.99
CAR(−1, 1)	0.88	0.38	0.43	0.67	0.71	0.48	1.90*	0.06
CAR(−2, 2)	0.98	0.33	0.14	0.89	−0.14	0.89	1.49	0.14
CAR(−3, 3)	1.37	0.17	0.76	0.45	−0.39	0.69	1.87*	0.06
CAR(−4, 4)	1.47	0.14	0.85	0.40	−0.54	0.59	1.76	0.08
CAR(−5, 5)	1.53	0.13	0.26	0.80	−0.52	0.61	1.59	0.11
CAR(−6, 6)	1.39	0.17	0.16	0.88	−0.54	0.59	1.80*	0.07
CAR(−7, 7)	1.44	0.15	0.20	0.84	−0.47	0.64	1.59	0.11
CAR(−8, 8)	1.35	0.18	0.06	0.95	−0.43	0.67	1.86*	0.06
CAR(−9, 9)	1.46	0.15	0.17	0.87	−0.54	0.59	1.85*	0.07
CAR(−10, 10)	1.49	0.14	0.78	0.44	−0.70	0.49	1.85*	0.06

我们也对 1998—2008 年各年关联并购样本的累积超额收益率进行了方差分析，如表 8 所示，利益侵占型关联并购样本各年 CAR 不存在显著差异，非利益侵占型关联并购样本某些窗口期的 CAR 在各年存在显著差异。

| | 利益侵占型关联并购 | | | | | | 非利益侵占型关联并购 | |
| | 保壳 | | 保配 | | 掠夺 | | | |
	F 值	P 值	F 值	P 值	F 值	P 值	F 值	P 值
CAR(−1, 0)	1.35	0.22	0.48	0.82	1.00	0.46	1.86*	0.05
CAR(0, 1)	1.42	0.19	2.58	0.04	1.17	0.34	0.56	0.84
CAR(−1, 1)	1.45	0.17	0.98	0.46	1.00	0.46	1.47	0.15
CAR(−2, 2)	1.12	0.35	0.70	0.65	1.24	0.30	1.88**	0.04
CAR(−3, 3)	1.15	0.34	0.71	0.64	1.45	0.20	1.89**	0.04
CAR(−4, 4)	1.15	0.34	0.62	0.71	1.32	0.25	1.45	0.15
CAR(−5, 5)	1.04	0.42	1.67	0.16	0.94	0.50	0.99	0.45
CAR(−6, 6)	0.68	0.74	1.15	0.35	0.99	0.46	1.28	0.24
CAR(−7, 7)	0.66	0.76	0.99	0.45	0.82	0.60	1.21	0.28
CAR(−8, 8)	0.56	0.84	0.92	0.49	0.70	0.70	0.95	0.49
CAR(−9, 9)	0.55	0.85	0.56	0.76	0.57	0.82	0.93	0.50
CAR(−10, 10)	0.56	0.84	0.58	0.74	0.59	0.80	0.96	0.48

5.2.2 多元回归分析

表 9 对保壳和保配关联并购子样本组进行回归分析，结果显示，中小投资者保护程度的提高并未对保壳型关联并购的财富效应产生显著影响，这一结果在不同的时期均稳健成立。但是，中小投资者保护程度的提高使保配型关联并购的财富效应降低。支持是为了保住上市公司的壳资源，以便实施后续的掏空。所以，支持型关联并购仍是有损中小投资者利益的。因此，随着中小投资者保护程度的提高，支持型关联并购的财富效应下降。中小投资者保护程度提高导致支持型关联并购的收益下降，这一效应只存在于保配支持型并购中，在保壳支持型并购中并不明显。可能的原因在于，实施保配支持型并购后，上市公司通过配股获得资金来源，可为后续控股股东实施掏空提供更多资源，对中小投资者的损害更大；保壳支持型并购只是保住了上市公司作为"壳资源"存在的资格，上市公司保壳成功后还不具备向控股股东输送利益的能力，控股股东暂时无法实施后续的掏空，对中小投资者的损害相对小一些。所以，中小投资者保护程度提高的惩罚效应在保配型关联并购中更为显著。

表 9   中小投资者保护变迁与保壳保配关联并购财富效应

| | 保壳子样本组 | | | 保配子样本组 | |
	1998—2008 年		2005—2008 年	1998—2008 年	
C	−0.24* (−1.83) (0.09)	−0.27** (−2.35) (0.04)	−0.35 (−2.02) (0.13)	0.005 (0.01) (0.98)	−0.16 (−0.50) (0.63)
Pro_1	−0.001 (−0.61) (0.55)			−0.002*** (−4.31) (0.00)	

	保壳子样本组			保配子样本组	
	1998—2008 年		2005—2008 年	1998—2008 年	
Pro$_2$		-0.00 (-0.69) (0.50)	-0.001 (-1.09) (0.35)		-0.002** (-3.07) (0.02)
Size	0.01** (2.48) (0.03)	0.01** (2.81) (0.01)	0.02** (4.65) (0.01)	0.003 (0.18) (0.86)	0.01 (0.47) (0.65)
Lev	0.02 (0.29) (0.77)	0.02 (0.34) (0.73)	0.01 (0.14) (0.89)	0.10 (2.48) (0.04)	0.14*** (5.88) (0.00)
Grow	-0.001*** (-4.17) (0.00)	-0.001*** (-4.47) (0.00)	-0.02 (-1.94) (0.14)	-0.01 (-5.35) (0.00)	-0.01** (-3.67) (0.01)
Cfo	-0.01 (-0.28) (0.78)	-0.01 (-0.25) (0.81)	0.01 (0.31) (0.78)	-0.12 (-1.20) (0.27)	-0.08 (-1.87) (0.11)
Vol	-0.00 (-0.07) (0.94)	-0.00 (-0.05) (0.96)	-0.00 (-0.14) (0.89)	0.00* (1.98) (0.09)	0.00 (1.77) (0.12)
Sind	-0.01 (-0.71) (0.49)	-0.01 (-0.71) (0.49)	0.01 (0.92) (0.42)	0.01 (1.08) (0.32)	0.02* (2.43) (0.05)
Spro	0.01 (0.64) (0.53)	0.02 (0.74) (0.47)	0.03 (1.43) (0.24)	-0.02 (-1.00) (0.35)	-0.01 (-0.58) (0.58)
Indb	0.22*** (10.69) (0.00)	0.23*** (10.40) (0.00)	0.20*** (8.38) (0.00)	0.09*** (8.11) (0.00)	0.09*** (9.67) (0.00)
Ulti	0.03 (1.61) (0.13)	0.03 (1.63) (0.13)	0.02 (1.22) (0.30)	0.04*** (5.10) (0.00)	0.04** (3.65) (0.01)
N	92	92	55	42	42
R^2	0.15	0.15	0.21	0.75	0.75

注：a. 关联并购不再需要控制国有化或民营化。

b. 限于样本量，利益侵占型关联并购未加入年度哑变量，但我们仍进行了 Petersen(2009)时间维度的聚类标准误差调整。

c. 保配型关联并购在 2005 年后样本观测点很少（如表 1 所示），故未进行分时期检验。

d. 我们同样将样本期间划分为 1998—2004 年、2005—2008 年两个阶段。在 1998—2004 年，中小投资者保护程度的提高与收购方公司非关联并购财富效应不存在显著相关关系，故未报告。下同。

表 10 对掠夺型关联并购样本进行了回归分析。随着中小投资者保护程度的提高，掠夺型关联并购的财富效应下降，这一效应在 2005 年后较明显。

表 10　　　　　　　　　中小投资者保护变迁与掠夺型关联并购财富效应

	1998—2008 年		1998—2005 年		2001—2008 年		2005—2008 年
C	0.41	0.31	−0.23	−0.20	0.40	0.31	0.95
	(1.06)	(0.87)	(−0.76)	(−0.70)	(0.92)	(0.78)	(1.61)
	(0.31)	(0.40)	(0.48)	(0.51)	(0.38)	(0.46)	(0.18)
ProF	−0.001		0.00		−0.001		
	(−1.29)		(1.26)		(−1.17)		
	(0.23)		(0.26)		(0.28)		
ProF		−0.00**		0.00		−0.001**	−0.003**
		(−2.78)		(0.95)		(−2.70)	(−4.37)
		(0.02)		(0.38)		(0.03)	(0.02)
Size	−0.02	−0.01	0.01	0.01	−0.02	−0.01	−0.04
	(−1.00)	(−0.80)	(0.67)	(0.62)	(−0.88)	(−0.73)	(−1.46)
	(0.34)	(0.44)	(0.53)	(0.56)	(0.40)	(0.49)	(0.21)
Lev	0.00	0.01	0.05	0.05	0.003	0.01	−0.04
	(0.04)	(0.12)	(0.72)	(0.71)	(0.06)	(0.12)	(−0.91)
	(0.96)	(0.90)	(0.50)	(0.50)	(0.95)	(0.91)	(0.41)
Grow	−0.01	−0.01	−0.04	−0.04	−0.01	−0.01	0.07
	(−0.30)	(−0.35)	(−1.53)	(−1.52)	(−0.28)	(−0.37)	(1.05)
	(0.77)	(0.73)	(0.18)	(0.18)	(0.78)	(0.71)	(0.35)
Cfo	−0.09	−0.06	−0.13	−0.13	−0.09	−0.06	−0.08
	(−0.95)	(−0.63)	(−1.05)	(−1.00)	(−0.98)	(−0.66)	(−1.13)
	(0.37)	(0.54)	(0.34)	(0.36)	(0.35)	(0.52)	(0.32)
Vol	0.00	0.00	0.00	0.00*	0.00	0.00	−0.00
	(0.73)	(0.88)	(2.56)	(2.34)	(0.73)	(0.86)	(−0.57)
	(0.48)	(0.40)	(0.05)	(0.06)	(0.48)	(0.41)	(0.60)
Sind	0.00	−0.00	0.03	0.03	0.005	−0.003	−0.04
	(0.09)	(−0.06)	(1.61)	(1.64)	(0.09)	(−0.06)	(−0.36)
	(0.93)	(0.95)	(0.16)	(0.16)	(0.93)	(0.95)	(0.73)
Spro	−0.01	−0.01	−0.01	−0.01	−0.01	−0.01	−0.02
	(−0.53)	(−0.77)	(−0.54)	(−0.47)	(−0.45)	(−0.70)	(−0.34)
	(0.61)	(0.46)	(0.61)	(0.65)	(0.66)	(0.50)	(0.75)
Ulti	−0.02	−0.02	−0.01	−0.01	−0.02	−0.02	−0.02
	(−1.44)	(−1.44)	(−1.07)	(−0.98)	(−1.65)	(−1.63)	(−0.51)
	(0.18)	(0.18)	(0.33)	(0.37)	(0.14)	(0.14)	(0.63)
N	54	54	39	39	48	48	28
R^2	0.21	0.24	0.49	0.49	0.20	0.20	0.36

表 11 显示，随着中小投资者保护程度的提高，非利益侵占型关联并购仍可获得正的财富效应，市场可区分关联并购的类型，并未对其产生惩罚效应。

表 11   中小投资者保护变迁与非利益侵占型关联并购财富效应

	1998—2008 年		2005—2008 年
C	-0.01	-0.04	-0.02
	(-1.09)	(-0.20)	(-0.64)
	(0.31)	(0.84)	(0.55)
ProF	0.00*		
	(2.20)		
	(0.06)		
ProF		0.00**	0.00**
		(2.42)	(3.49)
		(0.04)	(0.02)
Size	-0.001	-0.001	-0.00
	(-0.68)	(-0.87)	(-0.11)
	(0.51)	(0.41)	(0.91)
Lev	0.02***	0.02***	0.003
	(3.87)	(3.80)	(0.62)
	(0.00)	(0.00)	(0.56)
Grow	-0.001	-0.001	-0.001
	(-1.41)	(-1.42)	(-1.10)
	(0.20)	(0.19)	(0.33)
Cfo	-0.01	-0.01	-0.01
	(-0.26)	(-0.27)	(-0.22)
	(0.80)	(0.79)	(0.83)
Vol	0.001	0.00	0.00
	(1.78)	(1.81)	(1.98)
	(0.11)	(0.11)	(0.11)
Sind	0.00	0.00	0.00
	(0.12)	(0.12)	(0.07)
	(0.90)	(0.90)	(0.94)
Spro	0.002	0.002	0.002
	(1.81)	(1.68)	(1.14)
	(0.11)	(0.13)	(0.31)
Indb	-0.002	-0.003)	-0.01
	(-0.24)	(-0.28)	(-0.46)
	(0.81)	(0.78)	(0.67)

	1998—2008 年		2005—2008 年
Ulti	−0.001	−0.002	−0.001
	(−0.23)	(−0.31)	(−0.17)
	(0.82)	(0.76)	(0.87)
YearD	Y	Y	Y
N	916	916	534
R^2	0.02	0.03	0.01

5.3 稳健性检验

第一，前文分析表明 2006 年是我国资本市场制度建设的分水岭，中小投资者法律保护程度有了明显提高。我们使用哑变量衡量中小投资者保护程度，若并购事件发生在 2006 年后，取值为 1，否则为 0。研究结论仍稳健成立。

第二，股权分置改革本身可能对并购财富效应产生影响，影响机理为：股权分置改革可抑制并购的投机性（吴晓求，2004），通过构筑大小股东共同的利益基础，抑制大股东通过资产重组等对小股东的掠夺；股份流动性的提高为市场化并购的发生提供平台，降低潜在的价值创造型并购的交易成本。为分析股权分置改革本身是否对并购财富效应具有内生性影响，我们使用常被用做政策效果检验的双重差分模型（difference-in-difference）进行了检验。我国股权分置改革在时间上是逐步推进的，这为利用计量分析中的自然实验（natural experiment）和双重差分模型提供了条件。股改一方面造成同一上市公司在股改前后的差异，另一方面又造成在同一时点已股改和未股改公司之间的差异，从而识别出政策所带来的因果效应。研究并不支持股改本身对并购财富效应产生影响。[①]

6. 结论与启示

本文采用历史研究视角，研究了中小投资者保护的动态变迁与非关联并购、关联并购财富效应的关系。研究发现：随着中小投资者保护程度的提高，收购方可从非关联并购中获得更大的财富效应，但会从保配和掠夺型的关联并购中遭受更多财富效应的损失，支持本文提出的中小投资者保护变迁的并购鼓励效应和惩罚效应。随着中小投资者保护程度的提高，非利益侵占型的关联并购仍可使收购方的财富效应增加，但保壳型关联并购的财富效应不随中小投资者保护程度的提高发生显著变化。

研究结论带来的启示在于：第一，改善资本市场法律制度环境和运行基础，能够对上市公司财务行为产生激励作用。应继续推进资本市场制度建设，坚持市场化改革方向，强化法律监管机制。第二，在进一步推进我国投资者保护制度的建设和完善的同时，注重从提高执行效率的角度来加强对投资者的保护。

（作者电子邮箱：chendongwinter@126.com；wh_tjx1221@126.com）

---

① 限于篇幅未报告，若需要可与作者联系索取。

参考文献

[1]葛家澍.创新与趋同相结合的一项准则——评我国新颁布的《企业会计准则基本准则》[J].会计研究,2006,3.

[2](美)科斯,诺思,威廉姆森等著.制度、契约与组织[M].刘刚,等译.北京:经济科学出版社,2003.

[3]李善民,张春媛.制度环境、交易规则与控制权协议转让的效率[J].经济研究,2009,5.

[4]罗党论,刘晓龙.政治关系、进入壁垒与企业绩效——来自民营上市公司的经验证据[J].管理世界,2009,5.

[5]李善民等.投资者保护制度与控制权市场惩戒作用[D].中山大学工作论文,2010.

[6]沈艺峰,许年行,杨熠.我国中小投资者法律保护历史实践的实证检验[J].经济研究,2004,9.

[7]唐建新,陈冬.地区投资者保护、企业性质与异地并购的协同效应[J].管理世界,2010,8.

[8]吴晓求.中国资本市场:股权分裂与流动性变革[M].北京:中国人民大学出版社,2004.

[9]中国证券业监督管理委员会.中国资本市场发展报告[R].北京:中国金融出版社,2008.

[10]Akbulut, M. E., and Matsusaka, J. G.. Fifty years of diversification announcements[D]. *SSRN Working Paper*, 2003.

[11]Bebchuk, L. A.. Efficient and inefficient sales of corporate control[J]. *Quarterly Journal of Economics*, 1994, 109(4).

[12]Burkart, M., Gromb, D., and Panunzi, F.. Agency conflicts in public and negotiated transfers of corporate control[J]. *Journal of Finance*, 2000, 55(2).

[13]Bris, A., and Cabolis, C.. Corporate governance convergence by contract: Evidence from cross-border mergers[D]. *Yale ICF Working Paper*, 2002.

[14]Claessens, S., Djankov, S., Fan Joseph, P. H., and Lang Larry, H. P.. Disentangling the incentive and entrenchment effects of large shareholdings[J]. *Journal of Finance*, 2002, 57.

[15]Chari, A., Ouimet, P., and Tesar, L.. Cross border mergers and acquisitions in emerging markets: The stock market valuation of corporate control[D]. *NBER Working Paper*, 2004.

[16]Dahlquist, M., Pinkowitz, L. F., Stulz, R. M., and Williamson, R.. Corporate governance and the home bias[J]. *Journal of Financial and Quantitative Analysis*, 2003, 38.

[17]Fuller, K., Netter, J., and Stegemoller, M.. What do returns to acquiring firms tell us? Evidence from firms that make many acquisition[J]. *Journal of Finance*, 2002, 57.

[18]Friedman, E., Johnson, S., and Mitton, T.. Propping and tunneling[J]. *Journal of Comparative Economics*, 2003, 31(4).

[19]Jensen, M. C.. Agency costs of free cash flow, Corporate finance, and takeovers[J]. *American Economic Review*, 1986, 76.

[20]Johnson, S., La Porta, R., Lopez-de-Silanes, F., and Shleifer, A.. Tunneling[J]. *American Economic Review*, 2000, 90.

[21]Kahan, M.. Sale of corporate control[J]. *Journal of Law, Economics, Organization*, 1993, 9(2).

[22]Khanna, T., and Palepu, K.. Why focused strategies may be wrong for emerging markets[J]. *Harvard*

Business Review, 1997, 77.

[23] Kuipers, D. K. , Miller, D. P. , and Patel, M. A. . The legal environment and corporate valuation: Evidence from cross-border takeovers[J]. *International Review of Economics and Finance*, 2008, XXX.

[24] La Porta, R. , Lopea-de-Silanes, F. , Shleifer, A. , and Vishny, R. . Legal determinants of external finance[J]. *Journal of Finance*, 1997, 52.

[25] La Porta, R. , Lopez-De-Silanes, F. , Shleifer, A. , and Vishny, R. W. . Law and finance[J]. *Journal of Political Economy*, 1998, 106.

[26] La Porta, R. , Lopea-de-Silanes, F. , and Shleifer, A. . Corporate ownership around the world [J]. *Journal of Finance*, 1999, 54.

[27] La Porta, R. , Lopea-de-Silanes, F. , Shleifer, A. , and Vishny, R. . Investor protection and corporate governance[J]. *Journal of Financial Economics*, 2000a, 58.

[28] La Porta, R. , Lopea-de-Silanes, F. , Shleifer, A. , and Vishny, R. . Agency problems and dividend policies around the world[J]. *Journal of Finance*, 2000b, 55.

[29] La Porta, R. , Lopea-de-Silanes, F. , Shleifer, A. , and Vishny, R. . Investor protection and corporate valuation[J]. *Journal of Finance*, 2002, 57.

[30] Leuz, C. , Nanda, D. , and Wysocki, P. . Earning management and investor protection[J]. *Journal of Financial Economics*, 2003, 69.

[31] Moeller, S. B. , Schlingemann, F. P. , and Stulz, R. M. . Firm size and the gains from acquisitions[J]. *Journal of Financial Economics*, 2004, 73.

[32] Moeller, S. B. , and Schlingemann, F. P. . Global diversification and bidder gains: A comparison between cross-border and domestic acquisitions[J]. *Journal of Banking & Finance*, 2005, 29.

[33] Martynova, M. , and Renneboog, L. . Spillover of corporate governance standards in cross-border mergers and acquisitions[D]. *TILEC Discussion Paper*, 2008.

[34] Roll, R. . The hubris hypothesis of corporate takeovers[J]. Journal of Business, 1986, 59.

[35] Rossi, S. , and Volpin, P. F. . Cross-country determinants of mergers and acquisitions[J]. *Journal of Financial Economics*, 2004, 74.

[36] Servaes, H. . Tobin's Q, Agency costs, and corporate control: An empirical analysis of firm specific parameters[J]. *Journal of Finance*, 1991, 46.

[37] Shleifer, A. , and Vishny, R. W. . A survey of corporate governance[J]. *Journal of Finance*, 1997, 52.

[38] Starks, L. T. , and Wei, K. D. . Cross-border mergers and differences in corporate governance [D]. *Working Paper of University of Texas*, 2004.

[39] Wurgler, J. . Financial markets and the allocation of capital [J]. *Journal of Financial Economics*, 2000, 58.

Legal Protection of Minority Investors in Different Stages and M&A Wealth Effect: Evidence from Chinese Listed Companies

Chen Dong[1]   Tang Jianxin[2]

(1, 2 School of Economics & Management, Wuhan University Wuhan 430072)

Abstract: This paper studied the relationship between legal protection of minority investors in different stages and

M&A wealth effect. With the improvement of minority investors protection, we found that non-rela-parties M&A has higher cumulative abnormal return (CAR) while rela-parties M&A (including rela-parties M&A motivated by propping and tunneling) has lower CAR. This paper extends "law and finance" literature.

Key words: Investor protection; Rela-party; Wealth effect

国有控股上市公司管理层股权激励[*]
——不同模式及其财务影响的比较分析

● 余芳沁[1]　毛　莹[2]　余玉苗[3]

（1，2，3 武汉大学经济与管理学院　武汉　430072）

【摘　要】随着我国《国有控股上市公司（境内）股权激励试行办法》等文件的颁布，我国国有控股上市公司实行管理层股权激励日益普遍。本文在对管理层股权激励的理论基础及我国国有控股上市公司不同股权激励形式特征进行分析的基础上，将管理层股权激励分为会计业绩、市场业绩和未设定业绩三类模式，分别从盈余管理、企业投资、股利政策、利益输送等方面对三类不同模式股权激励的财务影响进行剖析，研究结果对企业选择合理的股权激励机制及完善国家的监管政策具有一定的参考作用。

【关键词】委托代理理论　人力资本理论　管理层股权激励　财务影响　国有控股上市公司

自从 2006 年《上市公司股权激励管理办法》、《国有控股上市公司（境内）股权激励试行办法》和《国有控股上市公司（境外）股权激励试行办法》三个文件颁布以来，我国国有控股上市公司实行管理层股权激励机制的日趋增多。国有控股上市公司为什么要实行股权激励？其理论依据是什么？股权激励存在哪些不同的模式？不同模式又将产生怎样的财务影响？本文将对以上问题进行探讨。

1. 国有控股上市公司股权激励的理论基础

1.1　委托代理理论

委托代理理论是现代企业实行股权激励机制的最重要的理论基础。委托代理问题伴随着现代股份制公司的出现而产生，并随着现代公司治理结构的日趋复杂而体现出新的特点。在我国，许多上市公司都由原国有企业重组改制而成，国有控股便成了中国上市公司的一大特色。国有控股上市公司与非国有控股上市公司相比，具有内部人控制等显著特征，因此其委托代理问题也表现出以下特殊性：

1.1.1　委托代理关系复杂

在现代股份公司中，委托代理关系主要体现在股东与董事会之间①、董事会与经理层之间的两重委托

---

* 本文为教育部人文社科研究规划基金项目"国有控股上市公司管理层关联方持股的隧道效应研究"（项目批准号：10YJA790236）、国家社科基金项目"我国国有企业高管薪酬管理制度改革研究"（项目批准号：10BGL067）和武汉大学 2010 年自主科研项目（中央高校基本科研业务费专项资金资助）的阶段性成果。

① 董事会由股东大会投票选出，根据股东大会的选举机制，董事会的人选一般由大股东控制，因而能代表大股东的利益，但对中小股东而言，其与董事会之间实际上也构成了委托代理关系。

代理关系。而在国有控股上市公司中，委托代理链条冗长，初始委托人即全体人民与最终代理人即经理层之间隔着多级委托代理关系。在委托代理过程中存在的许多中间委托人对其上级委托人来说又是代理人。因此，不但经理层的不当行为会损害初始委托人的利益，一些中间委托人的不当行为也会给初始委托人带来损失。例如，国资委作为下属企业国有资产最终所有者的代表，其本身并不行使股东权利，而是将该权利委托给国有控股公司代为执行，在这种关系下，国有控股公司在一定程度上成了国资委的代理人。而国有控股公司作为董事会以及经理层的委托人就极易与这些代理人相互勾结，以牺牲国有资产为代价谋取私利。在非国有控股公司中，股东作为委托人，其本身就是企业的出资人，拥有企业的剩余索取权，企业的经营业绩直接关系到股东自身利益，因而委托人自然有激励监督经营者的动力。但在国有控股公司中，由于在冗长的委托代理关系中存在众多直接、间接的委托人，这些委托人又不是企业资产的真正出资人，企业经营业绩与其自身利益并无直接关系，他们既不享受企业经营成功的收益，也无需承担企业经营失败的损失。

1.1.2　内部人控制严重

与一般上市公司相比，我国国有控股上市公司存在严重的"内部人控制"问题。所谓内部人控制，是指国有企业的经理在企业公司化的过程中获得相当大一部分控制权的现象（青木昌彦，1994）。我国国有企业的内部人控制源于以扩大企业经营自主权和增加利润留存为核心的国有企业改革。随着企业经营自主权的扩大，企业管理人员更多地掌控企业的经营活动，且由于国家与企业之间分配关系的改变，企业在产生独立利益的同时，也为企业管理层谋取私利提供了越来越大的空间。加之政府又逐步放弃了传统意义上对企业高度集中的直接管理，即出现"所有者缺位"，这就更加剧了国有企业内部人控制问题。

1.1.3　经理人行为短期化与长期激励不足

国有控股上市公司管理层的任命带有很强的行政色彩，且具有短期性的特点。这就必然导致其主导下的企业经营行为出现短期化，例如不积极进行长期投资、不注重提高资产的利用效率等。而国企管理层的现有薪酬模式又存在着许多局限性，突出表现在：名义的货币性薪酬较低、长期激励不足、缺乏必要的透明度、控制权私人收益高。这样，管理层的追求自然易偏离企业价值最大化的最高经营目标。

1.2　人力资本理论

人力资本理论是现代企业设计股权激励机制的另一重要理论依据。现代公司的经营越来越复杂，面临的市场竞争越来越激烈，企业管理者的经营才能越来越重要，且专用性程度也越来越高。这使得管理者与公司的正常运营密不可分，没有稳定、勤勉、专业的经营管理团队，企业无疑难以生存和发展，更无法塑造强有力的市场竞争优势。因此，人力资本越来越成为一种稀缺的资源，人力资本与货币资本一样是企业不可或缺的最基本生产要素，其所有者自然应当享有剩余索取权和控制权，分享企业实现的利润（布莱尔，1999）。由于经理活动的重要性和不易监督性，对其的激励就成为一个非常重要的问题（张维迎，1999）。

概而言之，委托代理问题及人力资本的重要性决定了国有控股上市公司管理层实行股权激励十分必要。实行股权激励，让管理层获得公司部分股权，形成管理者与公司所有者的共同利益取向，使公司利益的增长成为管理层利益的增函数，从而有利于促使管理层努力工作，减少代理成本，提升公司价值。管理层股权激励已成为现代企业，特别是上市公司用以解决委托代理问题和道德风险的一种重要的内部治理机制。

2. 国有控股上市公司股权激励的模式及其特征

管理层股权激励的产生可以追溯到 20 世纪 50 年代。1952 年美国辉瑞制药公司推出了面向全体员工的股票期权计划，结果取得了巨大成功。近 60 年来，股权激励在世界范围内得到了广泛发展。目前，世界 500 强企业中，80% 以上的企业实行了股权激励计划。[①] 2006 年，在股权分置问题基本解决后，中国上市公司（包括国有控股上市公司）也开始探索实施管理层股权激励。

根据国家有关国有控股上市公司境内外股权激励试行办法的规定，上市公司可根据本行业的特征，借鉴国际通行做法，采取股票期权、限制性股票、股票增值权以及法律、行政法规允许的其他方式进行股权激励。据统计，2005—2010 年底实施股权激励的 181 家中国上市公司中，采取股票期权的占 76%，采取限制性股票的占 21%，采取股票增值权的占 0.5%，同时采取以上三种激励方式中两种的占 2.5%。下面，分别阐述股票期权、限制性股票等主要股权激励模式的特征。

2.1　股票期权

股票期权是指公司授予管理人员在一定时期内按照事先约定的价格和条件购买一定数量本公司股票的权利。股票期权的本质是一种买入期权，期权到期时管理人员可以行使该权利也可以放弃该权利。股票期权最早始于美国。在美国，行权价格通常以期权授予当日的股票市价为依据确定。股票期权授予后通常不能立即执行，管理层需要在满足一定的条件或经过一定的等待期后，才能一次性或逐步行权。它犹如"金手铐"一般将管理者的利益与公司股价紧紧联系在一起，实际上是一种对管理层薪酬的动态定价机制。股票期权的授予是事先确定的，而其最终的激励结果却与未来股价息息相关，随着公司股价的波动而变化，即管理层薪酬水平完全由其经营业绩决定。因此，实行股票期权可充分调动管理层工作的积极性，且股票期权中有关"行权禁止期"的规定也有助于稳定优秀的管理团队。

2.2　限制性股票

限制性股票是指上市公司按照预先确定的条件无偿或有偿授予激励对象一定数量的本公司股票，激励对象只有在工作年限和业绩目标符合股权激励计划规定的条件时，才可以出售股票并从中获益。中国证监会《上市公司股权激励管理办法》第十七条规定，上市公司授予激励对象的限制性股票，应当在股权激励计划中规定激励对象获授股票的业绩条件、禁售期限。这就意味着，我国目前的限制性股票必须在业绩考核的基础上才能授予，因此与业绩股票有一定的相似性。限制性股票在业绩和服务年限上有较强的约束性，其主要目的是留住人才以及激励管理层将更多的时间与精力投入到改善企业经营、提升企业价值的活动中，以实现企业的长期经营目标。

2.3　股票增值权

股票增值权是指上市公司授予激励对象在一定时期和条件下获得规定数量股票由股价上升所带来的收益的权利。被授予股票增值权的管理人员并不真正拥有这些股票的所有权，不能享受分红，也不拥有相应的表决权。股票增值权的行权期一般超过管理人员的任期，因而可以有效地约束管理人员的短期行为，激励管理人员以长期经营目标为决策依据。由于管理人员无法获得股票，该种股权激励模式的激励效果一般，同时由于管理层在规定期限内获得的股票增值收益由公司买单，因此对公司的现金流有着较

---

①　徐一民. 上市公司股权激励与投资效率研究［D］. 中南财经政法大学博士论文，2011：3，94.

高的要求。

2.4 关联方持股

关联方持股则是指上市公司管理层直接或通过设立自己控制的公司间接在以子公司、合营企业、联营企业或上市公司控股股东控制的企业等为代表的上市公司关联企业中持有股份。近年来，我国国有控股上市公司管理层在国有控股上市公司中直接持股还有许多政策、市场等障碍的情况下，转而在关联方持股的现象日趋增多，如辽宁时代、中集集团、湖北宜化等。这是我国国有控股上市公司实行的一种特殊股权激励模式。在这一模式下，管理层的股权激励收益来自于关联企业的定期高比例现金分红，以及最后向上市公司高价转让所持股权的资本利得。

3. 不同股权激励模式对国有控股上市公司的财务影响

一般而言，股权激励计划所设定的考核指标与管理层努力程度联系越紧密，该契约的设计越有效。股权激励所设定的业绩目标通常分为两类：一类是会计业绩目标，如净利润增长率、净资产收益率等；另一类是市场业绩目标，如股价水平。而特殊的股权激励却可能没有设定任何业绩目标。因此，本文将国有控股上市公司股权激励的模式分为会计业绩模式、市场业绩模式和未设定业绩模式三类，并对其不同的财务影响进行分析探讨。

3.1 会计业绩模式

会计业绩模式的显著特点在于将公司财务报表中的具体指标与管理层的薪酬直接挂钩，以会计业绩指标作为管理层激励的基础。与股票价格相比，会计业绩不易受到超出管理层控制范围的经济事件的影响，对证券市场中的"噪音交易"以及证券市场无效性不敏感；根据 Sloan(1993)的研究结果，会计收益在股票价格市场波动中还能起到"屏蔽"的作用。但过分依赖财务报告的会计业绩模式也会对公司财务产生以下几方面的影响：

3.1.1 会计业绩模式易诱发管理层的盈余管理行为

当采用会计业绩作为管理层努力程度的度量标准时，管理层为提高个人效用会利用自己的内部信息优势和决定会计政策的权力操纵利润，以使自己的报酬最大化。一般认为，在股权激励的实施过程中，第一大股东对管理层的盈余管理会产生直接的监督作用，第一大股东的持股比例越高，监督盈余管理的动机就越强。但对于国有控股上市公司而言，由于"所有者缺位"问题，其对盈余管理的监督能力远较非国有控股上市公司差，内部控制人有更多的机会操纵会计信息的报告过程。同时，由于国有银行的预算软约束问题较为严重，外部利益相关者对国有控股上市公司的盈余管理行为进行监督的力度也较弱。由于内外监督力度同时较弱，国有控股上市公司的管理层通过操纵会计报表、影响会计业绩来谋取自身利益的现象就更加普遍。一方面，在不同的股权激励模式下，管理层的盈余管理行为对公司财务的影响并不相同。例如公司实行限制性股票激励，会受到盈余管理行为带来的财务重述的影响。与此同时，由于管理层操控下的公司盈余往往能达到事先约定的行权条件，公司为了向管理层支付事先约定数量的公司股票而不得不从二级市场回购，这对公司现金流会产生较大的压力。另一方面，不同模式的股权激励下，管理层操纵盈余的力度也不尽相同。何凡(2010)通过研究发现，股权激励模式能对实施股权激励后的公司盈余管理产生显著影响，实行业绩股票模式时，公司的盈余管理程度比实行非业绩股票模式时的盈余管理程度更加严重。需要指出的是，正因为国有控股上市公司的控制权相对集中，管理层除了采用盈余管理等间接手段来提高自身收益以外，还可以利用自身拥有的强大控制权，直接通过修改报酬契约的方式实现自身利益的最大化。

3.1.2 以会计收益作为衡量指标易导致管理层投资动机不足

会计收益代表的是过去的经营成果，更多的是衡量企业的短期业绩，无法充分反映管理层的长期努力。因此，采用以会计收益为基础的股权激励计划无疑会抑制公司管理者在研发、固定资产等方面的长期投资，容易诱发管理层的短期化行为。对于国有控股上市公司来说，由于管理层的任职期限通常较短，往往在投资项目产生经济效益之前就有可能离职，管理层的长期投资动机就更加不足，由此造成国有控股上市公司缺乏发展后劲、成长性较差的现象。另外，由于国有控股上市公司肩负着广泛的社会责任，其管理者不仅追求单一的经济利益目标，还要兼顾政治、军事、社会贡献等多重目标，国有控股上市公司的投资决策在一定程度上并非以经济效益为首要标准。这些都制约了企业的可持续发展。

3.2 市场业绩模式

市场业绩模式通常以股票价格作为判断管理层努力程度的标准。根据有效市场假说，股票价格能正确反映所有与公司未来收益相关的信息，并且不受公司会计政策选择的影响，公司股价能真正体现公司的价值。因此，在理想环境下，以股价作为管理层业绩的度量指标，能将管理层利益与公司价值紧密地联系在一起，产生极佳的激励效果。但现实生活中，资本市场并非完全有效，市场业绩模式通常会对公司财务产生以下影响：

3.2.1 市场业绩模式易驱使管理层进行盈余管理及选择性信息披露

在市场业绩模式下，管理层的个人利益取决于公司股票在市场上的表现。股票价格的上升会使管理层获得更大的利益。而股价上升，可能是管理层努力经营的结果，也可能是人为操纵的结果。对股票期权和股票增值权而言，管理层有动机通过操纵会计报表来降低行权价格和提高标的股票的出售价格，因此公司的盈余管理行为通常表现为授予前的收益减少型盈余管理和行权时的收益增加型盈余管理。股权分置改革后，我国上市公司国有控股股东存在很强的减持动机，公司管理层往往通过盈余管理来谋取自身利益，出现了内部人侵占国有资产以及大股东损害中小股东利益的现象。在以股价作为管理层业绩的考核标准时，管理层对于不同模式的股权激励计划实施盈余管理的动机也各不相同。一般来说，实施股票期权和股票增值权的公司比实施限制性股票的公司更有可能进行盈余管理，进而造成财务错报。Burns和 Kedia(2006)的研究表明，对于股票期权来说，如果错报未被发现，公司股价上升，管理层可以完全享受由此带来的期权价值上升的好处；相反，如果错报被发现，公司股价下跌，他们却不用承担由此带来的财富损失风险。不同于股票期权，限制性股票形式的薪酬回报与股价之间存在对称的关系，管理层在因报表重述公告引起的公司股价下跌时遭受相应的完全损失。因此，与限制性股票相比，股票期权与更强的财务错报动机相联系。

3.2.2 市场业绩模式易促使管理层有更强的动机操纵股利政策

股票股利与现金股利相比，能显著地降低公司股价。中国证监会《上市公司股权激励管理办法》第二十五条规定，实行股权激励的公司在政策允许、经过法定程序后可以通过高比例的送股策略降低股价，从而降低行权价，获得异常超额收益。自《上市公司股权激励管理办法》颁布以来，公告股权激励方案的很多公司均出现了高比例送股现象。与其他股利政策比较而言，股票股利成为实施股权激励公司的首选。除了股票股利之外，管理层还有可能通过资本公积转增行为使自身期权收益最大化。根据《上市公司股权激励管理办法》的规定，股票期权从授予到行权至少要有一年的等待期，等待期满后还需要分期行权，从授予到行权结束一般都要持续 5～10 年的时间。根据 Desai(1997)的研究，从长期来看，发放股票股利和股票分割后市场是存在超额收益的。虽然在股权集中度高、大股东拥有较强控制力的情况下，大股东对于管理层的操纵行为可能有一定的抑制作用，但在国有控股上市公司中，由于其特有的"所有者缺位"问题，管理层的操纵行为不但没有得到抑制，相反还会因为缺乏监管而变得更为严重。

3.2.3 市场业绩模式易诱导管理层从事高风险的投资活动

以往的研究表明，公司的投资行为会对管理者产生私人成本和私人收益。当私人成本过高时，管理者可能会放弃一些对公司有利的投资项目；当私人收益较大时，管理者又有动机接受一些净现值为负的投资项目。市场业绩模式的股权激励就像"金手铐"一样将管理层利益与股东利益紧密地捆绑在一起，使管理层在获得投资带来的私人利益的同时不得不承担因股东价值受损而导致的薪酬降低的后果，使管理层更加注重公司的长期投资。但与此同时，由于股权薪酬对股票回报波动的敏感性的存在，股权激励计划会诱导管理层去冒风险，投资高风险的项目，从而损害股东和债权人价值。Angie Low（2009）、Matthew 等（2010）均对管理层薪酬与管理层风险偏好的关系问题进行了研究，结果发现，超额股票回报随着薪酬绩效敏感性增加而减少，随着股票回报波动敏感性增加而增加。我们可以认为，市场业绩模式下管理层薪酬对股票回报波动的敏感性较高，而较高的薪酬对股票回报波动的敏感性会激励管理层冒险，导致公司出现投资过度问题。

3.3 未设定业绩模式

公司管理层在关联方持股是一种透明度低的股权激励，且设计之初并未规定持股的业绩条件，设计的意图主要是为了绕过政策等障碍实现管理层的激励，很少设定明确的业绩指标，授予的依据只是管理层的身份地位。在目前上市公司内部治理和外部监管机制不够完善的情况下，管理层在关联企业持股极易驱使管理层通过隐蔽的"隧道"（如关联交易等），向所持股的关联企业输送利益，最终谋取巨大的私利，即产生所谓的"隧道行为"（tunnelling）问题。这不仅造成企业股权激励机制的扭曲和公平的丧失，而且还造成股东价值的受损，甚至还会导致国有资产的严重流失。在电力、电信、石化、铁路等国有垄断性行业，这一问题尤为突出。2008 年 10 月，国务院国资委就发布了《关于规范国有企业职工持股、投资的意见》，提出严禁国有企业高管人员持有关联企业股权，以防止关联企业沦为国有企业通过关联交易进行利益输送的工具。

4. 结论

为了解决委托代理问题，充分尊重人力资本的重要价值，国有控股上市公司有必要实行股权激励机制。然而，不同模式的股权激励计划对公司盈余管理、投资、股利政策等方面会带来不同的影响。由于我国国有控股上市公司特殊的治理特征，其股权激励对财务状况的负面影响较一般企业更加严重，这不仅造成了企业股权激励机制的扭曲和公平的丧失，还可能导致国有资产的严重流失。笔者认为，会计模式股权激励计划和市场模式股权激励计划各有优劣，因此为了平衡两种模式的优缺点，企业应综合会计业绩和市场业绩两种业绩衡量指标，来判断经理人的努力程度。同时，对企业中不同职责的管理者也应适用不同的业绩指标，例如对于公司长远发展以及全体股东负责的核心高管人员，不但要考核公司的短期财务业绩，更要考核公司的长期价值增长，因此对他们的绩效评价应更多依赖市场业绩指标。而对负责具体经营管理工作的非核心管理人员，则主要依据会计业绩指标来进行考核。而对国有控股上市公司管理层在关联方持股这一特殊的股权激励模式，因其透明度低，伴随的利益输送问题突出，应由国资委加强监管。

（作者电子邮箱：yymiao2006@ 163. com）

参考文献

[1]陈冬华，陈信元，万华林．国有企业中的薪酬管制与在职消费[J]．经济研究，2005，2.

[2]何凡．股权激励制度与盈余管理程度——基于中国上市公司的经验证据[J]．中南财经政法大学学报，2010，2.

[3]吕长江，赵宇恒．国有企业管理者激励效应研究[J]．管理世界，2008，11.

[4]玛格丽特．M．布莱尔著．所有权与控制——面向21世纪的公司治理探索[M]．张荣刚译．北京：中国社会科学出版社，1999.

[5]青木昌彦．对内部人控制的控制：转轨经济中公司治理的若干问题[J]．改革，1994，6.

[6]魏刚．高级管理层激励与上市公司经营绩效[J]．经济研究，2000，3.

[7]辛清泉，林斌，王彦超．政府控制、经理薪酬与资本投资[J]．经济研究，2007，8.

[8]夏纪军，张晏．控制权与激励的冲突[J]．经济研究，2008，3.

[9]肖淑芳，张超．上市公司股权激励、行权价操纵与送转股[J]．管理科学，2009，12.

[10]徐一民．上市公司股权激励与投资效率研究[D]．中南财经政法大学博士论文，2011.

[11]张维迎．企业理论与中国企业改革[M]．北京：北京大学出版社，1999.

[12]朱茶芬，李志文．国家控股对会计稳健性的影响研究[J]．会计研究，2008，5.

[13]朱星文，蔡吉甫，谢盛纹．公司治理、盈余质量与经理报酬研究——来自中国上市公司数据的检验[J]．南开管理评论，2008，11.

[14]周仁俊，杨战兵，李礼．管理层激励与企业经营业绩的相关性——国有与非国有控股上市公司的比较[J]．会计研究，2010，12.

[15]Aboody, David, and Ron Kasznik. CEO stock option awards and the timing of corporate voluntary disclosure [J]. *Journal of Accounting and Economics*, 2000, 29(1).

[16]Angie Low. Managerial Risk-taking behavior and equity-based compensation [J]. *Journal of Financial Economics*, 2009, 92.

[17]Balsam, S., Chen, L. H., and Srinivasan, S.. Earnings management prior to stock option grants[D]. *Working Paper*, Temple University and Georgetown University, 2003.

[18]Bartor, E., and Mohanram, P.. Privite information, Earnings manipulations, and executive stock option exercise[J]. *The Accounting Review*, 2004, 79.

[19]Bergstresser, D., and Philippon, T.. CEO incentives and earings management[J]. *Journal of Financial Economics*, 2006, 80.

[20]Burns, N., and Kedia, S.. The impact of performance-based compensation on misreporting[J]. *Journal of Financial Economics*, 2006, 79.

[21]Chauvin, K. W., and Shenoy, C.. Stock price decrease prior to executive stock option grants[J]. *Journal of Corporate Finance*, 2001, 7.

[22]Fama, E. F.. Efficient capital markets: A review of theory and empirical works[J]. *Journal of Finance*, 1980, 25.

[23]Gao, P., and Shrieves, R.. Earnings management and executive compensation: A case of overdose of option and underdose of salary [D]. *Working Paper*, Northwestern University and University of Tennessee, 2002.

[24]Matthew T. Billett, David C. Mauer, and Yilei Zhang. Stockholder and bondholder wealth effects of CEO incentive grants[J]. *Financial Management*, 2010, 39.

[25] Sloan, R. G.. Accounting earnings and top executive compensation [J]. *Journal of Accounting and Economics*, 1993, 1.

[26]Yermack, D.. Good timing: CEO stock option awards and company news announcements[J]. *Journal of Finance*, 1997, 52.

State-controlled Listed Companies' Management Equity Incentives

—A Comparative Analysis of Different Types and Their's Financial Impact

Yu Fangqin[1]   Mao Ying[2]   Yu Yumiao[3]

(1, 2, 3 Economics and Management School of Wuhan University   Wuhan   430072)

Abstract: The management equity incentive is more commonly implemented by China's state-controlled listed companies, with the promulgation of China's *State-controlled Listed Companies'* (*Domestic*) *Equity Incentive Pilot Scheme* and other documents. The paper first divides the management equity incentive into three types which are accounting performance, market performance, and performance without determination, based on the analysis of the management equity incentive and the characteristics of China's state-controlled listed companies' various equity incentive forms. Then, the paper analyzes the three different forms of management equity incentive in terms of earnings management, corporate investment, dividend policy, and transfer of benefits respectively. It is hoped that the results have some reference value for companies to choose appropriate equity incentive and for the improvement of national regulatory policies.

Key words: Principal-agent theory; Human capital theory; Financial impact of the management equity incentive; State-controlled listed companies

大股东控制、股权融资偏好与利益隧道挖掘[*]

● 赵国宇

（广东商学院会计学院　广州　510320）

【摘　要】 股权融资偏好是我国资本市场特有的融资现象，违背优序融资顺序理论，难以用融资成本等加以合理解释。从大股东控制权对公司融资方式的决定影响、大股东经济利益攫取动机和方式这一视角进行研究，可以更好地解释我国的股权融资偏好现象。在大股东控制下，上市公司通过盈余管理获取增、配股资格，操纵股票市场价格，采用关联交易、资金占用等主要方式攫取中小股东利益，最终表现为公司市场价值的下降，大股东通过利益隧道挖掘获取私人收益。

【关键词】 大股东控制　股权融资偏好　盈余管理　资金占用　关联交易

自从美国的经济学家 Modigliani 和 Miller（1958）提出著名的 MM 理论，公司融资理论成为经济学研究中的一个热点，并不断取得突破。以此为基础取得的一项重要成果是美国经济学家 Myers 等人提出的融资顺序理论（pecking order theory），揭开了"资本结构之谜"。该理论认为，公司在需要融资时，首选内部融资；如果需要外部融资，则先选择债务融资，最后才是股权融资（Myers，1977；Myers，1984）。但是，中国证券市场上的融资顺序与融资顺序理论明显不符，中国资本市场融资的实际情况是，上市公司明显偏好股权融资，然后才是债务融资。黄少安和张岗认为导致这一现象的原因在于股权融资成本更低[①]，但廖理和朱正芹的研究表明，站在上市公司股东利益的角度考虑，债权融资成本低于股权融资成本，原因在于我国企业债券一级市场不发达，导致二级市场交易清淡、流动性差，不合理的税收制度以及债券利率差异小等原因使得投资者对企业债券投资不积极[②]。陆正飞和叶康涛认为不能仅仅根据融资成本来解释我国上市公司的股权融资偏好现象，公司股权融资偏好还与企业资本规模、自由现金流高低、净资产收益率和控股股东持股比例等因素有关。[③] 另外，章卫东和王乔[④]、刘星等[⑤]从我国特殊的制度与政策因素加以分析，认为股权融资偏好是国有企业改制和内部人控制所形成的结果。

　＊ 本文是国家社会科学基金项目"经济周期视角下投资者心理偏差对资产定价的影响研究"（项目批准号：10CGL043）的阶段性成果。

　① 黄少安，张岗．中国上市公司股权融资偏好分析[J]．经济研究，2001，11：12-20.

　② 廖理，朱正芹．中国上市公司股权融资与债权融资成本实证研究[J]．中国工业经济，2003，6：63-69.

　③ 陆正飞，叶康涛．中国上市公司股权融资偏好解析——偏好股权融资就是缘于融资成本低吗？[J]．经济研究，2004，4：50-59.

　④ 章卫东，王乔．论我国上市公司大股东控制下的股权再融资问题[J]．会计研究，2003，11：44-46.

　⑤ 刘星，魏峰，詹宇等．我国上市公司融资顺序的实证研究[J]．会计研究，2004，6：66-72.

但是，这些研究忽略了我国证券市场的特殊性，尽管章卫东、刘星等开始注意到了这一点，但忽视了大股东控制权私人收益的影响，没有进一步深入研究大股东控制权隐性收益和"隧道效应"（tunneling effect）问题，因此，没能从利益本质上解释我国上市公司的股权融资偏好的原因。猴王股份、幸福实业、三九药业、济南轻骑等鲜明的例证说明控制性股东具有掠夺公司资源、侵占中小股东利益以增加自身财富的强烈动机。虽然证监会多次修改配股和增发政策来抑制上市公司的"圈钱"行为，但由于我国特殊的股权结构和投资者相关法律保护机制不健全，上市公司仍然存在利用制度漏洞，通过关联交易、盈余管理，甚至通过"造假"来达到配股或增发的目的，进而通过资金占用、股价操纵等手段达到攫取其他中小股东财富的目的。

本文站在经济利益攫取视角，分析大股东控制权对公司融资方式的决定影响，从盈余管理、资金占用、关联交易等方式研究大股东对其他股东财富转移与掠夺行为的效应，对我国的股权融资偏好现象做出新的诠释。

1. 大股东控制对公司融资行为的决定影响

我国是一个新兴转轨经济国家，在特定历史条件下进行的经济体制改革，独具特色，但仍未彻底完成，使得我国的上市公司的股权结构呈现出一种股权割裂的二元股权结构特征。我国上市公司的股权结构的突出特点是：国家股、法人股股份所占比重过大且股权高度集中，成为公司第一大股东；社会公众股比重小而且股权非常分散，在公司内部难以形成有效的权力制衡的治理结构。集中的所有权结构虽然提高了控股股东监督经理的动机和能力，在一定程度上降低了外部股东和经理之间的代理成本，但是，控股股东为了自己的利益，难以起到监督管理者的作用，相反还可能利用控制权影响管理者，导致更为严重的公司治理问题。根据 Grossman 和 Hart(1988) 的研究，如果公司中存在持股比例较高的大股东，就会产生控制权收益，这种收益为大股东享有，而不能为其他股东分享。由于控股股东和外部股东的利益并非完全一致，处于超强控制状态的大股东，对中小股东具有强烈的利益侵占动机，上市公司的控股股东利用控制权获得了"利益输送"的机会，将公司的资产和利润转移到自己控制的企业中去。中小股东没有动力、能力和手段来监督大股东的行为，因此无法阻止大股东盈余管理、"利益输送"等行为的发生。

同时，处于经济体制改革过程中的法制环境不够完善，缺乏对中小股东利益有效保护的法律制度，难以有效制约大股东的行为，加上公司治理机构也不够健全，对大股东的行为更是难以进行有效的监督。另外，由于我国缺乏有效的经理市场，管理者多由大股东委派，行政力量往往高于市场力量，容易使管理者的决策以大股东利益为导向。[①] 因此，上司公司的融资往往受大股东意志左右，融资方式往往是大股东决策的结果。

特殊的股权结构、中小投资者法律保护缺乏、公司治理缺陷等原因，导致大股东对上市公司的强势控制，大股东对公司的融资决策具有决定性的影响，大股东很可能出于自身利益最大化而不是公司价值最大化或融资成本最小化的考虑来选择相应的融资决策。最大化的经济利益目标，使得大股东利用配股或增发机会，通过盈余管理、资金占用、关联交易等手段对只有微弱的谈判能力的中小股东进行利益挖掘，最终表现为我国上市公司的股权融资偏好。

---

① LaPorta, R., Lopez-de-Silanes, F., and Shleifer, A.. Corporate ownership around the world[J]. *Journal of Finance*, 1999, 54: 471-517.

2. 为获取增配股资格和操纵股价的盈余管理行为

全球范围内的国别比较研究显示，股权集中是大多数国家公司股权结构的主导形态。① 由于特定的历史原因，我国的股权集中度更加显著。股权集中虽然在一定程度上减少了公司运行的代理成本，避免了股权分散情形下小股东在监督公司经理人时的"搭便车"行为，但增强了大股东谋取控制权私利的动机和能力。

我国股票市场特殊的制度背景为上市公司以股权再融资的方式筹集大量的可供大股东占用的资金创造了有利的外部环境。我国对上市公司的配股有一定的限制，要求公司最近三年净资产收益率（ROE）平均在10%以上，计算期内任何一年都必须高于6%（1999年要求每年的净资产收益率必须在10%以上）。配股政策对公司配股数量也有一定限制，《关于上市公司配股工作有关问题的通知》规定"公司一次配股发行股份总数，不得超过该公司前一次发行并募足股份后其股份总数的30%"。尽管政府对股权再融资资格的取得条件做出了严格的限定，但是，这种以公司经营业绩为基础的融资管制模式，诱发了上市公司股权再融资过程中普遍的盈余管理行为。为了达到证监会对股权再融资资格中盈利能力的要求，上市公司有操纵盈余的强烈动机。在上市公司权力结构中，控股股东持有的股权比例越高，其对公司控制的能力就越强，受到的制约也就越少，也就越不用担心放弃配股带来的控制权威胁，从而从配股中获取利益的能力就越强。控股比例越高，其与公司利益的一致性程度就越高，就更有动力帮助上市公司获取配股资格、提高股价，以从中小股东处筹集更多资金（雷光勇、刘慧龙，2006）。因此，大股东控制下的上市公司为达到股权再融资条件而进行盈余管理的动机更加强烈。

为了能够筹集到更多的资金，充分利用来之不易的股权再融资资格，在可发行股本数量受到严格限定的情况下，提高股票发行价格成了上市公司获取更多控制性资源的唯一途径。股票的发行价格虽然受多种因素的影响，但盈余水平高传递了公司经营状况良好、发展潜力巨大的重要信息，从而，公司盈余状况越好，股票发行价格越高。因此，可以合理预期，上市公司也有为提高股票发行价格进行盈余管理以调增会计收益的内在动力。谭劲松和郑国坚（2004）通过对"青岛海尔"的案例分析发现，企业通过大量的、持续性的关联交易和随意变更会计政策对上市公司进行盈余管理使之保持绩优股的形象。另一方面，在大股东和外部投资者之间存在严重的信息不对称，控股股东可以通过提高报告盈余来影响投资者对企业价值的判断。由于普通投资者不能及时看穿公司增发新股时的盈余管理行为，易受蒙骗以高价购买公司股票，大股东从股票发行中获得额外收益，大股东具有通过操纵报告盈余来隐瞒和误导外部投资者，实现利益挖掘的强烈动机。Leuz等（2003）系统地研究了31个国家中企业的盈余管理现象，发现盈余管理的差异是由于大股东试图获取私有收益而造成的，通过盈余管理可以向外部投资者隐藏企业的真实业绩，从而形成了对外部投资者的误导和侵害。

3. 利益攫取的主要手段：关联交易与资金占用

在我国，大多数上市公司经过国有企业改制形成，国有控股比例较高，导致上市公司的股权结构"一股独大"特征更加突出。通常情况下，企业资源配置处于大股东及其内部代理人的交替超强控制之下（郝颖和刘星，2006）。当上市公司具有一定可转移的资源时，比如上市公司实施了股权融资或经营业绩较好

---

① 李志文，宋衍蘅. 影响中国上市公司配股决策的因素分析[J]. 经济科学，2003，3：59-69.

时，控股股东可以利用其所拥有的股权通过与上市公司共同投资的手段将上市公司的资源转移出来，实现对上市公司中小股东利益的侵占。另外，我国的上市公司，绝大部分是经过改制形成的，改制导致的结果是，集团内部各公司存在千丝万缕的联系。实际上，"包装"后的公司即使上市，仍然不具备自主经营的能力，很多公司从材料采购、产品销售到产品设计、辅助服务的提供等，都被控制在上市公司的大股东手上，这样，上市公司与大股东之间的关联交易不可避免。由于第一大股东的强势控制，第二、第三大股东很难发挥应有的监督效应，而相关的法规、监管制度很难对不合规的关联交易做出有效的评判，使得这些关联交易披上了合法的外衣。在实施了股权融资后，控股股东可以利用其所拥有的控制权通过与上市公司共同投资的手段将上市公司的资源转移出来，实现对上市公司中小股东利益的侵占。相对于担保、资产托管、产品交易等关联交易形式，关联投资更为隐蔽。另外，为了保住上市公司的上市或者配股资格，以便能长期占用上市的资金，控股股东也会采用关联交易、资产重组等方式向上市公司输送利益，帮助公司改善报表业绩。① 陈晓和王琨把关联交易中存在的典型问题归纳为五类，其中最重要的两种类型，其一是大股东利用自身控股地位采取资产置换等手段"掏空"上市公司，其二是为了取得配股资格或满足其他业绩包装的需要进行利润操纵。②

股权集中不仅使大股东决定着公司剩余索取权和剩余控制权，而且深刻地影响着公司的财务决策行为。集中的股权结构使控股股东有足够的能力控制上市公司并倾向于通过影响公司的各种决策来制造控制权的私有收益，必然导致控股股东采取资金占用等方式掠夺上市公司。唐清泉等（2005）发现，第一大股东持股比例与公司的资金占用有显著的正相关关系，企业集团作为控股股东时，上市公司的资金占用程度更严重。高雷和张杰（2009）发现，股权集中加剧了控股股东的资金占用，股权制衡对控股股东的资金占用无影响，管理者持股与基金持股均能抑制控股股东的资金占用，企业集团控制加剧了控股股东的资金占用与盈余管理。在上市公司内部，随着控股股东持股比例增高，其控制权增加导致控制公司的能力增强，占用上市公司其他股东资金更加容易。作为侵占上市公司利益的一种重要方式，控股股东对上市公司资金的无偿占用受到了人们的普遍关注。由于国有控股比例较高，计划经济的管理模式影响没有完全消除，加上我国经理人市场没有形成，上市公司高管的聘用受行政任命的干扰很大，许多上市公司的董事长兼任总经理，直接成为大股东的代言人。因此，大股东很容易控制上市公司资金的使用权，上市公司成了大股东的"提款机"。上市公司在通过高价配股或增发之后，大股东利用其绝对或相对控股权的优势，把上市公司作为自己的"小金库"，任意占用上市公司的资金，通过投资行为、侵占资源等手段获得各种隐性收益。如湘火炬、新疆屯河、合金投资等上市公司几十亿元的巨额资金被"德隆系"占用就是典型案例，根本原因在于上市公司控股股东在资金运营层面存在着较强的资金违规占用、违规担保等的倾向，同时因为信息披露不真实、不及时为操作提供了隐蔽条件。

除了关联交易和资金占用，大股东可能还会采取其他多种方式进行利益挖掘，如销售或购买商品和劳务、资产剥离、直接借款或者支付股利等（Lee 和 Xiao，2002；Jian 和 Wong，2004）。Lee 和 Xiao（2002）的研究表明，无论是政府控制的上市公司还是企业法人控制的上市公司，只要国有股或法人股集中度比较高，都会倾向于发放较高的股利。他们对此的解释是，控股股东的持股成本要比个人中小股东的持股成本低得多，高股利支付率可能是控股股东攫取上市公司利益的一种有效手段。刘峰等（2003）也发现我国上市公司通过高派现行为实现利益输送的目的。

---

① 李增泉，余谦，王晓. 掏空、支持与并购重组——来自我国上市公司的经验证据[J]. 经济研究，2005，1：95-104.

② 陈晓，王琨. 关联交易、公司治理与国有股改革——来自我国资本市场的实证证据[J]. 经济研究，2005，4：77-86.

4.“隧道效应”对公司市场价值的影响

超强的控制使大股东获得利益攫取的能力，对中小投资者缺乏有效的法律保护，增强了大股东侵害小股东利益的强烈动机。大股东控制下的上市公司表现出强烈的股权再融资偏好，使大股东可以从股权再融资中获得大量私人收益。

在上市公司的股票价格被低估时，股权融资成本增大，管理者将不情愿发行股票支持公司的投资项目。此时，对于低现金余额且债务饱和的股权融资依赖型公司而言，将出现投资不足或现金流敏感现象。因此，有股权融资偏好的上市公司存在操纵股价、调高股价以吸收现金流的强烈动机。通过操纵股价，大股东可以从中获取隐性利益收入，Barclay 和 Holderness(1991)的研究表明，如果大股东预期能够通过使用投票权来获得中小股东无法获得的收益，那么大宗股票应该以溢价方式进行交易，该溢价接近私有收益的贴现值，大宗股票交易通常是以公告之后的很大溢价来成交的。①

居于控制地位的大股东，一方面利用上市公司股权再融资的资格从中小股东手中融入巨额的资本，获取了大量可供其掠夺的控制性资源；另一方面，则凭借其对上市公司的超强控制通过资金占用的方式将上市公司所筹集的资金转移到自己的手中，以此侵占中小股东的利益。股权再融资偏好的根本原因在于大股东可以通过“隧道行为”获得中小股东无法得到的隐性收益（张祥建、徐晋，2005）。因此，大股东通过对公司管理层的监督提高公司价值的作用甚微，更多的情况是，在大股东控制下可以使大股东进行掠夺，“隧道效应”就是大股东掠夺行为的一种隐蔽方式，大股东通过隐蔽的“隧道行为”从上市公司输出利益，从而造成对中小股东财富的侵害和企业价值的下降。

5. 结论与启示

从经济利益攫取角度深入分析上市公司的股权融资偏好现象，可以更好地解释上市公司的股权融资偏好行为。大股东的强势控制地位决定了其对公司融资行为的决定影响，盈余管理、关联交易、资金占用是大股东控制下进行利益挖掘的重要手段，利益挖掘的结果是在大股东通过财富转移获取更多私人收益的同时，降低了上市公司的市场价值。

上市公司通过盈余管理一方面实现股权融资的目的，另一方面，上市公司增、配股过程中进行盈余管理，利用操纵后的财务数据误导中小投资者，为大股东掠夺中小股东的财富创造了便利条件，大股东的盈余管理造成了对外部投资者决策行为的误导和财富掠夺效应。居于控制地位的大股东，易于操控公司利润，利用上市公司股权融资的资格，从中小股东手中融入巨额资本，获取大量可供其掠夺的控制性资源。大股东利用其对公司的超强控制，通过关联交易、资金占用、支付股利等方式将上市公司所筹集的资金转移到自己的手中，以此侵占中小股东的利益。“隧道效应”是大股东掠夺行为的一种隐蔽方式，大股东通过提升报告盈余可以谋取中小股东无法获得的私有收益，造成对中小股东财富的侵害和企业价值的下降。

控股股东的“隧道行为”不仅损害了其他股东的合法权益，还会严重阻碍金融市场的健康发展。因此，证券监管部门应该从会计盈余质量报告水平、关联交易、资金动态与流向、股票市场股票发行与定价等方面严格加以监管，充分保护中小股东等弱势群体的合法权益。

（作者电子邮箱：zhguoyu2009@163.com）

---

① Barclay, M., and Holderness, C.. Negotiated block trades and corporate control[J]. *Journal of Finance*, 1991, 46: 861-878.

参考文献

[1]高雷,张杰. 公司治理、资金占用与盈余管理[J]. 金融研究,2009,5.

[2]黄少安,张岗. 中国上市公司股权融资偏好分析[J]. 经济研究,2001,11.

[3]郝颖,刘星. 大股东控制下的股权融资依赖与投资行为研究——基于行为财务视角[J]. 商业经济与管理,2009,10.

[4]刘峰,贺建刚. 股权结构与大股东利益输送实现方式的选择[C]. 中国第二届实证会计国际研讨会论文集,2003.

[5]陆正飞,叶康涛. 中国上市公司股权融资偏好解析——偏好股权融资就是缘于融资成本低吗?[J]. 经济研究,2004,4.

[6]雷光勇,刘慧龙. 大股东控制、融资规模与盈余操纵程度[J]. 管理世界,2006,1.

[7]廖理,朱正芹. 中国上市公司股权融资与债权融资成本实证研究[J]. 中国工业经济,2003,6.

[8]谭劲松,郑国坚. 大股东利益输送与企业透明度:以"青岛海尔"为例[D]. 中山大学工作论文,2004.

[9]唐清泉,罗党论,王莉. 大股东的隧道挖掘与制衡力量——来自中国市场的经验证据[J]. 中国会计评论,2005,6.

[10]张祥建,徐晋. 股权再融资与大股东控制的"隧道效应"[J]. 管理世界,2005,11.

[11]Grossman, Sanford, and Oliver Hart. Takeover bids, The free-rider problem, and the theory of the corporation[J]. *Journal of Economics*, 1980, 11.

[12]Jian, M., and T. J. Wong. Earnings management and tunneling through related party transactions: Evidence from chinese corporate groups[D]. *SSRN Working Paper*, 2004.

[13]Leuz, C., Nanda, D., and Wysocki, P. D.. Earnings management and investor protection: An international comparison[J]. *Journal of Financial Economics*, 2003, 69.

[14]Lee, J. C. W., and X. Xia. Cash dividends and lager shareholders expropriation in China[D]. *Working Paper*, 2002.

[15]Myers, S.. Determinants of corporate borrowing [J]. *Journal of Financial Economics*, 1977, 5(2).

[16]Myers, S.. The capital structure puzzle [J]. *Journal of Finance*, 1984, 39.

Big Shareholders' Control, Equity Financing Preference and Tunneling

Zhao Guoyu

(Accountancy School of Guangdong University of Business Studies Guangzhou 510320)

Abstract: The fact of financing preference in China's stock market is contrast with the new pecking order theory, and theories of cost can not completely reasonablly explain. From the major shareholders controlling the company's financing decisions, research conducted by this paper can better explain the phenomena of our preferences for equity financing. Major shareholders obtain private benefits by tunneling, which leads to a decline in market value of listed companies.

Key words: Big shareholders' control; Equity financing preference; Earnings management; Amount of funds used; Related transactions

基于利息费用共享的供应链协调研究

● 刘　伟[1]　胡　甜[2]　曾罗婧[3]

（1，2，3 武汉大学经济与管理学院　武汉　430072）

【摘　要】供应链协调直接关系到供应链的绩效。本文在传统报童模型的基础上，引入收取利息费用的第三方金融机构，建立了基于利息费用共享的供应链协调模型，该模型能有效降低谈判能力强的企业对供应链的影响。本文还从供应商公平关切的角度对模型进行了分析，并用算例加以验证，结果显示该模型具有公平性。本文的主要结论是，金融机构对供应链企业利息的调控和对转移收入的评定，能使供应链的结构达到协调并保持相对的公平。

【关键词】供应链协调　报童模型　金融机构　批发价契约　利息

1. 前言

供应链是指由多方合作者共同参与协同完成核心组织的业务流程所形成的网络价值链。在一个分散的供应链系统中，供应商和零售商分别以自身利益最大化为决策出发点，供应链整体收益很难达到最优，产生"双重边际化效应"（Spengler，1950）。供应链中的"双重边际化效应"是指供应渠道中非最优转移价格的存在，导致供应链各节点企业的定价和成本发生扭曲，并最终造成整个供应链效率降低的现象。"双重边际化效应"存在于大多数的供应链模型中，怎样使供应链中各企业的利益关系一致，从而追求供应链效率最大化，是一个值得探讨的问题。为了解决这个问题，学者们提出了供应链协调。供应链协调，就是在供应链相关成员间建立契约，在这种契约框架下，供应链成员从自身利益最大化角度出发，采取的行动策略能够使得供应链系统利益达到最大。①

供应链协调始于 Clark 和 Scarf（1960）对多级供应链库存的优化研究。Pasternack（1985）最早提出供应链协调能通过特定的契约安排实现。之后，供应链协调一直是国外研究的热点，许多著名学者进行了深入的研究。这类问题的研究基本是基于报童模型的。Cachon（2003）指出，报童模型是简单易行的方法，对供应链契约的研究足够丰富。从建立的契约类型来看，主要有批发价（wholesale price）契约、回购（buy-back）契约、收益共享（revenue-sharing）契约、销售折扣（sale-rebate）契约、期权（option）契约等。

近年来供应链协调和契约也引起了我国学者的关注。丁利军等研究了考虑供应链成员的退货处理成本和相对出清优势的情形下，两次生产和订货模式的供应链契约式协调问题，设计了有效的契约以协调供应链成员的决策。② 刘春式林引入了线性转移支付契约，表明选择恰当的奖惩因子以及将最低销售规模

---

①　刘春林．多零售商供应链系统的契约协调问题研究［J］．管理科学学报，2007，10（2）：1-6.

②　丁利军，夏国平，葛健．两次生产和订货模式下的供应链契约式协调［J］．管理科学学报，2004，7（4）：24-32.

限制在一定的区间内，可以协调供应链。陈金亮等在报童模型和贝叶斯分析的基础上，对不对称信息下具有需求预测更新功能的供应链系统进行了探讨，通过设计补贴合同来实现供应链协调。[①] 杜少甫等（2010）研究了公平关切行为倾向对供应链契约与协调的影响，将人的行为因素纳入契约分析中来。

传统研究中，供应链中的契约安排主要是通过供应商与零售商之间的谈判协商而完成的。供应商与零售商的谈判能力将决定其业绩改进的多少。供应链中的核心企业往往占有主导地位，这种强势的谈判能力有时会严重制约供应链的发展。如今，供应链金融越来越热门，《欧洲货币》杂志将供应链金融形容为近年来银行交易性业务中最热门的话题。本文将在传统模型的基础上引进第三方——金融机构，讨论供应链成员间如何合理分摊利息，以实现供应链协调和公平。另外，将零售商具有公平关切行为倾向引入该模型，以判断此行为倾向对契约协调性的影响。最后，通过数值实验，验证了该模型的结论。

2. 基本模型

2.1 假设和符号说明

以报童模型为研究基础，为了便于模型构建和理论分析，假设供应链中只有一个供应商和一个零售商。零售商面对随机需求的单周期销售市场，每个单期销售季节开始之前开始订货。如果实际需求大于订购量，则销售商将受到缺货商誉惩罚；如果实际需求低于订购量，则销售商将存在过量持有成本。假设利息费用与订货量成正比，且与供应商和零售商的借款能力有关。又假设产品市场是开放的，有关产品市场的销售价格、需求分布和成本等参数信息是对称的。同时假设供应商和销售商将根据期望利润最大化的原则进行决策。

模型中涉及符号定义如下：$D>0$ 表示销售季节的随机市场需求，服从概率密度函数 $f(\cdot)$ 和和累积分布函数 $F(\cdot)$ 的分布，均值为 $\mu=E[D]$，$F(\cdot)$ 连续可微且严格单调递增，$F(0)=0$；p 为产品的销售价格；q 为零售商的订购量；c_s 为供应商的单位生产成本，c_r 为零售商获得单位产品发生的成本，且有 $c_s+c_r=c$；g_s 为供应商缺货商誉惩罚成本，g_r 为零售商缺货商誉惩罚成本，$g_s+g_r=g$；λ_s 为供应商的利息乘数，λ_r 为零售商的利息乘数，利息乘数与企业的信用、生产单位产品所需资金、企业规模、借款利率等有关，$\lambda_s+\lambda_r=\lambda$；$v$ 为零售商处理单位剩余产品的净残值，且满足 $v<(c+\lambda)$；$T(q)$ 表示零售商给供应商的期望转移支付，$\partial T(q)/\partial q>0$，具体形式随契约类型不同而改变。

2.2 模型分析

首先引入一些概念与符号以便分析。对于实数 a、b，有：
$$a \wedge b = \min\{a, b\}, \quad a^+ = \max\{a, 0\}, \quad a^- = \max\{-a, 0\}$$

考虑一个周期内，货物销售数量为 $q \wedge D$，库存数量为 $q-q \wedge D$，缺货量为 $(D-q)^+$，且有如下 $q \wedge D = q-(q-D)^+$。零售商一个周期的利润为：
$$\pi_r(q) = p(q \wedge D) + v(q-D)^+ - g_r(D-q)^+ - c_r q - \lambda_r q - T(q) \tag{1}$$

期望销售量 $S(q) = E[q \wedge D] = E(q-(q-D)^+) = \int_0^q (1-F(x))\,dx \tag{2}$

期望库存 $I(q) = E[(q-D)^+] = \int_0^q (q-x)\,dF(x) = \int_0^q F(x)\,dx \tag{3}$

---

① 陈金亮，宋华，徐渝．不对称信息下具有需求预测更新的供应链合同协调研究[J]．中国管理科学，2010，2：84-89.

$$期望缺货\ L(q)=E\big[(D-q)^+\big]=E[D]-S(q)=\mu-S(q) \tag{4}$$

对 $\pi_r(q)$ 求期望值，得到零售商的期望利润：

$$E\big[\pi_r(q)\big]=pS(q)+vI(q)-g_rL(q)-c_rq-\lambda_rq-T(q) \tag{5}$$
$$=(p+g_r-v)S(q)-(c_r+\lambda_r-v)q-g_r\mu-T(q)$$

类似地可以求出供应商的期望利润：

$$E\big[\pi_s(q)\big]=T(q)-g_sL(q)-c_sq-\lambda_sq \tag{6}$$
$$=g_sS(q)-(c_s+\lambda_s)q-g_s\mu+T(q)$$

则整个供应链的期望利润为：

$$E\big[\pi(q)\big]=E\big[\pi_r(q)\big]+E\big[\pi_s(q)\big] \tag{7}$$
$$=(p+g-v)S(q)-(c+\lambda-v)q-g\mu$$

考虑 $E\big[\pi(q)\big]$ 的一阶导是渐进线性的，即：

$$\lim_{q\to\infty}\frac{\partial E\big[\pi(q)\big]}{\partial q}=-(c+\lambda-v)<0 \tag{8}$$

又 $\dfrac{\partial^2 E\big[\pi(q)\big]}{\partial q^2}=-(p+g-v)f(x)<0$，为严格凹函数，故系统的最优订购量唯一，则集中决策下系统最优订购量要求满足一阶条件，即有：

$$q^o=F^{-1}\left(\frac{p+g-c-\lambda}{p+g-v}\right) \tag{9}$$

3. 基于利息费用共享的供应链协调

3.1 批发价契约模型

批发价契约是传统的契约形式。批发价契约就是通过调整供应商的批发价格来实现供应链的协调。Cachon 证明了在许多情况下，批发价契约不能协调供应链。这种契约形式会带来"双重边际化效应"，通常它作为评价其他契约形式是否有效的参照。批发价契约下，零售商向供应商支付单位产品批发价 ω，此时 $T(q,\omega)=\omega q$。在批发价契约的情况下，有：

$$E\big[\pi_r(q)\big]=(p+g_r-v)S(q)-(c_r+\lambda_r-v+\omega)q-g_r\mu \tag{10}$$

易知，零售商的二阶偏导小于 0，故 $E\big[\pi_r(q)\big]$ 是严格凹函数，存在唯一的最优订货量。求解可得：

$$q_r^*=F^{-1}\left(\frac{p+g_r-c_r-\lambda_r-\omega}{p+g_r-v}\right) \tag{11}$$

供应链协调的目标是消除"双重边际化效应"，使整个供应链利润最大化，从而把 q^o 作为协调的目标。当满足 $q_r^*=q^o$ 时，供应链达到协调。令 $q_r^*=q^o$，则有：

$$\omega=\frac{(c_s+\lambda_s)(g_r+p-v)+g_s(v-\lambda_r-c_r)}{g+p-v}<(c_s+\lambda_s) \tag{12}$$

若要满足协调，则要求零售商向供应商支付单位产品批发价 ω 小于 $(c_s+\lambda_s)$，此时供应商得到非正常利润。显然这个条件是不能得到满足的，所以协调无法实现，供应链利润不能实现最大化。

3.2 利息费用共享模型

回购契约是指供应商承诺以低于零售商进货价回购销售结束时所有剩余的商品，使零售商的风险降低而增加进货数量。Pasternack(1985)证明了适当的回购契约可以协调供应链。回购契约中确定回购价格就能确定批发价格，回购价格越高，批发价格也越高，回购价格越接近销售价格，供应商获利越多，而销售商的利润不断下滑。收益共享契约是指零售商购买商品时向供应商支付一个批发价，销售结束时零售商依据该商品的实际销售收入向供应商支付一定比例的费用。杜少甫等证明了回购契约与收益共享契约的等价性关系。①

每个公司都会持有一定的负债，以保证合理的资本结构。本文以报童模型为基础，加入收取利息费用的第三方金融机构如银行，讨论供应链成员间如何合理分摊利息费用，确定转移支付的金额，以实现供应链协调。在之前的批发价契约模型中，零售商和供应商各自付各自的利息。若把利息看成一个整体，利润多的一方多付利息，利润少的一方少付利息；或者说当单位产品批发价 ω 高时，零售商少付利息；单位产品批发价 ω 低时，零售商多付利息。

设零售商支付利息的比例为 $\beta(0<\beta<1)$，即零售商利息费用为 $\beta(\lambda_r+\lambda_s)q=\beta\lambda q$；供应商支付利息的比例为 $1-\beta$，即供应商利息费用为 $(1-\beta)\lambda q$。另外，每个周期开始，金融机构评估决定零售商向供应商支付的转移收入为 A，这个评估应该科学合理并具有很强的规则以保证实行，则零售商和供应商的期望利润改写为：

$$E[\pi_r(q)]=(p+g_r-v)S(q)-(c_r+\beta\lambda+\omega-v)q-g_r\mu-A \tag{13}$$

$$E[\pi_s(q)]=g_sS(q)-(c_s+(1-\beta)\lambda-\omega)q-g_s\mu+A \tag{14}$$

易知，零售商的二阶偏导小于 0，故 $E[\pi_r(q)]$ 是严格凹函数，存在唯一的最优订货量。求解可得：

$$q_r=F^{-1}\left(\frac{p+g_r-c_r-\beta\lambda-\omega}{p+g_r-v}\right) \tag{15}$$

若要促成供应链协调，则有 $q_r=q^\circ$。令 $q_r=q^\circ$，求解得到：

$$\omega=\left(\frac{c+\lambda-v}{p+g-v}\right)(p+g_r-v)+(v-c_r)-\beta\lambda \tag{16}$$

此时，零售商和供应商的最优产量相等，为：

$$q_r=q_s=q^\circ=F^{-1}\left(\frac{p+g-c-\lambda}{p+g-v}\right) \tag{17}$$

这意味着，当单位产品批发价 ω 和零售商支付利息比例 β 满足上述关系时，供应链能达到协调。通过表达式可以看出，当单位产品批发价 ω 高时，零售商支付利息比例 β 低；当单位产品批发价 ω 低时，零售商支付利息比例 β 高。另外，注意到 $\omega+\beta\lambda$ 为常数，将式(17)代入，可得零售商最优产量时的利润：

$$E[\pi_r(q^\circ)]=(p+g_r-v)\left(S(q^\circ)-\left(\frac{c+\lambda-v}{p+g-v}\right)q^\circ\right)-g_r\mu-A \tag{18}$$

通过上式可知，零售商的利润与单位产品批发价 ω 无关，从而消除了回购契约等模型中因供应链成员间谈判能力的差异等造成的供应链均衡而分配利润比例易被操纵的情况。供应链此时是协调的，且供应链运行的合理性是由金融机构第三方保证。

3.3 带有公平关切的供应链协调性分析

传统研究中决策者是完全理性的，而行为研究却发现，在现实生活中人们往往对公平表现出极大关注，即公平关切。在存在公平关切的情况下，人们有可能会在感到不公平时采取非理性行为，即不追求利益最大化，甚至以利益受损为代价采取行动达到惩罚对方的目的。在供应链契约环境下，供应商和零售商之间的利益分配会触发公平关切倾向发生作用。本文参考杜少甫等(2010)的方法，将零售商具有公

---

① 杜少甫等．考虑公平关切的供应链契约与协调[J]．管理科学学报，2010，13(11)：41-48.

平关切行为倾向引入上节所得模型中。

引入零售商的公平关切效用函数 $U_r(\pi) = E[\pi_r(q)] - \theta E[\pi_s(q)]$，$\theta$ 为公平关切系数。这是为了计算简便，假设决策者面对同等利润和损失的敏感程度一样。将 $E[\pi_r(q)]$ 和 $E[\pi_s(q)]$ 的表达式代入，可得：

$$U_r(\pi) = (p + g_r - v - \theta g_s) S(q) - (1+\theta) A$$

$$- [c_r + \beta\lambda + (1+\theta)\omega - v - \theta c_s - \theta(1-\beta)\lambda] q - g_r\mu + \theta g_s\mu \tag{19}$$

易验证 $\partial^2 U_r(\pi)/\partial q^2 < 0$，即存在最大化的订购量 q_U，使得零售商的效用最大化，对 $U_r(\pi)$ 求导：

$$\frac{\partial U_r(\pi)}{\partial q} = (p + g_r - v - \theta g_s)(1 - F(q)) - [c_r + \beta\lambda + (1+\theta)\omega - v - \theta c_s - \theta(1-\beta)\lambda] \tag{20}$$

求得：

$$q_U = F^{-1}\left(1 - \frac{c_r + \beta\lambda + \omega - v - \theta(c_s + (1-\beta)\lambda - \omega)}{p + g_r - v - \theta g_s}\right) \tag{21}$$

当 $\theta = 0$ 时，就退化为式(15)的形式。我们把 q^o 作为协调的形式，令 $q_U = q^o$，得到：

$$\omega = \left(\frac{c + \lambda - v}{p + g - v}\right)(p + g_r - v) + (v - c_r) - \beta\lambda \tag{22}$$

此关系与式(16)得到的结果一样，且表达式中不包含公平关切系数 θ，说明无论零售商关注公平与否，只要单位产品批发价 ω 和零售商支付利息比例 β 满足式(22)，总能促成供应链渠道协调。在满足式(21)的情况下，供应商和零售商的期望利润是由参数确定的。零售商公平关切系数越高，其效用将越低。在这种模型中，零售商可以不用花太多精力去维护公平，这样反而效用较高。这也说明了这种模型设计的公平性。

4. 算例分析

假设由单个供应商和单个销售商组成的供应链，经营某单周期销售产品，每个单期销售季节开始之前开始订货。假设市场需求服从正态分布，$D \sim N(1000, 200)$，这里的假设有个近似，即因为 $F(0) = 0$，所以假定 $f(x<0) = 0$，这样的假设并不会造成大的问题。$p = 100$，$c_s = 30$，$c_r = 10$，则有 $c = 40$；$g_s = 10$，$g_r = 10$，$g = 20$；$\lambda_s = 4$，$\lambda_r = 6$；$v = 20$。根据式(17)，可以求出系统最优订购量 $q^o = 1105$，此时供应链整体利润为 $E[\pi(q^o)] = 43046$。

表1 批发价契约下零售商和供应商的情况

ω	零售商的最优订货量	零售商的利润	供应商的利润	总利润	零售商公平关切效用为0时的β值
34	1086		-440		
35	1081	42372	624	42996	67.95
40	1051	37046	5737	42783	6.46
45	1022	31864	10549	42413	3.02
50	994	26822	15076	41898	1.78
55	966	21920	19307	41227	1.14
60	938	17159	23242	40401	0.74
65	908	12544	26807	39351	0.47
70	875	8086	29926	38012	0.27
75	840	3796	32600	36396	0.12
80	797	-299			

分析表1中的批发价契约，发现零售商和供应商不能达成供应链协调，总利润低于最优总利润 $E[\pi(q^o)] = 43046$，这与前面证明的结论一致。在这种情况下，零售商最优订货量越高，其公平关切效用为0时的 β 值越高，说明零售商的公平关切效用随着最优订货量的提高而提高。

现在考虑本文讨论的模型，将上述数值代入式(16)，得到：

$$\omega = 37 - 10\beta \quad (0 \leq \beta \leq 1)$$

单位产品批发价在 27～37 内波动，这个范围内，供应链都是协调、有效率的。代入公式中，得到零售商的最优订货量为1105，此时整个供应链达到了协调，零售商的期望利润为 $43655 - A$，供应商的利润为 $A - 609$。

零售商的公平关切效用函数为：

$$U_r(\pi) = 43655 - A - \theta(A - 609) = 43655 + 609\theta - (1+\theta)A \tag{23}$$

若已知零售商的 θ，则令 $U_r(\pi) = 0$，可以求出令零售商满意的临界值 $A = \dfrac{43655 + 609\theta}{1+\theta}$，这个报酬对零售商来说是公平的。通过算例，可知金融机构对供应链企业利息的调控和对转移收入的评定，能使供应链达到协调。由于转移收入由第三方金融机构科学评定，能有效避免供应链内部谈判能力强的企业的影响，使各方的利润保持相对的公平。

5. 结论

在商品经济活动中，银行等金融机构的作用越来越重要。以前的供应链协调研究主要放在供应链自身，而内部企业间的博弈就算达到均衡，也难以避免谈判能力强的企业对谈判能力弱的企业的相对优势而造成的局部不公平不合理。本文从报童模型出发，在传统研究的基础上，把第三方金融机构例如银行引入供应链协调研究中，建立了基于利息费用共享的协调模型，并研究了该模型下零售商的公平关切情况，零售商的公平关切不会改变供应链的协调状态。金融机构对供应链企业利息的调控和对转移收入的评定，能使供应链达到协调并保持相对的公平，这是本文得到的主要结论。

但是，本文依然存在以下局限性：第一，只简单考虑了一个零售商和一个供应商的情况，而多个零售商和供应商的情况没有讨论。第二，现实生活中，对于金融机构是否愿意和能否顺利开展这项工作，没有做详细的分析。第三，第三方怎样评定转移收入，使得相关关系人满意且公平，这是一个比较难的问题。因此，未来的研究可以从金融机构的角度去分析模型的收益性，研究怎样科学合理地设定指标、评定转移收入，弥补现有研究的不足。

（作者电子信箱：13317131121@qq.com）

参考文献

[1]陈金亮，宋华，徐渝．不对称信息下具有需求预测更新的供应链合同协调研究[J]．中国管理科学，2010，(2)．

[2]丁利军，夏国平，葛健．两次生产和订货模式下的供应链契约式协调[J]．管理科学学报，2004，7(4)．

[3]杜少甫等．考虑公平关切的供应链契约与协调[J]．管理科学学报，2010，13(11)．

[4]刘春林．多零售商供应链系统的契约协调问题研究[J]．管理科学学报，2007，10(2)．

[5]田厚平，刘长贤．非对称信息下分销渠道中的激励契约设计[J]．管理科学学报，2009，3．

[6]邹辉霞. 供应链管理[M]. 北京：清华大学出版社，2009，2.

[7]Cachon, G. P.. Supply chain coordination with contracts. In: Graves, S. , T. de Kok, eds. *The Handbook of Operations Research and Management Science: Supply Chain Management*[M]. Kluwer, Amsterdam, The Netherlands, 2003.

[8]Cachon, G. P. , and Lariviere, M. A.. Supply chain coordination with revenue-sharing contracts: Strengths and limitations[J]. *Management Science*, 2005, 12.

[9]Caldentey, R. , and Haugh, M. B.. Supply contracts with financial hedging[J]. *Operations Research*, 2009, 57(1).

[10]Kanda, A. , and Deshmukh, S. G.. Supply chain coordination: Perspectives, Empirical studies and research directions[J]. *International Journal of Production Economics*, 2008, 115(2).

[11]Li, S. , Zhu, Z. , and Huang, L.. Supply chain coordination and decision making under consignment contract with revenue sharing[J]. *International Journal of Production Economics*, 2009, 120(1).

[12]Pasternack, B. A.. Optimal pricing and return policies for perishable commodities[J]. *Marketing Science*, 1985, 4(2).

[13]Spengler, J. J.. Vertical integration and antitrust policy [J]. *Journal of Political Economy*, 1950, 58(4).

[14]Tsay, A. A. , Nahmias, S. , and Agrawal, N.. Modeling supply chain contracts: A review [J]. *Quantitative Models for Supply Chain Management*, 1999, 17.

[15]Taylor, T. A.. Supply chain coordination under channel rebates with sales effort effects[J]. *Management Science*, 2002, 3(1).

[16]Zimmer, K.. Supply chain coordination with uncertain just-in-time delivery[J]. *International Journal of Production Economics*, 2002, 77(1).

Supply chain coordination considering the share of interest expense

Liu Wei[1]   Hu Tian[2]   Zeng Luojing[3]

(1, 2, 3 Economics and Management School of Wuhan University   Wuhan   430072)

Abstract: Supply chain coordination is directly related to supply chain performance. In this paper, based on the traditional newsvendor model, a supply chain coordination model based on the share of interest expense is established through the introduction of third-party financial institutions. This model can effectively reduce the impact of the enterprises which have strong negotiating skills on the supply chain. This paper also considers the suppliers' fairness concern, and uses examples to verify. The results show that the model is fair. The main conclusion of this paper is that regulation of the supply chain enterprise interest and assessment of income transfer can make the supply chain coordinate and maintain relatively fair.

Key words: Supply chain coordination; Newsvendor model; Financial institutions; Wholesale price contracts; Interest

电子商务环境下供应链协同管理研究综述[*]

● 孔令夷

（西安邮电学院管理工程学院　西安　710061）

【摘　要】网络经济环境下，基于电子商务的协同供应链成为研究热点。本文利用文献资料查阅法、调研统计法以及系统分析比较法，梳理总结相关经典文献，发现国内外学者从协同关系、核心能力及交易费用的三个视角展开了研究，然后以电子商务和供应链协同相融合为基础对 EB 环境下协同供应链管理研究进行拓展和细化，并分别评述"电子商务物流管理研究"、"基于 EB 的供应链集成管理研究"以及"支持电子化供应链的协同技术研究"所取得的进展。但是，该领域的研究对象不明确，没有构建系统的研究框架，研究空白点较多，理论研究不足也限制了应用研究，前沿研究尚显不足。因此，文章提出运用系统工程学研究基于电子商务的协同供应链管理，将有助于解决当前研究存在的不足，并展望未来 EB 环境下协同供应链管理研究需要深化的方向，使理论探索与实际应用相衔接。

【关键词】信息技术　协同供应链　电子商务　系统工程　协同技术

1. 引言

随着企业竞争日益激烈，依托供应链提升竞争优势成为共识。1999 年，Anderson 提出协同供应链是未来的供应链。当前，电子商务（EB）和供应链的融合成为趋势，基于 EB 的协同供应链应运而生，该领域研究成为热点。McIvor 界定了基于 EB 的供应链协同①，Turkay 对化工协同供应链作了实证研究②。15 年前，沃尔玛就提出并应用 CPFR 策略——协同、计划、预测与补给，之后，500 强企业都纷纷发展协同供应链。国内该领域研究刚刚起步，需尽快开展以指导企业提升协同管理水平，增强竞争力，以适应未来供应链的竞争。

---

* 本文是国家自然科学基金青年科学基金项目"技术创新网络结构演变下知识扩散对企业成长的影响研究——基于 CAS 理论的视角"（项目批准号：71102149）、教育部人文社会科学研究青年基金项目"外资技术扩散与国内企业研发投入的交互影响研究——基于演化博弈的视角"（项目批准号：12YJC790084）以及"十一五"陕西省科学技术研究发展计划项目暨陕西省软科学研究计划项目"增值服务提供商（SP）在陕西信息产业演进中的作用和发展分析"（项目批准号：2008KR43）的阶段性研究成果。

① McIvor, R. , Humphreys, P. , and McCurry, L. . Electronic commerce：Supporting collaboration in the supply chain? [J]. *Journal of Materials Processing Technology*，2003，139：147-152.

② Turkay, M. , Oruc, C. , Fujita, K. , and Asakura, T. . Multi-company collaborative supply chain management with economical and environmental considerations[J]. *Computers and Chemical Engineering*，2004，28：985-992.

2. 协同供应链管理的相关研究

2.1 供应链管理的相关研究

供应链管理注重合作及提高成员企业的长期绩效。目前与供应链协同相关的研究主要集中在供应商评价选择、信息管理及物流管理。

2.1.1 供应商评价选择的相关研究

多目标优化或模糊决策是选择供应商的常用方法，而评价指标的筛选还难以真正量化。刘晓对供应商优选模型进行了归类，给出推式和拉式环境下的供应商选择方法。然而，供应商选择的主观性强，不同企业的差异较大，这方面研究还不多。

2.1.2 供应链环境下信息管理的相关研究

信息共享可以减少牛鞭效应。张冲基于Z-变换理论研究了生产库存系统的动态性，发现合理选择库存和订单决策参数可以减小牛鞭效应。① 蔡政英讨论多级树形供应链系统的牛鞭效应，建立多种补偿方法，设计并仿真验证了用模糊开关切换的综合补偿模型。② 杨诗华对三级啤酒分销模型作了仿真设计，提出减轻牛鞭效应的建议。③ 雷星晖提出并验证了基于EB的信息共享系统激励机制。④ 罗罡分析了大规模定制模式下的牛鞭效应，探讨信息共享模式及平台，引入数量柔性契约。⑤ 鲁棒控制也有助于解决不确定性问题，提高协同性，国外代表性学者有Riddalls、Delft、Bertsimas及Ben等，国内有黄小原、邱若臻、葛汝刚及郭海峰等。

2.1.3 供应链环境下物流管理的相关研究

移动条码识别、信息采集、内外信息传输、订单处理跟踪结算已成为物流管理研究的新方向。企业运用VMI等一系列新技术，实现协同商务，是未来物流管理研究的趋势。

2.2 不同视角下的协同供应链管理研究

20世纪70年代，哈肯提出协同论。将协同论应用于SCM，可以使供应链节点企业彼此协调，建立协同机制，发展协同技术，达到总效益最大化。陈志祥认为供应链管理是一种"智能集成协同管理"模式，代表了未来发展趋势。⑥ Laura评估了协同供应链的创新性。⑦

供应链协同包括战略层、策略层和技术层协同。战略层协同处于最高层次，主要研究供应链网络设计，包括供应网络设计及设施布局等。策略层协同主要涉及产供销一体化协同。技术层协同是通过协同技术建立节点企业实时交互的共享平台，增加供应链透明度，实现同步运作和快速决策。目前常用的协同技术有EB、EDI、多智能体、条码和扫描技术、工作流管理、数据仓库、Internet等。

① Zhang, C., and Wang, H. Y.. Analysis of stability and bullwhip effect in production-inventory systems[J]. *Journal of Southeast University(English Edition)*, 2011, 27(1): 101-106.

② 蔡政英，肖人彬. 多级树形供应链牛鞭效应与综合补偿[J]. 计算机集成制造系统，2009，15(3): 558-565.

③ 杨诗华. 供应链管理中牛鞭效应机理分析与仿真[D]. 哈尔滨工业大学博士论文，2006.

④ 雷星晖，朱琳婕. 缓解供应链中牛鞭效应的策略及方案[J]. 同济大学学报(自然科学版)，2004，11: 1540-1544.

⑤ 罗罡. 大规模定制模式下供应链牛鞭效应与供应链协调机制研究[D]. 东南大学博士论文，2006.

⑥ 陈志祥，马士华. 企业集成的系统方法论研究——供应链的系统性、协调性和运作范式[J]. 系统工程理论与实践，2001，4: 92-98.

⑦ Laura H. Orvath. Insight from industry collaboration: The key to value creation in supply chain management[J]. *Supply Chain Management: An International Journal*, 2001, 6(5): 202-207.

2.2.1 协同关系——基于关系理论的视角

各节点企业在人力资源、设备、技术等方面的投资会产生关系资本，共同创造价值。学者们对协同合作关系作了研究：Madhok 指出关系专属资产是实现协同效应的关键。① 赵小惠分析协作产品创新中制造商和供应商的行为及效果，探讨了供应链协同合作机制。②

2.2.2 协同效用——基于交易费用理论的视角

也有学者从效用、交易费用的视角剖析供应链协同，形成了独特的研究框架。Campbell 认为协同类似于"搭便车"，区分了协同效应与互补效应，Hindle 进一步指出供应链协同的途径。张莹认为供应链协同效应能增加经济主体的理性，抑制机会主义行为，建立信任以降低交易成本。

实际上，供应链协同也是重复博弈，创造了抑制机会主义的大数条件。通过协同博弈过程，能实现供应链总收益最大。邱国栋提出了"协同效应＝共用效果＋互补效果＋同步效果"的理论框架，分析了协作的实现条件以及价值生成方式。

2.2.3 基于核心能力理论的视角

Teece 较早地提出了动态能力。③ 协同供应链的核心能力就是由不同的能力元有机联系而成的能力体系。陆杉认为核心能力要素的整合涉及协同供应链的各方面，实质上是资源优化配置。④ Morten 也提出共享业务资源有助于提升供应链整体绩效。Johnson 认为协同可以加快产品设计，增强供应链的反应能力。Manthou 建立了供应链协同的虚拟电子链，对链中协作伙伴的角色、核心能力进行了区分，评估了预期的协同。⑤

3. 基于 EB 的协同供应链管理的相关研究

基于 EB 的协同供应链管理研究包括两方面：第一，协同供应链的电子商务平台研究。侧重于 IT 应用与管理，包括工作流管理技术研究、EDI、EB 的技术模型及应用等。第二，基于电子商务的协同供应链管理模式，侧重于管理创新，包括流程再造、电子化协同供应链战略等。Toshiya 分析了动态环境下基于多智能体的供应链模型，将供应链协同看做虚拟市场的资源动态配置问题。Carman 分析了支持 AM 的动态数据交换机制。⑥ Gang 模拟了供应链信息传输。Schahram 分析了虚拟团队协同，提出了相关的整合标准、流程模型和协同设计。Mehmet 分析了供应链信息协同耦合测度。Khalid 探究了基于 Internet 的跨组织供应链信息系统决策的关键影响因素。A. Gunasekaran 展望了基于 IT 的协同供应链研究趋势。

3.1 基于 EB 的物流管理的研究现状

国外对电子商务物流的研究很少，因为国外物流水平高，没有成为 EB 发展的瓶颈，而我国物流正是

---

① Madhok, A., and Talbnan S. B.. Resources, Transactions and bents: Managing value through interfirm collaborative relationships[J]. *Organization Science*, 2006, 9: 326-339.

② 赵小惠，陈菊红，孙林岩，苏菊宁. 制造商—供应商协同产品创新合作机制研究[J]. 工业工程，2005，8(6)：60-64.

③ David J. Teece, Gary Pisano, and Amy Shuen. Dynamic capabilities and strategic management[J]. *Strategic Management Journal*, 1997, 18(7): 509-533.

④ 陆杉. 供应链协同——基于核心能力理论的分析[J]. 企业经济，2008，11：56-58.

⑤ Manthou, V., Vlachopoulou, M., and Folinas, D.. Virtual e-chain model for supply chain collaboration[J]. *Int. J. Production Economics*, 2004, 87: 241-250.

⑥ Carman K. M. Lee, Henry C. W. Lau, K. M. Yu, and Richard Y. K. Fung. Development of a dynamic data interchange scheme to support product design in agile manufacturing[J]. *Int. J. of Production Economics*, 2004, 87: 295-303.

EB 发展的瓶颈。郑秀恋等总结出四大瓶颈，提出六大对策。① 杜丹清论证了第三方物流发展滞后对 EB 的制约，对比了我国五种电子商务物流模式，并提出了模式选择方法。王劲恺建立了电子商务物流服务商选择模型，得出物流配送服务水平与客户关系的规律。杜宏建立了基于灰色关联度的 CtoC 电子商务物流服务供应商选择模型。李斌分析了电子商务物流信息系统的需求、功能、体系架构和关键技术。

可见，国内研究还主要停留在模式或服务商评价选择的层面，尚未深入系统地分析电子商务物流。其次，电子商务与物流互动关系的研究较少。再次，缺少定量、实证研究，最后，应用研究很少见，而这类研究的价值很高。

3.2 基于 EB 的供应链集成管理的研究现状

供应链集成研究在国内已有多年，在基础层面有了一定突破。杨瑾构建了基于柔性和变革的供应链流程管理集成框架模型。吴涛提出了供应链管理界面集成的三种模式。王敏晰给出以 BizTalk 为平台的电子商务供应链管理系统集成的技术架构，以实现供应链的信息共享。还有学者在 EB 与供应链一体化集成的行业应用方面作了尝试性研究：杨琦峰构建及描述了电子商务与汽车行业供应链一体化集成结构模型。秦远建等构建了我国汽车的电子商务模式，提出 EB 环境下汽车模块化供应链集成管理的步骤。②

4. 基于电子商务的供应链协同技术的研究述评

若要实现 EB 环境下的供应链协同运作，协同技术是举足轻重的，它是协同供应链的基础，为战略协同及策略协同提供保障，使得电子化协同供应链真正落地。

战略协同的供应网络设计及设施布局，常用运筹规划模型解决。供应商评价选择的量化方法有判断法、盈亏平衡法、ABC、AHP 及人工神经网络（ANN）等，ANN 是较为前沿的协同技术，ANN 还可用于协同供应链绩效评估及预测。然而，基于 ANN 的电子化协同供应链研究非常少。史成东等建立协同供应链绩效预测模型，结合实例训练神经网络，预测绩效与实际值吻合。③ 王红梅等人使用平衡积分卡、粗糙集中启发式属性约简的方法和神经网络，建立了协同供应链绩效评估模型，结合实例训练神经网络，绩效评估值与实际值吻合。④

信息技术助力供应链信息共享，因此在供应链协同管理上起主导作用，决定着协同效率。Morganstanley 公司预测了未来 5 年互联网技术的发展：（1）移动互联网将超越桌面互联网。（2）基于 IP 的五种移动服务正在融合——3G+社交网络+视频+网络电话+日新月异的移动装置，协同伙伴通过拥有移动联网功能的设备涌向各种基于 IP 的使用模型。（3）苹果+Facebook 的移动计算平台居于领先，其移动产业生态系统包括 iPhone+iTouch+iTunes+配件+服务，将根本改变供应链协同伙伴的交流方式。但是，谷歌 Android 的开放式操作系统将对苹果带来挑战。（4）移动设备正演化成不断拓展的实时的、以云计算为基础的远程控制装置，与 GPS 共同助力协同运作。

其他支持协同的 IT 还有信息门户技术、EDI、MAS、工作流管理、DW 等。金蝶公司的 TEEMS 电子商务系统支持企业开发独立门户网站，实现信息共享，保障协同运作。MAS 是当今人工智能的前沿领域，

---

① 郑秀恋，温卫娟．我国电子商务物流配送瓶颈及对策研究［J］．中国商贸，2010，20：145-146.

② 秦远建，吴文莉，刘沛沛．基于电子商务的汽车模块化供应链集成管理研究［J］．汽车工业研究，2005，12：18-21.

③ 史成东，陈菊红．基于启发式属性约简和神经网络的供应链协同管理绩效预测［J］．科技管理研究，2009，3：283-286.

④ 王红梅，史成东．供应链协同管理的绩效评估［J］．计算机工程与应用，2009，45（1）：234-237.

将其引进电子化协同供应链，将对协同伙伴的运作方式、EB 模式带来本质改变，其发展具有巨大空间。工作流管理技术包括 MRP、ERP、SCM 等，SAP 首屈一指，同类公司还有 EDS、PTC、Smart Solution 等，国内用友、金蝶的系统适合于中小企业，其集成性逊于 SAP，限制了国内供应链协同管理实践。

5. 结论

基于电子商务的协同供应链管理研究还处在初级阶段。第一，研究对象不系统、不明确，没有系统的研究框架，对电子化协同供应链的层次、类型、机制、范围的研究有待深入；第二，研究空白点较多，比如协同整合测度、价值分析、知识扩散等；第三，理论研究滞后导致应用研究更少；第四，前沿研究尚显不足，比如 ANN、MAS 的应用研究。

目前，国内学者很少将系统工程论应用于基于 EB 的协同供应链管理。其应用的好处在于：首先，能提高基于 EB 的协同供应链研究的系统性；其次，能拓展研究范围，填补研究空白点；再次，促使研究向定量及实证方向发展；最后，能整合不同视角的研究，使研究成果得到交融升华。因此，运用系统工程学来研究基于 EB 的协同供应链管理将具有较高价值，并将是未来的重要研究方向之一。

（作者电子信箱：kly@ xupt. edu. cn）

参考文献

[1]安德鲁·坎贝尔等. 战略协同[M]. 北京：机械工业出版社，2000.

[2]程国平. 供应链管理中的协同问题研究[D]. 天津大学，2004.

[3]蔡政英，肖人彬. 多级树形供应链牛鞭效应与综合补偿[J]. 计算机集成制造系统，2009，15(3).

[4]蒂姆·欣德尔. 管理思想[M]. 北京：中信出版社，2004.

[5]杜宏. 基于 CtoC 电子商务的物流服务供应商选择模型研究[J]. 图书情报工作，2010，54(18).

[6]杜丹清，俞若希. 企业电子商务物流模式选择方法研究[J]. 江苏商论，2010，11.

[7]郭海峰，朱立忠. 基于鲁棒控制的闭环供应链网络协同控制方法研究[J]. 沈阳理工大学学报，2008，12.

[8]葛汝刚，黄小原. 一类基于库存切换的供应链不确定模型及其鲁棒 H_∞ 控制[J]. 系统工程，2009，3.

[9]赫尔曼·哈肯. 协同学——大自然构成的奥秘[M]. 凌复华，译. 上海：上海译文出版社，2005.

[10]黄小原，郭海峰，卢震. 供应链时滞系统模型及其牛鞭效应的 H_∞ 控制[J]. 系统工程学报，2005，20(6).

[11]黄小原，邱若臻. 基于再制造的闭环供应链动态模型及其鲁棒 H_∞ 控制[J]. 控制与决策，2007，6.

[12]刘晓，李海越，王成恩，储诚斌. 供应商选择模型与方法综述[J]. 中国管理科学，2004，12(1).

[13]李斌. 面向电子商务应用的企业物流信息系统平台构建[J]. 企业经济，2010，5.

[14]秦远建，吴文莉，刘沛沛. 基于电子商务的汽车模块化供应链集成管理研究[J]. 汽车工业研究，2005，12.

[15]邱国栋，白景坤. 价值生成分析：一个协同效应的理论框架[J]. 中国工业经济，2007，6.

[16]邱若臻，黄小原. 时滞和参数不确定的供应链动态模型及其鲁棒 H_∞ 控制[J]. 信息与控制，2007，4.

[17]吴涛，李必强，海峰. 供应链集成的新思路：管理界面集成[J]. 中国管理科学，2003，11(3).

[18]王敏晰，李新，唐志英. 基于电子商务的供应链管理集成技术研究[J]. 铁道运输与经济，

2005, 27(12).

[19] 王劲恺，周华彬，杨东援. 电子商务物流配送服务水平与客户关系研究[J]. 计算机工程，2009，35（13）.

[20] 杨瑾，赵嵩正，王娟茹. 供应链中基于柔性和变革的流程管理集成框架模型[J]. 科研管理，2005，26(5).

[21] 杨琦峰，李娜，王宝丽. 汽车行业电子商务与供应链一体化集成分析[J]. 武汉理工大学学报(社会科学版)，2005，18(5).

[22] 张莹. 供应链协同效应的理念误区[J]. 经济问题探索，2004，6.

[23] 张翠华，任金玉，于海斌. 供应链协同管理的研究进展[J]. 系统工程，2005，23(4).

[24] 赵小惠，陈菊红，孙林岩，苏菊宁. 制造商-供应商协同产品创新合作机制研究[J]. 工业工程，2005，8(6).

[25] Akkermans, H. , Bogerd, P. , and Doremalen, J. . Travail, Transparency and trust：A case study of computer-supported collaborative supply chain planning in high-tech electronics [J]. *European Journal of Operational Research*, 2004, 153.

[26] A. Gunasekaran, and E. W. T. . Ngai, Information systems in supply chain integration and management[J]. *European Journal of Operational Research*, 2004, 159.

[27] Bertsimas, D. , and Thiele, A. . A robust optimization approach to supply chain management [C]. *Proceedings of the 10th International Integer Programming and Combinatorial Optimization Conference*. Berlin：Springer, 2004.

[28] Ben Tal, A. , Golang, B. , and Nemirovsk, A. . Retailer-supplier flexible commitments contracts：A robust optimization approach [J]. *Manufacturing and Service Operation Management*, 2005, 7(3).

[29] Delft, C. V. , and Uial, J. P. . A practical implementation of stochastic programming：An application to the evaluation of option contracts in supply chains[J]. *Automatica*, 2004, 40(6).

[30] Fu, Y. H. , and Piplani, R. . Supply-side collaboration and its value in supply chains [J]. *European Journal of Operational Research*, 2004, 152.

[31] Gang Li, Shouyang Wang, Hong Yan, and Gang Yu. Information transformation in a supply chain：A simulation study[J]. *Computers & Operations Research*, 2005, 32.

[32] Johnson, M. E. . Product design collaboration[J]. *Ascet*, 2002, 6(4).

[33] Khalid, S. , Soliman, and Brian D. Janz. An exploratory study to identify the critical factors affecting the decision to establish Internet-based interorganizational information system[J]. *Information & Management*, 2004, 41.

[34] Lin, J. , and Lin, T. . Object-oriented conceptual modeling for commitment-based collaboration management in virtual enterprises [J]. *Information and Software Technology*, 2004, 46.

[35] Mehmet Barut, Wolfgang Faisst, and John J. Kanet. Measuring supply chain coupling：An information system perspective[J]. *European Journal of Purchasing & Supply Management*, 2002, 8.

[36] Madhok, A. , and Talbnan, S. B. . Resources, Transactions and bents：Managing value through interfirm collaborative relationships[J]. *Organization Science*, 2006, 9.

[37] Morten T. Hansen. *Collaboration：How leaders avoid the traps, create unity, and reap big results* [M]. Boston：Harvard Business Press, 2009.

[38] Riddalls, C. E. , and Bennett, S. . Production-inventory system controller design and supply chain dynamics

[J]. *International Journal of Systems Science*, 2002, 33(3).

[39] Schahram Dustdar. A process-aware collaboration system supporting ad hoc and collaborative processes in virtual teams[J]. *Distributed and Parallel Databases*, 2004, (15).

[40] Toshiya Kaihara. Multi-agent based supply chain modeling with dynamic environment[J]. *Int. J. of Production Economics*, 2003, 85.

Research Review of Collaborative Supply Chain Management under Electronic Business

Kong Lingyi

(School of Management Engineering, Xi'an University of Post and Telecommunications Xi'an 710061)

Abstract: Since the arrival of network economy, research of collaborative supply chain based on electronic business has been hot spot. It was found that domestic and foreign scholars had made research mainly from relationship, core competence or transaction costs perspective on the basis of summarizing related literature. Logistics management and integration management was also studied. Information technology and quantitative research has also made a lot of progress for supporting supply chain collaboration. Whereas the study is unsystematic and unclear, systematic research framework has not been established. Many research spots are blank. The shortage of theoretical study also limits the applied research, and frontier research is scarce, such as applying artificial neural network and multi-agent system. Therefore, applying system analysis engineering can help solve the shortcomings of the current research.

Key words: Information technology; Collaborative supply chain; Electronic business; Systems engineering; Collaborative technology

《珞珈管理评论》投稿体例要求

一、来稿请用 A4 纸单面打印，打印稿邮寄至湖北省武汉市武昌珞珈山武汉大学经济与管理学院《珞珈管理评论》编辑部；邮编：430072。相应的电子稿请发至我们为投稿所设的电子邮箱：ljglpl@163.com。

二、在第 1 页只需写出论文的中文标题和英文标题、作者姓名、单位、通信地址、邮编、电话及电子信箱地址；第 2 页及以后的内容是文章标题、摘要、关键词、正文、注释和参考文献。

三、来稿以 8 000 字左右为宜。限于财力和人力，来稿一律不退。

四、投稿者来稿时提供：100～200 字的论文摘要（浓缩基本观点），不需要译为英文。

五、来稿注释一律用脚注，请勿用尾注。注释采用实注，详细标出引文页码；不要采用国外的虚注（即括号中人名加年代的注释法）；参考文献则一律放在文后，不必标注引文页码。请遵照"参考文献著录规则"将正文中的脚注与文后的参考文献规范化。

附录：参考文献著录规则

1. 脚注在正文中的标注格式

1.1　按正文中引用的文献出现的先后顺序用阿拉伯数字连续编码，并将序号用右上标①、②、③标示。

1.2　同一处引用多篇文献时，将各篇文献序号间用","间隔。如遇连续序号，可标注在一起。

1.3　中国著者姓名的汉语拼音按 GB/T 16159—1996 的规定书写，名字不能缩写。

欧美著者采用名在前姓在后的著录形式，欧美著者的名也可以缩写，不能省略缩写点；如用中译名，可以只著录其姓。

1.4　作者在 3 人以下全部著录，3 人以上可只著录前 3 人，后加"，等"，外文用"，et al."，"et al."不必用斜体。责任者之间用","分隔。

1.5　版本的著录采用缩略的形式。

1.6　正确著录期刊文献的年、卷、期

1.7　脚注中各部分的顺序为：

作者.题名（或加其他题名信息）.版本项.出版地：出版者，出版年：引文页码（报纸需标注日期及版面）.

1.8　对于电子出版物除按照此著录规则外，还需在最后增加［引用日期］.获取和访问路径。

1.9　正文采用脚注，脚注信息详细到页码。

2. 参考文献的标注

参考文献的标注与注释（即脚注）方式基本一致，只是不需要标注页码。注释（即脚注）放在正文中，参考文献放在正文后。

特别声明：本集刊已经在武汉大学经济与管理学院网站《珞珈管理评论》栏目中将所有过刊全文录入，以飨读者查找及阅览之需！

本集刊的网络链接：http://jer.whu.edu.cn/ljglpl/CN/volumn/home.shtml

投稿地址：湖北省武汉市武昌珞珈山 武汉大学经济与管理学院 《珞珈管理评论》编辑部
邮编：430072　　　投稿信箱：ljglpl@163.com
电话、传真：027-68755911